U0934549

珍藏本
纪念版

汉译世界学术名著丛书

单纯理性限度内的宗教

〔德〕康德 著

李秋零 译

2017 年 · 北京

Immanuel Kant

Die Religion Innerhalb der Grenzen der Blossen Vernunft，1793

中文简体字版由香港汉语基督教文化研究所授权出版

汉译世界学术名著丛书
（120年纪念版·珍藏本）
出 版 说 明

2017年2月11日，商务印书馆迎来120岁的生日。120年前，商务印书馆前贤怀揣文化救国的理想，抱持"昌明教育，开启民智"的使命，立足本土，放眼寰宇，以出版为津梁，沟通中西，为中国、为世界提供最富智慧的思想文化成果。无论世事白云苍狗，潮流左右激荡，甚至战火硝烟弥漫，始终践行学术报国之志，无改初心。

迻译世界各国学术名著，即其一端。早在20世纪初年便出版《原富》《天演论》等影响至今的代表性著作，1950年代后更致力于外国哲学和社会科学经典的译介，及至1980年代，辑为"汉译世界学术名著丛书"，汇涓为流，蔚为大观。丛书自1981年开始出版，历时三十余年，迄今已推出七百种，是我国现代出版史上规模最大、最为重要的学术翻译工程。

丛书所选之书，立场观点不囿于一派，学科领域不限于一门，皆为文明开启以来，各时代、各国家、各民族的思想与文化精粹，代表着人类已经到达过的精神境界。丛书系统译介世界学术经典，引领时代思想，为本土原创学术的发展提供丰富的文化滋养，为推动中国现代学术和现代化进程做出了突出的贡献。

为纪念商务印书馆成立120周年，我们整体推出"汉译世界学术名著丛书"120年纪念版的珍藏本，寄望既利于文化积累，又便于研读查考，同时向长期支持丛书出版的译者、编者和读者致以敬意。

两甲子后的今天，商务印书馆又站在了一个新的历史时间节点上。我们不仅要铭记先辈的身影和足迹，更须让我们的步伐充满新的时代精神。这是商务人代代相传的事业，更是与国家和民族的命运始终紧密相连的事业。我们责无旁贷，必须做好我们这代人的传承与创造，让我们的努力和成果不仅凝聚成民族文化的记忆，还能成为后来人可以接续的事业。唯此，才能不负前贤，无愧来者。

商务印书馆编辑部

2017年10月

中译本导言

李秋零

即使上帝不存在，也应该创造出一个来。

即使你只统治一个村庄，它也需要上帝。

——伏尔泰

世人研究康德，几乎无一例外地以“三大批判”，即《纯粹理性批判》、《实践理性批判》和《判断力批判》来概括康德的哲学体系，甚至有人根据这三大批判的主题，简单化地把康德哲学丰富的内容约化为“真、善、美”三个字。而康德的宗教哲学思想，则往往被人忽视。即使有人注意到它，也大多把它附在康德的道德哲学之下，似乎他的宗教哲学只是道德哲学的一种延伸。康德的宗教哲学没有获得其应有的独立地位。这不仅有欠公允，且不符合康德自己的本意。

在康德的哲学生涯中，他曾多次强调，自己的研究计划是要解决以下三个问题：一、我能够知道什么？由形而上学回答；二、我应该做什么？由伦理学回答；三、我可以希望什么？由宗教哲学回答；而这三个问题又可以归结为一个问题：人是什么？由人类学回答。[1]

1 参见康德，《纯粹理性批判》(Kants Werke，Band Ⅲ，Berlin，1968)，第 522 页；李秋零编译，《康德书信百封》，上海，1992(下同)，第 200 页；康德，《逻辑学讲义》，北京，1991，第 15 页。

显然，康德是把“人是什么”这个问题看作纯粹哲学的总问题，而把其它三个问题看作是这个总问题的三个子问题。因此，在康德的哲学体系中，宗教是作为一个相对独立的部分而与形而上学、伦理学鼎足而三的。康德对前两个问题的回答，是由他的三大批判完成的。《纯粹理性批判》考察了人的认识能力，确定了知识的源泉、范围和界限，解决了“我能够知道什么”的问题；《实践理性批判》考察了规定人的道德行为的意志及其本质和遵循的法则，提出了道德的“绝对命令”，解决了“我应该做什么”的问题；而第三个批判，即《判断力批判》，则是要克服由前两个批判所造成的自然的必然性与先验自由的对立，架设由现象界通向本体界的桥梁，也就是说，康德的第三个批判实际上是对自己的批判哲学的一种完善。

1790 年，在《判断力批判》第一版的序言中，康德宣布：“我以此结束我的全部批判工作。”[1] 于是，康德的注意力转向了宗教。[2] 1791 年，康德发表了“神义论的所有哲学尝试归于失败”一文，1792 年，又发表了题为“论人性中的根本恶”的论文。1793 年春，包括这篇论文在内的《单纯理性限度内的宗教》一书出版。康德明确指出：这本书是为解决上述第三个问题而写的。[3]

这并不意味着，康德直到此时才留意宗教问题。康德哲学是

1　康德，《判断力批判》(Kants Werke, Band V)，第 170 页。

2　笔者一直认为，康德的宗教哲学并不属于他的批判哲学，而是属于他的“批判后哲学”或者“经过了批判的哲学”。该问题牵涉面较广，笔者将在适当的机会专门就此撰文论证。

3　李秋零编译，《康德书信百封》，同前，第 200 页。

一有机的体系，宗教哲学是其中相对独立的部门。所以，此前的三大批判无一不涉及宗教。但它们毕竟不是专门地、系统地探讨宗教问题的著作。而在《单纯理性限度内的宗教》一书中，康德在不同的层次上对自己在宗教问题上的思想进行了全面的清理。因此，只是在这本书中，"我可以希望什么"这个问题，才真正得到了解答。由此也就奠定了这本书在康德哲学体系中的特殊地位。[1]但在探讨这本书的内容之前，我们应当先了解一下这本书出版前后的历史。

一、《单纯理性限度内的宗教》一书所引起的风波

《单纯理性限度内的宗教》是在欧洲和德国社会的一个特殊的时代写作和出版的，涉及到了当时社会生活中的一个比较敏感的领域，出版前后给康德带来了不少麻烦，这在康德的著述史上是不多见的。

1786 年，具有自由思想倾向、庇护科学的普鲁士国王弗里德里希二世(Friedrich Ⅱ)去世，继承者威廉二世(Wilhelm Ⅱ)则对科学不感兴趣，他所重视的是如何借助正统神学来巩固自己的地位。1788 年，信奉正统神学的韦尔纳(Wollner)取代康德哲学的信徒策德利茨(Zedlitz)成为宗教部长，上任后即发布一道宗教敕谕，宣布普鲁士对于言论自由虽然历来宽大，但也仅限于个人保持

1　与上述对康德哲学的误解相应，康德的三大批判均早已有中译，且均有多种译本，唯讨论宗教的本书仅第一部分由英文译成了中文。有意思的是，收录该部分的康德著作集题名为《康德的道德哲学》(牟宗三编译，香港，1960)，即归属于"基督教历代名著集成"，这等于把康德的道德哲学归属于其宗教哲学。

自己的意见，决不能任其干扰他人的信仰。稍后发布的新检查令，宣布对一切普鲁士境内和输出的著作实行严格的检查。1789 年以来在法国上演的革命和恐怖，也使普鲁士境内的情况进一步恶化。正是在这样的时代背景下，康德完成了他的批判哲学体系，转向了对宗教问题的思考。

1792 年 2 月，康德已经意识到，政府的"新规定就是限制对哪怕仅仅是间接与神学有关的事物进行公开思维的自由。"[1] 与此同时，康德完成了他的"论人性中的根本恶"一文，并把它寄给了《柏林月刊》。为了表示对国家法律的尊重，他要求《柏林月刊》的发行人、策德利茨的秘书比斯特尔(Biester)把这篇论文送交柏林当局审查。负责哲学部分的书报检查官希尔默(Hillmer)批准发表。但也就在此时，鉴于法国所发生的事件，普鲁士国王发布了加强报刊监督的新命令。命令中说，所有的人都看到了一个伟大国家发生的悲剧，在那里，过分的自由思想导致了国家基础的崩溃。康德随后寄去的第二篇论文就没有那么幸运了，希尔默认为它涉及圣经神学，于是把它转交自己的同事、负责《圣经》部分的书报检查官赫尔默斯(Hermes)。其结果是连同前一篇也被禁止发行。比斯特尔抗争无效，直接向国王请愿亦遭拒绝。在这种情况下，康德决定绕过书报检查官，请拥有颁发科学著作许可证权利的大学审查。他向比斯特尔索回了自己的手稿，把上述两篇论文和新写成的两篇论文组成一个整体，题名为《单纯理性限度内的宗教》，送交哥尼斯贝格大学神学院，请他们鉴定，此书应由神学院还是应由哲

1 同前，第 180 页。

学院审查。当该院答复可以由哲学院审查时，康德立刻把它寄给了自由派的耶拿大学哲学院，当即获得批准。1793 年春，《单纯理性限度内的宗教》终于问世。在序言中，康德不客气地抨击了当局对思想自由的压制。

《单纯理性限度内的宗教》一书中的思想迅速独得革新派的欢呼，也引起守旧派的抵制。之后，康德又发表了几篇短文，除了继续阐发自己的思想外，还嘲讽书报检查机关压制思想自由的做法。与此同时，康德于 1794 年 5 月给比斯特尔的信中坦然但又不无悲观地表示："我可以证明，任何时候我都没有违背良知和越轨的行为。我泰然自若地等待这种奇特活动的结局。如果新的法令**规定**与我的基本原则不相违背，我将同样一丝不苟地遵守。如果它们仅仅**禁止**让人们知道自己的基本原则，就像我迄今为止所做的（对此我丝毫不觉得遗憾），我也将认真地遵守这些法令……我希望在地球上能够找到一隅之地，使我能够在那里无忧无虑地度过晚年。"[1]

预料中的惩治降临了。1794 年 10 月，由韦尔纳策发的国王申斥令，以私人信件的方式送到了康德手中。信中写道："我们的陛下很久以来就怀着很大的不满注视着，你是怎样滥用自己的哲学，像在《单纯理性限度内的宗教》一书和其它短篇论文中所做的那样，歪曲和贬低了《圣经》和基督教一些主要的和基本的学说。我们本来期待你会有一部更好的著作，因为你自己必定清楚，你的所作所为怎样由此不负责任地违背了你作为青年导师的义务，违背了你清楚地知道的国父的意图。我们要求你尽快做出认真的辩

1　同前，第 209 页。

解，并且为了避免失去我们陛下的恩宠，期望你今后不要再犯诸如此类的错误；相反，要按照你的义务，运用你的声望和才能，使我们国父的意愿逐渐得到实现；你如果执迷不悟，必然会招致不愉快的处置。”[1]

康德迅速地、同样以私人信件的方式做出了回答。他否认对他的每一指摘，但他表示顺从国王的指令。康德否认自己违背了国王的意图，逾越了对宗教做哲学考察的界限。他认为，自己受到指摘的作品只是学术界内部的一种商榷，只是为了确定，宗教怎样才能纯洁而又有力地注入人们的心灵。官方的宗教教义也并不是政府一下子设想出来的，它恰恰应是这种学术研究的产物。何况，这本书所评价的根本不是任何现存的启示宗教，而是理性宗教。按照纯粹理性信仰的基本原则来解释启示学说，并且公开地加以研究，不仅不是贬低启示学说，毋宁说承认了它在道德方面富有成果的内容。康德一方面为自己辩白，说自己对基督教及《圣经》表现了一种真正的虔诚和赞美，另一方面又坚持作为学者的良知。他说：“我在任何地方都坚持认为，一个承认启示信仰的人，必须具有责任心，也就是说，他必须只承认他真正知道的东西，并且决不勉强别人相信他知道自己也没有充分确认的东西。同样，在描写涉及宗教的作品时，我清楚地意识到，永远不能失去良知，它是我心中的神圣法官。”但针对国王的指令，他保证：“作为陛下你的忠实臣民，为了回避嫌疑，我将绝对保证完全放弃一切有关宗教题目的公开学术活动，无论是有关自然宗教，还是启示宗教，无论是在

1　康德，《院系之争》(*Kants Werke*，Band Ⅶ)，第 6 页。

演讲中，还是在作品中，都是一样。这是我的誓约。”[1]康德坚守这样的信条：放弃自己内心的信念是可鄙的，一个人所说的一切都应当是真实的，但并不一定要把全部真理都公开说出来。因此，康德只能以沉默来表示抗议了。

但据康德自己后来说，他在做出沉默的许诺的时候玩弄了一个小花招。“即便是这一表述（指作为陛下你的忠实臣民），我也是精心挑选的，为的是我并非**永远**，而是仅仅在这位陛下有生之年放弃我在宗教事务上做出判断的自由。”[2]虽然康德的这种自我解嘲颇有点强词夺理之嫌，但他的沉默毕竟没有继续多久。三年之后，即1797年，国王威廉二世离世，新国王威廉三世（Wilhelm Ⅲ）即位后，废除了书报检查制度，撤销了1788年的检查令。康德也认为，自己已经是另一位陛下的臣民，因而也就不需要再信守自己的诺言。在1798年出版的《院系之争》中，康德不仅利用前言公布了威廉二世对他的申斥和自己的复信，而且又谈论起宗教问题。

在康德的著作和以国王威廉二世为代表的普鲁士当局之间，究竟存在着哪些距离，康德的宗教哲学的基本内容和基本倾向是什么呢？本文的旨趣，就是依据康德的《单纯理性限度内的宗教》一书，探讨这一问题。

二、道德与宗教

在《实践理性批判》和《判断力批判》中，康德都曾涉及一个重

1 李秋零编译，《康德书信百封》，第213-6页。

2 康德，《院系之争》（*Kants Werke*，Band Ⅶ），第10页。

要的思想，即“道德必然导致宗教”。这一命题既是康德道德哲学的归宿，又是他的宗教哲学的出发点。

在形而上学和道德领域，康德哲学的基本倾向是与宗教无缘的。《纯粹理性批判》明确宣布，我们对上帝不可能形成任何知识。他把传统神学有关上帝存在的全部论证划分为三大类型，即本体论证明、宇宙论证明和目的论证明，然后逐一加以批判。康德的批判论证相当复杂，但究其根本，不外是建立在一个基本原则之上的：人类的全部知识都是用先天固有的思维形式整理感性材料的结果，因而一切知识都是从经验出发的。但我们对上帝不可能有任何经验，上帝属于超验领域。关于上帝存在的所有证明，只是经验领域的理性在超验领域的误用。因此，对上帝是否存在，我们不能有任何肯定或者否定的断言。

在《实践理性批判》中考察人的行为的道德根据，康德提出了人（作为有限的理性存在者）的感性和理性的对立。他认为，从感性方面来看，人的行为与对象的实质有关；但从理性方面来看，人的行为又只涉及行为自身的形式。因此，规定道德行为的原则，只能是形式的，不能是实质的。因为“所有质料性的实践原则，作为实践原则统统属于同一种类，都可以归在自爱或者自己的幸福的一般原则之下。”[1] 自爱或者幸福是建立在个人经验之上的，只能够提供对特殊个人有效的主观准则（Maxime），不可能提供普遍有效的客观法则（Gesetz）。经验论的道德原理，仅仅对行为者个人主观上有效，这是不言而喻的。即令是唯理论者所说的自我完善，

1　康德，《实践理性批判》（*Kants Werke*，Band Ⅴ），第 22 页。

或者从上帝意志引申出来的神学道德，最终也仍然落在主观经验上。它们都不能成为普遍有效的道德法则。要使实践理性原理成为道德法则，就必须承认纯粹理性在只凭自己决定意志方面具有充分的根据。道德法则只能是理性自身的形式规定，只能在实践理性或者意志自身中去寻找。也就是说，道德行为的规定，只与主体的行为动机有关，与行为的效果无关。只有从纯正的动机即义务感出发，行为才能是道德的。只有形式的实践原理，才能给意志提供一条普遍的法则。这一法则就是："你应该这样行动，使你的意志的准则能够同时成为一种普遍立法的原则。"[1] 即是说，你的行为所遵循的道德准则，必须能够同时成为适用于所有人的原则。但人作为感性的存在者，总是要有所欲求的，这种欲求又会对人的实践道德法则造成影响和干扰。为排除它们，道德法则必须是一条"命令"。又由于报行这条命令不以任何外在的对象为目的，执行自身就是目的，所以这条命令又是"绝对命令"。这样，人作为理性存在者，他的意志不受任何外部条件的制约，是绝对自由的。自由意志也就是作为道德本体的人自己给自己立法，即意志的自律。"意志的**自律**是一切道德法则和依据这些道德法则的义务的唯一原则。相反，任性的任何**他律**都不仅不建立义务，反而与义务的原则和意志的道德形式相对立。"[2] 他律是一切假道德原则的来源。

1　同前，第 30 页。

2　康德，《实践理性批判》(*Kants Werke*，Band Ⅴ)，第 33 页。康德对意志(Wille)和任性(Willkur)有严格的区分。总的来说，意志就是实践理性自身，是客观的普遍立法者，它所产生的是道德法则；任性则是行为的自觉，是主观的个体执行者，它所产生的是道德准则。意志的立法通过任性的抉择来决定道德行为。

只有自由才是"我们所知道的道德法则的条件。但**上帝**和**不朽**的理念并不是道德法则的条件,而仅仅是由这个法则所规定的意志的必然客体的条件,也就是说,是我们的纯粹理性的单纯实践用的条件。"只有自由才是"道德法则的存在根据"。[1] 正是在这样的意义上,康德断言:"道德既不为了认识人的义务而需要另一种在人之上的存在者的理念,也不为了遵循人的义务而需要法则自身之外的另一种动机……道德为了自身起见……绝对不需要宗教;相反,借助于纯粹的实践理性,道德是自给自足的。"[2]

如果仅仅停留在这一点上,康德也就没有必要谈论宗教问题了。然而,康德又清楚地意识到,作为有限的理性存在者,人在执行了严格的绝对命令之后,必然会提出一个新的问题:"如果我做了我应该做的,此时我可以希望什么?"[3]

康德的回答是:"所有的**希望**都指向幸福。"[4] 换句话说,幸福必然是每一个有限的理性存在者的愿望。由于人性的这种弱点,虽然道德法则不应该受任何外在目的的支配,但在现实中,当人在遵循道德法则的时候,却不可能不考虑到某种目的。"即使道德为了自己本身起见并不需要必须先行于意志规定的目的观念,但它也很可能与这样的目的有一种必然的关系,也就是说,它不是把这样的目的当做根据,而是把它当做依照法则所采用的准则的必然结果,来与它发生关联的。这是因为,倘若不与任何目的发生关

1 同前,第 4 页。

2 康德,《单纯理性限度内的宗教》,Stuttgart,1981,第 3 页。

3 康德,《纯粹理性批判》(*Kants Werke*,Band Ⅲ),第 523 页。

4 同上。

联，人就不能做出任何意志规定，因为意志规定不可能没有任何效果，效果虽然不是任性的规定根据，不是一个在意图中先行的目的，但却是任性为了一个目的而被法则所规定的结果，其表象必然是能够被接受的；没有一个目的，任性就不能满足自己本身。”[1]

显然，康德始终无法回避追求幸福是人的自然本性这个自文艺复兴以来几近常识的问题。实际上，康德也没有完全否认幸福的价值。人的道德行为毕竟是经验世界里的行为，除了应该遵循道德法则之外，它还必然要产生某种经验的结果。而人又是有理性的人，对这种经验结果的预期不仅是可能的，而且也是必然的。道德法则在决定人的道德行为的时候，必然要与某种经验结果发生关联。要求人丝毫不考虑行为的结果，以纯之又纯的道德动机去遵循道德法则，只不过是人类历史上屡试屡败的道德乌托邦罢了。像康德这样的大哲，自然不会不懂这一点。因此他说：“幸福原则与道德原则之间的这种**区分**，并不因此就成了二者的对立，而且，纯粹实践理性并不要求人**放弃**对幸福的权利，而是仅仅要求，一旦谈到义务，就完全不考虑幸福。就某些方面而言，关怀自己的幸福甚至也是义务，这一方面是因为幸福（包括才能、健康、财富）包含着履行自己的义务的手段，另一方面是因为幸福的匮乏包含着使他逾越自己义务的种种诱惑。”[2]康德所否认的不是肯定幸福的观点，而是把幸福凌驾于道德之上、把幸福作为道德的前提、根据的观点。他所追求的，则是在道德的基础上德性与幸福的完美

1　康德，《单纯理性限度内的宗教》，第 4-5 页。

2　康德，《实践理性批判》（*Kants Werke*，Band Ⅴ），第 93 页。

结合，即“至善”(das höchste Gut)。在康德看来，至善一方面意味着一种不从属于其他条件的至高无上的善(das oberste Gut)，即德性；另一方面也意味着一种把不同类别的善包括在自身之内的完全圆满的善(das ganze und vollendete Gut)，即德性和幸福的统一，或者说，一个理性存在者根据他所具备的德性的程度而享有同样程度的幸福。康德认为，只有这后一种至善，才是人的欲望能力的对象。[1]

然而，单是康德在谈到自己研究计划时所使用的三个助动词，就已经说明了他对这三个问题的态度。“知道什么”是“能够”(kann)，关键在于主体的内在能力；“做什么”是“应该”(soll)，关键在于主体的内在义务感；而“希望什么”却是“可以”(darf)，关键则是非主体所能支配的、外在的允许。原因在于，至善，即德性与幸福的结合，是无法以自然的方式来设想其实现的。德性是指人的道德意向和道德力量，是人努力使行为准则与道德法则相符；幸福则是指人对生活乐趣的需要的满足。二者不是逻辑上的同一关系，不能从一个分析出另一个。它们只能按照一种因果关系以综合的方式结合起来。但经验的综合同样是不可能的。经验知识并不能断定，一个努力修德的人就必然是一个生活幸福的人，一个幸福的人就必然是一个具备德性的人。根据康德哲学的惯用逻辑，剩下的唯一可能就是先验综合。也就是说，存在于理性之中的至善概念，必然是以一种超越于经验的方式被实践理性所确信。既然一个服从道德法则的有限理性存在者所必然期望的至善，不可

1 同前，第110页。

能依照自然法则在这个世界上实现出来，实践理性就必须假定存在着某种超自然的原因，并且假定这种原因必然以某种方式，使人分享他凭借自己的德性配享的幸福，从而保证人对至善的期望不致落空。“为使这种至善可能，我们必须假定一个更高的、道德的、最圣洁的和全能的存在者，唯有它才能把至善的两种因素结合起来……因此，道德不可避免地要导致宗教。”[1]康德进一步解释说：“如果应该把最严格地遵循道德法则设想为造成至善（作为目的）的原因，那么，由于人的能力并不足以在造成幸福与配享上一致，因而必须假定一个全能的道德存在者，来作为世界的统治者，使上述状况在他的关怀下发生。这也就是说，道德必然导致宗教。”[2]康德认为，这就是上帝的概念。由于道德的需要，上帝也就不仅仅是凭借其理智和意志创造了自然的上帝，而且更重要的是赐福于人的上帝，因而上帝就其本身而言也就不仅是全能、全知、全在、全善的，而且还是神圣立法者、慈爱统治者和正直审判者。道德法则也就表现为上帝的神圣诫命。

这就是康德上帝观的基本轮廓。过去，论者往往夸大康德在上帝存在问题上的观点，说他在《纯粹理性批判》中否定了上帝的存在，而到了《实践理性批判》中又把上帝请了回来。德国诗人海涅有一段常被人引用的名言，他说：康德“扮演了一个铁面无私的哲学家，他袭击了天国，杀死了天国全体守备部队，这个世界的最高主宰未经证明便倒在血泊中了。”[3]作为诗人，海涅未免受激情

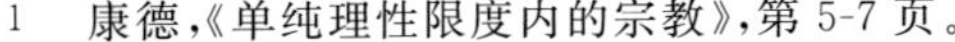

1　康德，《单纯理性限度内的宗教》，第5-7页。

2　同上，第9页。

3　海涅，《论德国》，北京，1980，第304页。

所支配，对康德思想做出了夸大其词的评价，把自己的感受强加给康德。其实，康德在《纯粹理性批判》中**根本没有否定上帝的存在**，而是仅仅否定了上帝存在的**可知性**，否定了旧形而上学以理性的方式对上帝存在所做的**种种证明**。即使到了《实践理性批判》，康德也依然认为，就上帝等理念来说，“我并不能凭借我的理性思辨证明它们，虽然我也并不能反驳它们。”[1]上帝的存在在理论意义上是一个悬而未决的悬念。理论理性虽然不能证明上帝的存在，然而，实践理性却必须假定上帝的存在。上帝是实践理性的“公设”。所谓公设（Postulat），拉丁语的原意是“要求”。这也就是说，上帝存在虽然不可证明，但却是实践理性的要求，是道德实践的必要条件。在这种意义上，上帝的理念是有其客观实在性的，而实践理性对上帝存在的这种认可也就不是知识，而是信仰，赋予上帝的种种属性也都是道德需要的反映。

康德批判了以理性对上帝存在所做的种种证明，但为了道德的需要，他又不得不以公设的方式，提出了一种道德目的论的上帝存在证明，从而陷入了两难境地。一方面，道德是宗教的前提。道德是纯粹实践理性自身的自律，不是出自神学，而是自给自足的。宗教的意义在于道德完善的需要。即是说，不是道德依附于宗教，而是宗教依附于道德；不是神学道德，而是道德神学。宗教没有自身独立的价值。但另一方面，宗教又是道德的必然归宿。为了追求道德法则的普遍有效性和绝对性，康德强调实践理性的自律，以自由为道德的存在根据。但自由不仅包含着遵循道德法则的可

1 康德，《实践理性批判》（*Kants Werke*，Band Ⅴ），第142页。

能，也同样包含着不遵循和违背道德法则的可能。由于人作为有限的理性存在不可能不考虑道德行为的后果，从而使仅注重动机的道德法则在现实中的可执行性成了问题。在时代的处境中，康德不得不在保留道德自律的前提下，与经验主义的幸福原则做出某种妥协，这种妥协的保障就是上帝。因此，"道德本来并不是教我们怎样使自己幸福的学说，而是教我们怎样才**配享**幸福的学说。只有加上宗教之后，才有希望有朝一日依照我们努力使自己配享幸福的程度而分享幸福。"追求幸福的"**希望**只是随着宗教才开始的。"[1]信仰上帝成为道德实践的必要前提，道德法则以上帝的诫命的面目出现。但这样一来，人们不免要对道德法则（绝对命令）的绝对性和自律性提出质疑。自律和神助实际上构成了康德哲学中道德和宗教之间无法解决的矛盾。

康德的上帝观虽然以公设设定了一种属上帝的因果关系，但与传统的上帝观不同，康德的上帝已不再干预尘世的幸福，尘世的幸福完全服从自然的因果关系，上帝的作用仅限于实现德性与幸福在超验世界的结合。这一思想直接刺激了现代对上帝观的反思。

三、人性中的自然善和根本恶

康德的至善包含着幸福，但强调人为了得享幸福，必须首先使自己配享幸福，配享幸福的唯一条件就是道德。德与福的结合要靠神赐，但修德却是人必须自己做出的努力。然而，现实世界的经

1　同前，第 130 页。

验又揭示了人在道德上普遍的恶。为了确保人追求幸福的希望不致落空，康德宗教哲学的核心问题就是：道德上恶的人能否并且如何改过迁善？或者说，坏树能够结出好果子吗？解决这一问题的前提又是：人的本性是怎么样的？

古今中外，关于人的本性的学说可谓千差万别，但究其根本不外两种：本性善论和本性恶论。康德认为，这两种学说都同样遇到了经验即现实的挑战。于是，也有人试图找出第三条道路，认为人的本性可能既不是善的也不是恶的，或者也许既是善的也是恶的。康德似乎对这些学说都不以为然。他另起炉灶，重新详尽地分析了人的本性内涵。

康德首先列举了人的本性中所包含的三种向善的原初禀赋：第一种是与生命相联系的动物性禀赋，康德称之为机械性的自爱，包括自保、性本能、社会本能等；第二种是与理性相联系的人性禀赋，康德称之为比较性的自爱，即在与他人的比较中来判定自己是否幸福，追求平等，并谋求比他人优越；第三种则是与责任相联系的人格性禀赋，康德称之为对道德法则之敬重的敏感性。它把道德法则当做自身充足的动机，是一种道德情感。康德认为，这三种禀赋都不仅仅在消极意义上是善的，即与道德法则之间没有冲突，而且还都是积极的向善禀赋，即促使人们遵循道德法则。它们都是原初的，因为它们都属于人的本性的可能性。不过，就前两种禀赋而言，存在着人们与目的相违背地使用它们的可能性，在它们之上可以嫁接各种各样的恶习。例如在动物性禀赋之上可以嫁接饕餮无度、荒淫放荡、目无法纪等；在人性禀赋之上可以嫁接嫉贤妒能、忘恩负义、幸灾乐祸等。尽管如此，人们并不能根除它们中的

任何一个,因为它们都是原初的。至于第三种即人格性的禀赋,在它之上绝对不能嫁接任何恶的东西。因此,它也是康德最为重视的向善禀赋。

进而,康德又列举了人的本性所包含的三种趋恶的自然倾向:第一种是人的心灵在遵循已被接受的准则方面的软弱,或者说人的本性的脆弱,即有心向善却没有坚强的意志去履行;第二种是把非道德的动机与道德的动机混杂起来,即不纯正,也就是说,虽然有心向善并且有足够的力量去实施,但却不仅仅把道德法则当做充足的、唯一的动机采纳入准则,而是在大多数情况下(也许在任何时候)还需要道德法则之外的其它动机;第三种是人心的恶劣或者堕落,即采纳恶的准则,把出自道德法则的动机置于其它非道德的动机之后,因而也叫作心灵的颠倒。康德认为,前两种趋恶倾向(脆弱和不纯正)是无意的罪,而第三种(心灵的恶劣)却是有意的罪,其特征是人心的某种奸诈,在道德意念(Gesinnung)上自欺欺人,所以它也是康德最重视的趋恶倾向。

显然,善的禀赋与恶的倾向共居于人的本性之中,二者的根本对立就在于意念,即对待道德法则的态度。人的本性在道德上的善恶不涉及行为,而只涉及意念,涉及作为行为动机的准则。在康德看来,之所以称一个人是恶的,并不是因为他所做出的行动是恶的(违背法则的),而是因为这些行动的性质使人推论出此人心中的恶的准则。即使一个人的行为是善的(符合法则的),他也依然有可能是一个恶的人,“因为如果为了规定任性去做合**乎法则的**行动,除了法则自身之外,还必须有别的动机(例如功名欲、一般的自爱,甚至还有慷慨的本能,这最后一种也就是同情),那么,这些行

动之与法则相一致，就完全是偶然的了；因为这些动机同样可能造成越轨。”[1] 所以，只有道德意念才是判断人善恶的根据。

然而，康德还必须首先回答一个问题：既然向善禀赋和趋恶倾向都属于人的本性，人还需要为它们负道德责任吗？康德的回答是肯定的。为此他对自己所使用的“本性”概念做出了精确的界定。在他看来，所谓人的本性，只不过是人“运用自己自由的主观根据，它先行于一切可察觉到的行为。”[2] 但作为运用自由的根据，它又不是自由的对立物，不是自然的本能，甚至也不是先行于自由的；它自身必须又是出自自由的一个行为。因为自由是道德的唯一根据，如果本性不是出自自由，也就不是道德上的，就不能归责于人。人性善恶的根据不可能存在于借助性好（Neigung）来规定任性的外在客体中，不可能存在于任何自然行动中，而是只能存在于任性为了运用自己的自由而为自己制定的规则中。本性作为出自自由的行为，并不是外在的、可以察觉的行为，而是意志的活动，是通过任性选择动机、确立准则、形成意念的活动。“所以，人里面的善或者恶（从道德法则方面来说，作为采纳这个或者那个准则的主观原初根据），就只是在**这样的**意义上才叫作生而俱有的，即它先于自由在经验中给出的一切运用（从孩童时代一直追溯到出生）而被奠立为基础的，被设想为随着出生就同时存在于人里面的；而不是说，出生就是它的原因。”[3] 生而俱有的善恶意念与人的道德责任并不矛盾。“所谓天生具有这种或者那种意念作为与生俱有

1 康德，《单纯理性限度内的宗教》，第 36 页。

2 同上，第 21 页。

3 同上，第 24 页。

的属性，在这里并不意味着，意念根本不是由怀有它的人后天获得的，也就是说，人不是意念的造成者；而是意味着，它只不过不是在时间中获得的（人从幼年起就一直这样的或者那样的）罢了。意念，即采纳准则的原初主观根据，只能是唯一的，并且普遍地关涉到自由的全部应用。但是，它自身却必须由自由的任性来采纳，若不然，它也就无从归责了。”[1]

康德并没有把自己的这一界定贯彻到底。他对人里面的善恶采取了不同的态度。在他看来，善是一种原初的自然禀赋，是人既不能建立也不能根除的。果如此，人也就不能为自己的善邀功，这种善也就不是道德上的，而是自然的善。这似乎与康德的道德自律有了矛盾。但我们也只能谅解康德的苦衷。下文将会谈到，唯其如此，康德才能谈论人的重新向善。而且，这里的善作为禀赋，还仅仅是人性的可能性，唯有人在堕落之后的重新向善，才是现实的人性，才是人可以邀功的。恶就不同了，恶是一种倾向，倾向是就一般人性而言偶然产生的性好（习惯性的欲望）之可能性的主观根据。“它与禀赋的区别在于，它虽然能够是生而俱有的，但**可以**被设想为不是生而俱有的，而是也能够被设想为**后天修来的**（如果它是善的），或者是人**咎由自取的**（如果它是恶的）。”[2]也就是说，倾向既能够是天生的，也可以是人为的。趋恶倾向之所以被归入人的本性，乃是就其普遍性而言的。“人是恶的，这一命题……无非是要说，人意识到了道德法则，但又背离道德法则而采纳人自己

1 同前，第 28 页。

2 同上，第 33 页。

的准则。人**天生**是恶的，则无非是说，这一点就其族类而言是适用于人的，并不是好像这样的品性可以从人类的概念（一般意义上的人的概念）中推论出来似的（因为那样的话，这种品性就会是必然的了），而是按照借助于经验对人的认识，人只能被如此评价，或者可以假定这在每一个人身上，即便是在最善的人身上，也都是在主观上必然的。由于这种倾向自身必须被看作是道德上恶的，因而不是被看作自然禀赋，而是被看作某种可以归咎于人的东西，从而也必须存在于任性的违背法则的准则之中。由于这些准则出于自由的缘故，自身必须被看作是偶然的，但这样一来，倘若所有准则的主观最高根据与人性自身——无论借助什么手段——不是交织在一起，仿佛是植根于人性之中，就又与恶的普遍性无法协调。所以，我们也就可以把这种倾向称作是一种趋恶的自然倾向，并且由于它必然总是咎由自取的，也就可以把它甚至称作人的本性中的一种**根本的**、生而俱有的（但尽管如此，却是由我们自己给自己招致的）恶。”[1] 由于这样的恶只能源自人的自由的任性，是人咎由自取的，所以是道德上的恶。又由于这样的恶败坏了一切准则的根据，同时又是不能借助于人力剔除的，所以是一种根本的恶。

恶既然可以是后天人为的，康德就必须回答恶的起源问题。他指出，起源可以是时间上的起源，也可以是理性上的起源。但是，为道德上的恶寻求时间上的起源，是自相矛盾的。因为恶既然是道德上的，就说明它是自由意志的结果，服从的是自由法则，是超时间、超自然的，是人应负责任的；而时间上的起源服从的是自

1　同前，第 38-9 页。

然法则，为道德上的恶寻求时间上的起源，实际上意味着我们不必为它负责任。由此出发，康德批判了神学中的原罪说。他指出：“无论人里面道德上的恶的起源是什么样的，在关于恶通过我们族类的所有世代，以及在所有的繁衍活动中传播和延续的种种表象方式中，最不适当的就是把恶设想为是通过遗传从我们的始祖传递给我们的。”[1]原罪说用人类始祖的罪作为一种遗产来解释我们的恶，其结果是让人类的始祖为今人的恶负责。它是为恶寻求时间上的起源的典型例证。康德认为，既然恶是一种道德属性，就只能寻求它在理性上的起源，即逻辑上的起源。

在逻辑上，康德既反对用感性和自然性好来解释恶，也反对用理性的腐败来说明恶。首先，恶的根据并不在于人的感性以及由此产生的自然性好。因为它们与道德上的恶并没有直接的关系，毋宁说还为德性提供了机会。况且，它们作为生而俱有的东西，并不以我们为创造者，我们不应为它们的存在和作用承担责任。斯多亚学派就错误地把人的自然偏好当做德性的敌人。其实，“自然的偏好**就其自身来看是善的**，也就是说，是无可指摘的；而想根除它们，不仅是徒劳的，而且也是有害的和应予谴责的；毋宁说，我们只需要抑制它们，使它们不致相互抵消，而是能够在一个被称作是幸福的整体中和谐一致就行了。”[2]其次，恶的根据也不在于为道德立法的理性的腐败。因为作为自由存在者，人已经摆脱了自然法则，如果再想把恶之为恶作为动机纳入自己的准则，就等于说，

1 同前，第 49 页。

2 同上，第 71-2 页。

人又摆脱了自由存在者所特有的道德法则，从而设想出一种不遵循任何法则的存在者，这是自相矛盾的。相反，“无论以什么样的准则，人（即使是最邪恶的人）仿佛都不会以反叛的方式（宣布不服从）来放弃道德法则。毋宁说，道德法则是凭借人的道德禀赋不可抗拒地在人身上产生的。而且，如果没有其它相反的动机起作用，人也就会把它当做任性的充分规定根据，纳入自己的最高准则；也就是说，他就会在道德上是善的。”[1] 用感性说明恶，只会把人变成动物般的存在者，用理性的腐败说明恶，则会把人变成恶魔般的存在者，康德认为，它们都是不可取的。

那么，恶在理性上的起源何在呢？康德告诉我们：这是不可探究的。因为所谓根本的恶，也就是在把包括道德法则在内的各种动机纳入自己的准则时，颠倒了它们的道德次序，把自爱等动机当做了遵循道德法则的条件，从而形成了恶的意念，它是人运用自由的全部行为的原初主观根据。但我们却不能再为这种颠倒寻找主观根据。这种颠倒作为出自自由的恶的行为，其主观根据只能再追溯到动机的道德次序的颠倒，从而使人陷入一种无穷的追溯之中。

康德认为，自己关于人性的思想与《圣经》的说法是完全一致的。《圣经》是以讲故事的方式，把本性上第一的东西表现为时间上的第一。按照《圣经》的说法，人类始祖在作恶之前，并没有任何趋恶的倾向，处于一种天真无邪的状态。最初的道德法则是一条禁令，即禁食分别善恶树的果子。但人类始祖并没有把它当做充

1　同前，第 43 页。

足的动机，而是把感官的行动置于这一法则之上，纳入行为的准则，从而犯了罪。康德在此引用贺拉斯（Horatius）的著名诗句："这故事说的就是你，只不过换了名字。"[1]他试图借此指出：《圣经》说"在亚当身上众人都犯了罪"，并不意味着亚当把罪遗传给了我们，而是仅仅意味着，我们每天都在重复着亚当的错误。至于在亚当身上所发生的这种颠倒的根源何在，《圣经》也同样没有提供答案。《圣经》虽然把恶置于世界的开端，但也没有把恶置于人里面，没有把它归诸于人的自然性好，而是说人因诱惑而犯罪，从而把恶归诸于一个恶的精灵；这个精灵最初具有高贵的规定性，他既不能借口肉体的诱惑来减免自己的罪恶，也不能把自己的恶归诸于其它任何起源。于是，对于他来说，恶又是从哪里来的，这个问题最终是无法解决的。

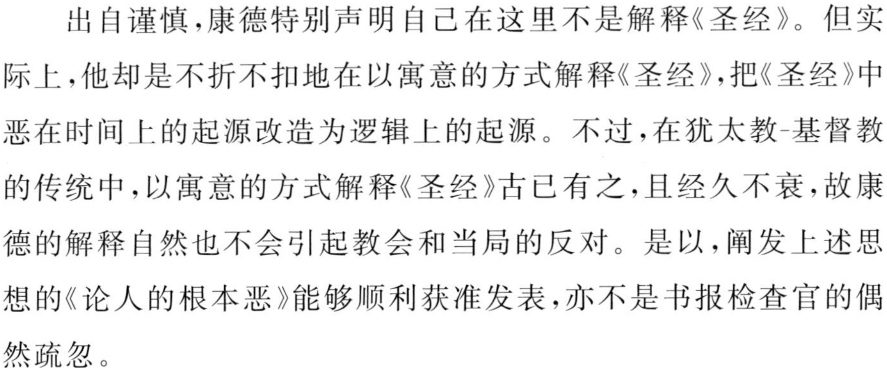

出自谨慎，康德特别声明自己在这里不是解释《圣经》。但实际上，他却是不折不扣地在以寓意的方式解释《圣经》，把《圣经》中恶在时间上的起源改造为逻辑上的起源。不过，在犹太教-基督教的传统中，以寓意的方式解释《圣经》古已有之，且经久不衰，故康德的解释自然也不会引起教会和当局的反对。是以，阐发上述思想的《论人的根本恶》能够顺利获准发表，亦不是书报检查官的偶然疏忽。

四、人的重新向善

康德人性论中有两个不可动摇的基点，即道德的自律和重新

1　贺拉斯，《讽刺诗》，1，1，9。

向善的可能性。这二者在大多数情况下是协调的，但有时也不免发生磨擦，从而给康德哲学带来了一些难以解决的问题。这一点从前文中已可略见一斑，而在他关于人重新向善的论述中，又得到更为充分的体现。

在康德看来，人在堕落之后重新向善的可能性就在于，在道德上立法的实践理性并没有腐败。因此，"即使有那种堕落，'我们**应当**成为更善的人'这一命令，仍毫不减弱地回荡在我们的灵魂中。"[1] 所谓重新向善，康德称之为"重建向善的原初禀赋"，但他特意补充说："在我们里面重建向善的原初禀赋，并不是重获一种**丧失了的**向善动机；因为我们永远也不会丧失这种存在于对道德法则的敬重之中的动机；要是会丧失的话，我们也就永远不能重新获得它了。因此，所谓重建，仅仅是建立道德法则作为我们所有准则的最高根据的**纯粹性**。按照这种纯粹性，道德法则不是仅仅与其它动机结合在一起，或者把这些动机（性好）当做条件，甚至隶属于它们，而是应该以其全然的纯粹性，作为规定任性的自身**充足的**动机，被纳入准则。原初的善也就是在遵循自己的义务方面**准则的圣洁性**。因此，把这种纯粹性纳入自己准则的人，虽然由此还并不已经是圣洁的（因为在准则和行为之间还有很大距离），但却是已经踏上了在无限的进步中接近圣洁性的道路。"[2]

这也就意味着，重新向善表现为清除准则中的其它动机，恢复道德法则作为自身充足的动机的纯粹性。"人的道德修养必须不

1 康德，《单纯理性限度内的宗教》，第 56 页。

2 同上，第 56-8 页。

是从习俗的改善，而是从思维方式的转变和从一种品格的确立开始。”[1]习俗的改善只能逐一地与各种特殊的恶做斗争，并不触动它们的普遍根据。由此造成的只是合乎法则的行动，而不是道德上善的人。康德不赞成用贤良方正的道德行为来进行道德教育。“教人去**惊赞**道德的行动，无论这样的行动要求做出多大的牺牲，都不是学生的心灵对道德上的善所应保持的真正情调。因为无论一个人如何有道德，他所能够做出的一切善行，都必须纯粹是义务；而履行自己的义务，也无非就是做在通常的道德秩序之中的事情，从而也就是不值得惊赞的。毋宁说，这样的惊赞是我们的道德情感的一种变质，好像顺从义务是某种非同寻常的、有功劳的事情似的。”[2]在他看来，真正值得惊赞的只能是我们里面的原初道德禀赋。“在我们的灵魂中有一样东西，如果我们恰如其分地将它收入眼底，就不能不以极大的惊赞观望它。此时，惊赞是正当的，同时亦是振奋人心的。而这种东西就是我们里面的原初的道德禀赋。”[3]道德教育的任务应是培养人的道德情感。“经常激励自己的道德使命的这种崇高感，作为唤醒道德意念的手段，是特别值得称颂的，因为它正好抑制着把我们任性准则中的动机颠倒过来的那种生而俱有的倾向，以便在作为所有可被采纳的准则的最高条件的那种对法则的无条件敬重中，重建各种动机中的原初的道德秩序，并进而重建人的心灵中向善禀赋的纯粹性。”[4]这样的重建

1 同前，第 61 页。
2 同上，第 61-2 页。
3 同上，第 62 页。
4 同上，第 63-4 页。

也就是人的意念中的一场革命、一种向信念圣洁性准则的转变。它是一种心灵的转变，仿佛是一种重生，一种重新创造，或者《圣经》中所说的脱去旧人、成为新人。

在根本上已经堕落了的人，怎么可能凭借自己的力量实现这一转变，自动地成为一个善人呢？对于神学来说，这并不构成问题。基督教神学本来就否认人有自救的能力，它把人得救的希望寄托在上帝的恩典上面。但康德却不能这样做，因为恩典与他的道德自律难以共处。但离开了恩典，康德又委实难以解释从恶向善的转变。康德只好对恩典采取了一种姑且听之的态度。“假定为了成为善的或者比较善的，还需要一种超自然的参与，这种参与也只能在于减少障碍，或者是积极的支援。然而，人必须事先就使自己配得上接受这种参与，并且必须接纳这种**援助**（这并不是微不足道的事情），也就是说，把力量的积极增长纳入自己的准则，只有这样，善才能被归诸于他，他才能被看作是一个善的人。”[1] 由此出发，康德批判了种种祈求恩典的宗教，认为这样的宗教也就是：“人或者谄媚上帝，认为上帝能够（通过赦免他的罪责）使他永远幸福，而他自己却没有必要**成为一个比较善的人**；或者，如果这在他看来不可能的话，认为**上帝**能够把他**变成为比较善的人**，而他自己则除了**祈求**之外，没有必要为此再做什么。”[2] 在康德看来，祈求只不过是纯粹的愿望，祈求者实际上什么也没有做。如果单凭愿望就可以成为一个善人，则每一个人就都是善人了。这样的宗教观念，实

1　同前，第 55 页。

2　同上，第 65-6 页。

际上放弃了个人在修德方面的主观努力。基督教作为一种道德的宗教，其原理却是："每一个人都必须尽其所能，以便成为一个比较善的人；只有当他为了成为一个比较善的人而不埋没自己天赋的才能，利用自己向善的原初禀赋时，他才能够希望，凭借更高的援助，补上他自己力所不能及的东西……知道上帝为自己的永福所做或已做了什么，这并不重要，因而也不是对每一个人都有必要；但是知道为了配得上这种支援，**每一个人自己必须做些什么**，却是重要的和必要的。"[1]康德甚至认为，把重新向善的希望寄托在恩典的基础上，无论在理论上还是在实践上都是行不通的。在理论上，不能把因果关系的概念推广到恩典这种超自然的对象上；在实践上，期待恩典则意味着，善不是我们的行为，而是另一种存在者的行为，因而我们只能无所事事地等待它。人完全没有必要知道这种超自然的援助存在于什么地方，以及它如何对我们发挥作用。"我们可以承认它是某种不可理解的东西，但是，无论是为了理论上的使用，还是为了实践上的使用，我们都不能把它纳入我们的准则。"[2]

利文斯顿（Livingston）敏锐地抓住了康德宗教哲学的内在矛盾。他指出："康德面临着一个两难的处境。他认识到赦罪的罪名与自律的自由互不相容，但他又意识到了人类根本的罪恶与不可避免的过错。他主张恩典意味着人已做了能够做的一切，以解决这个难题。但是康德的解决办法在这里失败了，要么必须否定自

1　同前，第 66 页。

2　同上，第 68 页。

律的自由，要么必须否定根本的恶。因为，如果个人已经做了要配得上恩典所需要的事，他也就实在不需要恩典了，因为正是在开始破除根本的恶的时候，才需要给人以能力的恩典。假如恩典要待获得之后才发挥作用，它就是无用的，因为意志在其力所能及的范围内，就有着选择善的能力。在这种情况下，罪恶必须被视为仅仅是表面的，而不是根本的。十分清楚，康德宁可放弃他的恩典与根本的恶的概念，而不愿放弃他的道德自律的概念。”[1]不过，利文斯顿只说对了一半。康德的确无法解释他所说的“灵魂深处爆发革命”何以可能，从而不得不说：人“**不是从根本上**（甚至就向善的最初禀赋而言）败坏了的，而是还能够改过迁善的”，[2]但严格说来，康德却谈不上**放弃**恩典的概念，因为他根本就不曾打算把它纳入自己的体系。

然而，这种革命何以可能，又是康德无法回避的问题。于是他只好又从“应该”推论出“能够”，宣称：“义务命令我们这样做，而义务也仅仅命令我们做自己力所能及的事情。”[3]这种手法康德已多次使用，例如前文提及的上帝观，就是从应该有至善推论出能够有至善，并进而推论出上帝的存在和品性。但无论如何，这种推论在理论上和实践上都是软弱的。

与消极地对待圣宠不同，康德对基督教的救赎理论采取了相对积极的态度。传统神学的救赎理论认为，人类由于犯罪而落在魔鬼的统治之下，基督耶稣之死乃是付给魔鬼的赎金，借此把人从

---

1 利文斯顿，《现代基督教思想》，四川人民出版社，1992，第145-6页。

2 Kant，《单纯理性限度内的宗教》，第54页。

3 同上，第60页。

魔鬼的管辖下赎取释放。安瑟尔谟(Anselmus)首倡补赎说,认为基督以无罪之身代人受死,来满足上帝有罪必罚的公正。阿伯拉尔(Abaelardus)则主张道德感化说,认为基督舍己牺牲,显示出上帝的圣爱,作为世人的榜样,感动世人悔罪归向上帝,从而获得赦罪的效果。康德的观点表现为安瑟尔谟的客观救赎论和阿伯拉尔的主观救赎论之间的一种结合。在他看来,耶稣和魔鬼分别是善的原则和恶的原则的体现,二者之间的斗争也就是争夺人类统治权的斗争。动机的道德次序的颠倒,标志着人已经处于恶的原则统治之下,这也就是人的罪,而且这种罪债是不能由他人代为偿付的,因为它不像金钱债务那样可以转到另一个人头上,它是最切身的债务,只有应受惩罚的人自己才能承担。然而,在道德意念上发生了转变的人,已经选择了向善的道路,过渡到了新的人生,在道德上是另一个人了,但即使如此,人也永远不能抹去这种罪债,上帝的公正依然必须得到满足。于是,道德上的新人就要代替旧人受苦,接受上帝的惩罚。康德认为,基督教神学所说的基督,以无罪之身代世人受苦以救赎人类,实际上也就是这一状况的象征。因此,“观念转变也就是从恶中走出,并进入善,是脱去旧人,并穿上新人……从堕落了的意念走出,进入善的意念……本身就已经是牺牲,是接受人生的一长串苦难。新的人是以在上帝之子的意念中,即纯粹是为了善起见,承担起这些苦难;但是,这些苦难作为**惩罚**,实在是应该归诸于另一个人,即归诸于旧的人(因为旧的人在道德上是另一个人)。”[1] 基督作为上帝的独生子,作为唯一上帝

1 同前,第93-4页。

喜悦的人，也就是道德上完善的人性或者人的理念、人的原型。他与上帝同在，上帝爱他也就是爱世人；只有借助他，并且通过接受他的意念，我们才能够希望成为上帝的儿女。“把我们自己**提高**到这种道德上的完善性的理想，即提高到具有其全部纯洁性的道德意念的原型，乃是普遍的人类义务。”[1]但是，由于人具有趋恶的倾向，不能设想这个理念或者原型是由人得出的。但它又确实已经在人里面取得了地位，而我们却就连人的本性如何能够接纳它也无法理解，所以只能设想它是从天上降临人间、接纳了人性的，并且设想它就是上帝之子。“我们只能在这样一个人的理念下设想上帝喜悦的人性的理想，这个人不仅自己履行所有的人类义务，同时也通过教诲和榜样，在自己身旁尽可能大的范围里传播善，而且即使受到极大的诱惑，也甘愿为了世人的福祉，甚至为了他的敌人，而承受一切苦难，直至极屈辱地死去。这是因为，除非设想一种力量与重重障碍做斗争，并且无论有多大的诱惑都能克服那些障碍，否则，人对这种力量（这种力量是一种道德意念的力量）的程度和威力便不能形成任何概念。”[2]

从这种理解出发，康德肯定了耶稣作为道德上完善的人、作为人性的原型在道德上的榜样作用。他指出：“**在对上帝之子的实践上的信仰中**（既然他被设想得好像他接纳了人的本性似的），人却可以希望成为上帝喜悦的（从而也可以得救）；也就是说，他自觉到这样一种道德意念，即他能够**信仰**并且确立以自己为基础的信赖，

1　同前，第 75 页。

2　同上，第 76 页。

他将在相似的诱惑和苦难的情况下(就好像把它们当做那个理念的试金石)对人性的原型忠贞不渝,并且以忠实的仿效保持与自己的榜样的相似。一个这样的人,并且只有一个这样的人,才有权利把自己看作是一个配得上上帝喜悦的对象。"[1]但是,康德反对借助奇迹,把耶稣描绘成一个超越人性的神。完善人性的这一理念的现实性,并不在于历史上确曾有一个作为上帝之子的耶稣,不在于外部的、经验的榜样。相反,"从实践的观点来看,这一理念的现实性完全在其自身之中。因为它蕴含在我们那在道德上立法的理性之中。我们**应当**符合它,因而我们也必须**能够**符合它……为了使一个上帝喜悦的人的理念成为我们的原型,并不需要经验的榜样;那理念作为一个原型,已经蕴含在我们的理性之中了……每一个人都完全应当使自己成为这一理念的一个榜样;为此,原型始终只是蕴含在理性之中;因为没有任何外部经验中的榜样适合它。外部经验不能揭示意念内在的东西,而是只能推论出它,尽管这种推论并没有严格的确定性。"[2]康德从道德自律出发,强调人应该仿效的理念就存在于人性中,甚至认为每一个人都应该并且能够符合这一理念,暗含着人人都应该并且能够成为基督、人的得救也就是自救的结论。同时,他对历史上是否确有耶稣其人并不感兴趣。在他看来,历史上的耶稣,无论是他的人格,还是他在尘世的业绩和受难,都纯粹是奇迹。对于基督教这种建立在"心灵和诚实"之上的道德宗教来说,奇迹是不必要的。"即使这样一个确确

1 同前,第76-7页。

2 同上,第77-8页。

实实具有圣洁意念的人，在某一个时刻仿佛从天国降临到尘世，就人们对于外部经验所能要求的而言，通过教诲、品行和苦难，使自己成为一个上帝喜悦的人的榜样……即使他借助这一切，通过在人的族类中发动一场革命，而在世界上造成了一种大得无法估量的道德上的善，我们也委实没有理由在他身上假定某种不同于一个自然出生的人的东西……把这样一个圣人提高到人的本性的所有软弱之上，不免会妨碍按照我们所能洞察的一切把他的理念实际运用于我们的仿效。”[1]一个常人无法仿效的榜样并不能起到榜样的作用，它只会使人们把完善的可能寄托在奇迹上面，从而放弃自己的道德努力。诚然，为了取代建立在奇迹之上的宗教，基督教也曾借助耶稣的奇迹来扩大自己的影响，坚定信徒的信仰。但是，这种真宗教一旦确立起来，奇迹就成为多余的了。不过，康德并不主张运用理性根据来反驳这些奇迹，在他看来，只要不使那种认为信仰它们就可以获救的信条，成为宗教的一部分就可以了。

由以上论述可以看出，康德完全是从道德的需要出发来剪裁基督教教义的。其实，单是《单纯理性限度内的宗教》这个书名，就已经十分清楚地显示：宗教不能超出理性的需要。于是，恩宠在康德的眼中可有可无，耶稣的救赎被他化为人心的内在过程，奇迹则被他干脆一笔抹去。这一切都只是为了突出人的道德自律。这样，康德与基督教正统神学的距离就拉大了。康德的第二篇论文，即这本书的第三部分，被书报检查禁止发表，也在情理之中。在这本书的第三、第四部分，当康德论及教会、《圣经》、启示、教会章程、

1　同前，第 79 页。

仪式等问题时，这种冲突就更为严重了。

五、教会与其他

对于教会在抑恶扬善方面的作用，康德既给予了充分的肯定，同时也做出了严格的限定。

在康德看来，“道德上的至善，仅仅通过单个的人为达到他自己在道德上的完善所进行的努力，是不能实现的。为达到这一目的，必须把单个的人联合成为一个整体，即一个具有善良意念的人的体系。只有在这个体系中，并且凭借这个体系的统一，道德上的至善才能实现。”[1] 即使一个人通过思维方式中的革命确立了向善的意念，这也只是迈出了善战胜恶的第一步。此时，他依然总是受到恶的原则的侵袭。这种侵袭并不是在他离群索居的情况下，来自他自己的粗野的本性，而是来自他身处其中的社会。只要他生活在人群之中，甚至无需假定人们都已经堕落入恶，充当了教唆他为恶的榜样，单是妒忌心、统治欲、占有欲等等，就会马上冲击着他那本来易于知足的本性，足以使他变恶了。康德把这种现象称作伦理的自然状态。“伦理的自然状态是对德性法则的一种公共的、相互的损害，是一种内在的无道德的状态；自然的人应该勉励自己尽可能快地走出这种状态。”[2]

就像走出政治的自然状态的结果是作为政治共同体的国家一样，走出伦理的自然状态的结果就是作为伦理共同体的教会。康

1 同前，第 125 页。

2 同上，第 124 页。

德认为，在伦理共同体中，和在政治共同体中一样，所有单个的人都必须服从公共的立法，所有的律法都必须能够被看作是一个共同的立法者的诫命。但是，政治共同体所关注的是外在行动的合法性，故而其立法者必须是联合成为一个整体的人群自身；伦理共同体所关注的是内在意念的道德性，故而其立法者不能是人民自身。但这种情况又不能是外在的强制，否则道德就不是自由的行动了。伦理共同体的立法者必须是一位知人心者，他能够看透每一个人的意念的内核，同时赋予每一个人凭自己的行为配享的东西，而真正的道德义务也就被看作是他的诫命。这也就是上帝，因此，“一个伦理共同体只有作为一个遵循上帝诫命的民族，即作为一种上帝的子民，并且是遵循德性法则的，才是可以思议的。”[1]这样一种遵循上帝的道德立法的伦理共同体，也就是教会。

康德在这里所说的并不是现实中的教会，而是“无形的教会”。它是所有义人在上帝的立法之下进行联合的纯粹理念，是只能由上帝自己来实现的。但这并不意味着人可以无所事事，坐享其成。人必须以无形的教会为理想，在尘世建立有形的教会，并借此向这一理想逐渐迫近。无形的教会借助有形的教会而实现自身，也就是上帝之国在尘世的实现。真正的有形教会应该具有以下标志：一、在量上具有普遍性，即教会的统一。教会内部在偶然的见解上可能会有分歧，但在基本原则方面应当是一致的，教会是唯一的，不应有各种教派；二、在质上具有纯粹性，教会的统一只服从道德的动机，排除一切荒诞的迷信和狂热；三、在关系上，无论是其成员

1　同前，第128页。

之间的内部关系还是与政权的外部关系，均服从自由的原则，是一个自由的国度；四、在样式上，以基本体制保持不变为前提，一些偶然的管理规定可以随时间和情况的变化而变化。[1] 就像宗教被康德还原为道德一样，教会也被康德还原为一个只追求纯粹的道德理想的伦理团体。这里不存在高低之分的教阶制，它是教会成员的一个自由松散的联合，不像政治共同体，其体制既不是专制政体，也不是贵族政体或者民主政体，而是像一个拥有共同父亲的大家庭，其唯一的联系纽带就是所有成员在心灵上的普遍自由结合。

由这种教会观出发，康德进一步论涉到基督教的信义、《圣经》、章程、圣礼等一系列问题。在他看来，真正的教会应该是建立在"纯粹的理性信仰"之上的。所谓纯粹的理性信仰，也就是仅仅从实践理性出发的信仰，它的神明概念只是出自对道德法则的意识，和对假定一种能够为这些法则造成在尘世可能的、与道德上的终极目的一致的全部结果的力量的理性需求。它把始终不渝地追求一种道德上善的人生风格，看作是为了让人们成为在上帝的国中使上帝喜悦的臣民，上帝所要求人们的一切。人们如果履行自己对人（对自己和对他人）的义务，由此也就执行了上帝的诫命，从而也就是人们对上帝的最高事奉。在这种情况下，上帝的立法意志是通过**纯粹道德上的**法则颁布命令的。每一个人都能够从自身出发，凭借他自己的理性来认识作为他的宗教基础的上帝意志。但是，由于人性的某种弱点，人们不是在行为的内在道德价值中，而是在对上帝的某种谦卑的恭顺中，追求上帝的喜悦，从而设定出

1 同前，第130-1页。

上帝的一些法规性法则，把自己的义务，并进一步把宗教设定为我们对这些法则的遵循，这样一来，“对这种宗教的认识就不是凭借我们自己的纯粹理性，而是只有凭借启示才是可能的，而无论启示为了通过传统或者《圣经》在人们中间传播，对于每一个单个的人来说，是秘密地还是公开地给予的，它都将是一种**历史性的信仰**，而不是**纯粹的理性信仰**。”[1] 所谓历史性的信仰，乃是一种仅仅建立在事实之上的、受时间条件和地点条件制约的信仰。它以一种在历史中发生的启示为前提条件，其立法只能被看作是偶然的，不能被看作是对每一个人都有约束力的。不过，人是生活在现实世界之中的，是在一定的时间中、在尘世中的有形教会中事奉上帝的。“由于所有人的自然需要，即对于最高的理性概念和理由来说，总是要求某种**能够以感性方式把握的东西**、某种经验证明，以及诸如此类的东西……所以还必须利用一种历史性的教会信仰。”[2] 而维持教会信仰的最有效手段就是《圣经》：“对教会信仰的不变的维持、对在它里面所采纳的启示普遍的和千篇一律的传播，乃至敬重，很难凭借**传统**，而是只有凭借自身、又作为启示对于同时代人和后代来说必然是敬重的一个对象的《圣经》，才能得到足够的关照。”[3] 康德充分肯定了《圣经》在维系信仰方面的作用。他甚至认为：“任何一种建立在经书之上的信仰都不能够被根除，哪怕是通过最具毁灭性的国家革命；然而，那种建立在传统和古老的

1 同前，第 134 页。
2 同上，第 142 页。
3 同上，第 138 页。

公共惯例之上的信仰,在国家的毁灭中也同时被毁灭了。”[1]但即便如此,历史性的教会信仰毕竟不是纯粹的理性信仰,“为了把一种道德上的信仰的基础,与看起来是一种偶然性故意使之落入我们手中的这样一种经验的信仰……统一起来,就要求对落入我们手中的启示做出一种诠释,即把它彻底地解释为一种与纯粹的理性宗教的普遍的、实践的规则一致的意义。”[2]这种诠释的出发点只能是纯粹的理性宗教,用康德的语言说,也就是道德的需要。历史性的信仰和《圣经》毕竟仅仅是引导性的手段,“尽管(根据人的理性的不可避免的局限性)一种历史性的信仰作为引导性的手段,刺激了纯粹的宗教,但却是借助于这样的意识,即它仅仅是这样一种引导性的手段,而历史性的信仰作为教会信仰包含着一种原则,即不断地迫近宗教信仰,以便最终能够省去那种引导性的手段。”[3]这样,历史性的信仰不仅不是永恒的,而且其意义恰恰在于否定其自身。就像人在进入青年时代时必须脱去孩子气一样。历史性的教会信仰也必须清除掉自身的一切经验性因素,不断地向纯粹的宗教信仰迫近。一旦这一目标实现,教会也就成为真正的伦理共同体,上帝的国也就降临了。

根据这一标准,康德认为,犹太教本来不是一种宗教,而是一群人的联合。由于共属于一个特殊的氏族,这群人形成了一个服从纯粹政治法则的共同体,从而也就没有形成一个教会;毋宁说,它应该是一个纯粹世俗的国家,这个国家的制度以贵族制为基础,

1 同前,第 139 页。

2 同上,第 143 页。

3 同上,第 150-1 页。

上帝在这里是作为一个与道德完全无关的世俗君主受到敬重的。“因此,如果普遍的教会历史理应构成一个体系,那么,我们也就只能从基督教的起源来开始这种历史;基督教作为对它所源自的犹太教的一种彻底抛弃,建立在一个崭新的原则之上,造成了教义学中的一场彻底的革命。”[1]这个崭新的原则也就是宗教的道德意义。至于基督教竭力把自己说成是犹太教的一种延续,力图编织出二者之间的一条联系纽带,只不过是为了在用一种纯粹的道德宗教来取代民众极为习以为常的旧崇拜时,找到一种不那么违背民众成见的最适宜手段。当然,后来的犹太教从古希腊哲学的德性学说中所汲取的大量智慧,也为基督教的产生做好了准备。基督教虽然把道德的信仰确立为唯一能够使人得救的信仰,但作为一种历史性的宗教,它的历史却并没有真正地体现自己的原则。对世界毫无用处的教士阶层、对奇迹的盲目迷信、教阶制、信仰专制、教派对立、抵制科学、宗教战争、政教之间的斗争等等,所有这些都是与基督教真正的初始意图相违背的。康德认为,基督教有史以来的最好时代就是他自己所处的那个时代,在这个时代里,“人们可以让真正的宗教信仰的种子……不受阻碍地萌发,以便由此期待不断地接近把所有的人一下子联合起来的那个教会,它是上帝无形的国在地上有形的体现(图式)。”[2]其标志在于下述的基本原则已经成为理性的要求:首先,由于没有任何人能够抹杀《圣经》被视为上帝的启示,并作为教会和宗教的基础的可能性,还由

1 同前,第 168 页。

2 同上,第 174 页。

于也很难有某个人去期待一种由新的奇迹引入新的启示；“因此，最合理性和最公正的就是，把这部已经存在的《圣经》继续用作教会课程的基础，不借助毫无用处的、蓄意的攻击来削弱它的价值，但也不把对它的信仰当做救赎所要求的而强加给任何一个人。”其次，基督教的圣史对于采纳道德准则既不能也不应该有任何影响，它仅仅是为了生动地展现道德准则的真正客体（追求圣洁性的德性），而被赋予教会信仰的，“不能把真正的宗教设定在对上帝为我们的得救所做或者已经做了的事情的认识和信奉之中，而是应该把它设定在我们为了配享那些东西所必须做的事情之中，这在任何时候都无非是某种独立地具有无可置疑的、**无条件的**价值的东西，因而也只有它才能使我们让上帝喜悦。同时，每一个人都不需要任何《圣经》教养，就可以确知它的必要性。”[1]康德乐观地认为：“虽然只有教会信仰向普遍的理性宗教，并且进而向地上的一种（神性的）伦理国家逐步过渡的原则普遍地、在有些地方甚至**在公众中**扎下了根，我们也仍然可以有根据地说：‘上帝的国已经降临到我们这里了’，尽管现实地建立上帝的国对我们来说还是十分遥远的事情。这是因为，由于这个原则包含着向这种完善的不断迫近的根据，作为一颗自己发芽生长、随后又开花结果的种子，在它里面（以不可见的方式）蕴含着有朝一日将照耀和统治世界的那个整体。”[2]

至于历史性的信仰在教会中的具体表现，就是教会的章程。

1 同前，第176页。

2 同上，第161页。

康德认为,只有建立在章程之上的可见的教会,才需要并且能够实现一个由人所创立的组织。换句话说,只有借助于它们,可见的教会才能把广多的信徒有效地联合为一个整体。章程以及对章程的忠诚,在可见的教会中是不可缺少的。但它们的这种必要性属于历史性信仰的范畴,产生自作为手段为纯粹的宗教信仰服务的需要,对于纯粹的道德判断来说是任意和偶然的。"每一个建立在章程性法则之上的教会,都只是就它在自身之中包含着能够不断地接近纯粹的宗教信仰……并且随着时间的流逝摆脱教会的信仰……的原则而言,才能是真正的教会……与此相反,一个教会的仆从若是根本无视于此,毋宁说把向纯粹的宗教信仰的不断接近视为该诅咒的,却把对教会信仰的历史性和章程部分的忠诚,视为唯一能够使人得救的,就可以有理由指控他们为对教会或者对……善的原则统治之下的伦理共同体的**伪事奉**(Afterdienst)。"[1]在康德看来,对上帝的事奉是一种自由的,从而也是道德上的事奉。教会的章程仅仅是促进这种事奉的手段。如果我们背离了这一点,把章程性法则的意义绝对化为目的自身,则加给人们的就不是上帝的儿女的自由,而是一种沉重的工具。由于无条件地迫使人们信仰某种只能历史地认识、从而并非对每一个人来说都令人信服的东西,它是一种对于有良知的人来说,比加给人们的虔诚教规的全部废物还沉重得多的工具。康德把这种绝对化称之为"宗教幻相"、"迷信的幻相"、"物神崇拜"、"宗教专制",并且宣布:"谁把遵循章程性的、需要一种启示的法则作为宗教必

1 同前,第200-1页。

需的，并且不是仅仅作为道德信念的手段，而是作为由此直接让上帝喜悦的客观条件置于前面，把对善的人生风格的追求置于这种历史性的信仰之后……他就把对上帝的事奉转化为一种纯粹的**物神化**，实行了一种趋向于取消真宗教的所有努力的伪事奉。当我们要把两个好的东西结合起来时，事情完全取决于结合它们的次序！”[1]至于教会中为事奉上帝举行的种种宗教仪式，例如默祷、礼拜、洗礼和领圣餐等，康德认为，虽然信徒对上帝必须做出的真正的道德上的事奉，像上帝的国自身一样是无形的，即是一种心灵的事奉，只能存在于把所有真正的义务作为上帝的诫命来遵守的意念之中，不能存在于仅仅为了上帝而规定的行动之中。但对于人来说，无形的东西却需要借助某种有形的东西（感性的东西）来体现，需要由某种有形的东西来仿佛把它直观化。一定的宗教仪式对于坚定人们的意念、明确人们的义务、陶冶人们的心灵，是有积极意义的。但如果把这些仪式绝对化为目的自身，把它们变成一种邀取上帝恩宠的手段，则无疑是要借助自然的方式来求取超自然的结果，等于鼓励人们放弃和逃避在道德上做出艰苦的努力。如果神职人员通过冒称独家占有这些邀宠手段来篡夺和垄断对人们心灵的统治，并进而谋取对世俗国家的统治，则完全是一种恶劣的“教权主义”。一言以蔽之，康德的“不需要任何证明的基本原则”是：**“凡是人为了让上帝喜悦，认为除了善的人生风格之外，还能够做的其它事情，都纯粹是宗教幻相和对上帝的伪事奉。”**[2]这

1　同前，第236-7页。

2　同上，第225页。

一原则依然是道德的需要。于是,凡是无助于道德上的改善的,都被康德列入了可有可无的行列;凡是有违于道德上的改善的,则受到了康德的激烈批判,被他列入了应予摒除的行列。许多在教会的实践中具有神圣不可侵犯的绝对意义的,在他的笔下只剩下了相对的意义,甚至被他毫不客气地斥之为"伪事奉"。康德与当时教会的冲突已经不仅是必然的,而且简直是呼之欲出的了。

康德的宗教观反映了一位哲学家在科学至上、理性至上的启蒙时代的处境中的宗教体验。一方面,他极力倡导理性的最高权威,坚持用理性及其需要来衡量一切;另一方面,他又意识到理性自身的不足,意识到宗教信仰和教会在社会生活中的正面作用。一方面,他按照理性需要的标准设计了他心目中的宗教和教会。另一方面,他又意识到现实中的宗教和教会与他的理想的差距,因而对它们提出了殷切的期望和不客气的批判。当然,康德的宗教观中不免包含许多乌托邦的成分。但它的可贵之处并不在于解决问题,而在于提出问题,在于他解决问题的愿望和尝试。就像康德的批判哲学构成了近现代许多哲学体系的出发点一样,近代许多神哲学家也都从康德的宗教哲学中吸取了灵感,以至于利文斯顿宣称:"康德对于现代宗教思想的影响是不可估量的。没有一个人比康德的影响更大,但施莱尔马赫可能是个例外。康德的成就,播撒了十九世纪宗教思想的许多流派的种子,这些流派所取的方向,常常是大相径庭的。因此,康德的重要性,就在于他的思想的丰富性与启发性。"利文斯顿为康德对后来神学的影响列出了一个长长的清单,并且认为:"这份清单,还可以延长下去。"[1]这也就是我们

1 利文斯顿,《现代基督教思想》,同前,第152页。

今天还要谈论康德的理由和价值。

关于书中许多的注，凡使用“①②③”号的均为康德的原注。凡使用“♀”号的是康德第二版时附加的注，这一点在康德本人的第二版序言中已有说明。凡使用1、2、3的均为本人在翻译时所加的注，本人已在注末加上“译注”字样。由于使用“①”、“♀”号的注（即康德原注）中仍有一些问题需要说明，于是就形成了许多“注中注”。

目　录

第一版序言 3

既然道德是建立在人这种自由的存在者的概念之上的，人这种存在者又正因为自由而通过自己的理性使自己受无条件的法则制约，那么，道德也就既不为了认识人的义务而需要另一种在人之上的存在者的理念，也不为了遵循人的义务而需要不同于法则自身的另一种动机。至少，倘若人有了这样一种需要，而且在这种情况下又不能借助别的什么东西来满足这种需要，那么，这就是人自己的过错；因为不是产生自人自身和人的自由的东西，也就不能为人缺乏道德性提供补偿。——因此，道德为了自身起见，（无论是在客观上就意愿而言，还是在主观上就能够而言）绝对不需要宗教，相反，借助于纯粹的实践理性，道德是自给自足的。——因为既然道德的各种法则是通过依照它们所采纳的、作为一切目的的最高（本身是无条件的）条件的准则的普遍合法则性的纯然形式，而使人负有义务，所以它根本不需要自由任性的一种质料性的规定根据。① 也就是说，无论是为了认识什么是义务，还是为了敦促

---

① 那些认为一般来说（合法则性的）单纯形式上的规定根据在义务概念中不足以作为规定根据的人，毕竟承认这种规定根据并不能在以自己的**享乐**为目标的**自爱**中找到。但这样一来，就只剩下了两种规定根据；一种是理性的，也就是自己的**完善**，另一种是经验的，即他人的**幸福**。——倘若他们并非已经把前者理解为只能是（续下页注）

4 人们去履行义务，都不需要一个目的；相反，既然问题取决于义务，那么，道德完全能够而且应该不考虑任何目的。举例来说，为了知道我在法庭上是否应该（或者也能够）在作出证词时真实可靠，或者在索取委托给我的他人财产时保持忠诚，根本不需要询问我在做出说明时想为自己规定要达到的目的。因为无论这是一个什么样的目的，都是完全无所谓的。毋宁说，如果一个人在依法要求他作出供词时，还认为有必要寻求某种目的，那么，他就是一个卑鄙无耻的人。

但是，即使道德为了自己本身起见，并不需要必须先行于意志规定的目的观念，它也很可能与这样的目的有一种必然的关系，也就是说，它不是把这样一种目的当做依照法则所采用的准则的根据，而是把它当做它的必然结果。——原因在于，倘若不与目的发生任何关系，人就根本不能做出任何意志规定，因为意志规定不可能没有任何结果，而结果的观念必然能够被接受，虽然不是作为任性的规定根据和在意图中先行的目的，但却是作为它被法则规定为一个目的而产生的结果（目的转化为结果[finis in consequentiam veniens]）被接受。没有这一目的，任性就不能满足自己本身。因

（续上页注） 独一无二的道德上的完善（即一种无条件地服从法则的意志），从而陷入循环论证，那么，他们所指的必然是人的自然完善，如果人的自然完善能够被提高的话；这种自然完善可以有许多种（精通各种艺术和科学、鉴赏力、灵敏的身体等诸如此类的东西）。但是，这在任何时候都只是在一定的条件下才是善的，即只是在它们的运用不违背道德法则（只有道德法则才是无条件地颁布命令的）的条件下才是善的。因此，它虽然被当做目的，但却不能是义务概念的原则。同样的道理也适用于以其他人的幸福为目标的目的。因为一个行动在它以他人的幸福为目标之前，必须首先就自身而言按照道德法则加以权衡。因此，该行动对他人幸福的促进，仅仅在一定的条件下才是义务，不能用来作为道德法则的最高原则。

为这样的任性加给有计划的行动的对象（它所具有的或者应该具有的对象），并不是无论在客观上还是在主观上都确定的。虽然它规定了该行动应该**如何**产生效果，但并不规定该行动应该**朝哪个方向**产生效果。这样，虽然就道德来说，为了正当地行动并不需要一个目的，相反，从根本上来说，包含着运用自由的形式条件的法则对它来说就足够了。但是，从道德中毕竟产生出一种目的，因为 5
对于理性而言，回答"**从我们的这种正当行为中究竟将产生出什么**"这个问题，将会导致怎样的结果，以及即使此事并不完全由我们掌握，但我们能够以什么作为一个目的来调整自己的所作所为，以便至少与它协调一致，这些都不可能是无关紧要的。因此，虽然这只是一个客体的理念，这个客体既把我们所应有的所有那些目的的形式条件（义务），同时又把我们所拥有的一切目的的所有与此协调一致的有条件的东西（与对义务的那种遵循相适应的幸福），结合在一起并包含在自身之中。也就是说，它是一种尘世上的至善的理念。为使这种至善可能，我们必须假定一个更高的、道德的、最圣洁的和全能的存在者，唯有这个存在者才能把至善的两种因素结合起来。但是，这个理念（从实践上来看）却不是空洞的，因为它满足了我们的自然需要，即为自己的所作所为在整体上设想某种可以由理性加以辩护的终极目的。否则，这种自然需要就会是道德决定的一种障碍。但是，这里最重要的是，这一理念产生自道德，而不是道德的基础；为自己确立一个目的，本身就已经以道德原理为前提。因此，对于道德而言，它是否为自己构成一个所有事物的终极目的的概念（与这个终极目的协调一致，它虽然并不增加道德义务的数目，但却为它们造就了一个把所有的目的结合

起来的特殊的关联点），这不可能是无关紧要的；因为只有这样，才能够在客观上赋予出自自由的合目的性与我们根本不能缺乏的自然合目的性的结合以实践的实在性。假定有一个人，他尊重道德法则并且赞同这样的思想（这是他很难避免的），即如果他能够的话，他会在实践理性的指导下为自己**创造**一个什么样的世界，而且他还要把自己作为一个成员置入这一世界，那么，他就会不仅恰好像至善的道德理念在选择纯然听凭至善时所造成的那样来选择世界，而且还会要求确实存在一个世界，因为道德法则要求实现通过我们而可能的至善，即使他按照这一理念发现自己有为了自己的
6 人格而丧失幸福的危险，因为他很可能会不能符合以理性为条件的幸福的要求。因此，他会感到这一判断是完全公允的，如同由一位局外人做出的，但同时又会感到理性强迫他承认这一判断是他自己的判断。这样一来，人也就证明了自身中在道德上起作用的需要，即要为自己的义务设想一个终极目的，来作为义务的结果。

因此，道德不可避免地要导致宗教。这样一来，道德也就延伸到了人之外的一个有权威的道德立法者的理念。[①] 在这个立法者

① 如果"存在着一个上帝，因而在尘世上也存在着一种至善"这个命题（作为信条）仅仅是从道德中产生的话，那么，这个命题就是一个先天综合命题。虽然这个命题仅仅是在实践关系中假定的，但是，它却超越了道德所包含的义务概念（而且义务概念不以任性的任何质料为前提，而是以其纯粹形式的法则为前提），因而不能以分析的方式从后者引申出来。**不过，这样一个先天命题是怎样可能的**？与所有人的一个道德上的立法者的这个纯然的理念协调一致，这虽然与一般义务的道德概念是同一的，而且就此来说，要求这种协调一致的命题也是分析的，但是，假定一个道德上的立法者的存在，其内涵却超出了这样一个对象的纯然可能性。在此，我只能就我相信自己所洞察的，来指出解决这一问题的关键，却不能详细阐述这一问题的解决。 （续下页注）

（续上页注） **目的**在任何时候都是一种**偏好**的对象，也就是说，是一种直接欲求的对象，这种欲求要借助于自己的行动占有一个事物。这就如同**法则**（实践中颁布命令的法则）是**敬重**的对象一样。一个客观的目的（即我们应该具有的目的）就是由单纯的理性当做这样一个目的交给我们的目的。包含着其它所有目的的不可避免的、同时又是充足的条件的目的就是**终极目的**。自己的幸福是理性的尘世存在者的主观的终极目的（由于自己的依赖于感性对象的本性，每一个理性的尘世存在者都**具有**这种主观的终极目的，关于这种目的，说人们**应该**具有它，是愚蠢的），而所有以这种终极目的为根据的实践命题都是综合的，同时又是经验性的。不过，每一个人都应该使尘世上可能的**至善**成为自己的**终极目的**。这是一个实践的先天综合命题，而且是一个客观实践的、由纯粹理性提出的先天综合命题，因为它是一个超出了尘世上的义务概念、并附加上了义务的后果（一种效果）的命题，是一个不包含在道德法则之中、因而不能以分析的方式从道德法则中引申出来的命题。也就是说，道德法则无论其结果是什么样的，只要问题在于一个特殊的行动，都绝对地要求甚至强迫我们完全不顾结果，并且由此使义务成为极大的敬重的对象，而不会给我们提出和交付一个必须构成对这些法则的举荐和促使我们履行义务的动力的目的（终极目的）。所有的人，如果他们（像他们应该的那样）只遵循法则中纯粹理性的规定，都能够在这方面得到满足。对于世事所造成的他们在道德上的所作所为的结局，他们需要知道什么呢？对于他们而言，履行自己的义务就够了；即使尘世人生的一切都告完结，甚至在尘世人生中幸福和配享幸福从未相遇过。但是，人及其（也许还包括所有尘世存在者的）实践理性能力的不可避免的局限性之一，就是无论采取什么行动，都要探寻行动所产生的结果，以便在这一结果中发现某种对自己来说可以当做目的、并且也能证明意图的纯粹性的东西。在实施（效果的联系[nexu effectivo]）中，目的是最后的东西，但在观念和意图（目的的联系[nexu finali]）中，它却是最先的东西。尽管这一目的是由单纯的理性提示给人的，但是，人却在这一目的中寻找某种他能够**喜爱**的东西；因此，仅仅引起人的**敬重**的法则虽然并不承认上述东西是需要，但却为了照顾它，而把自己扩展到接受理性在道德上的终极目的为自己的规定根据之一；也就是说，“要使尘世上可能的至善成为你的终极目的”这一命题，是一个先天综合命题。它是由道德法则自身引入的。而这样一来，实践理性仍然超出了道德法则，这种超出之所以可能，乃是由于把法则与人的那种必须在法则之外为一切行动设想一个目的的自然属性联系起来了（人的这种属性，使人成为经验的对象）；而这一先天综合命题（恰如理论的、同时也是先天综合的命题一样）之所以可能，乃是由于它在根本上包含了在经验中认识一种自由的任性的规定根据的先天原则，只要这种经验在人的目的中表现出道德性的效果，并作为尘世上的因果性，赋予德性的概念以客观的、即使只是实践的实在性。——但是，如果应该把最严格地遵循道德法则设想为造成至善（作为目的）的原因，那么，由于人的能力并不足以造成幸福与配享幸福的一致，因而必须假定一个全能的道德存在者来作为世界的统治者，使上述状况在他的关怀下发生。这也就是说，道德必然导致宗教。

的意志中，(创世的)终极目的也就是那种同时能够并且应该是人的终极目的的东西。

※　※　※

如果道德是根据其法则的圣洁性来认识极大的敬重的对象，
7 那么，它在宗教的层次上就是根据最高的、实施那些法则的原因来想象**崇拜**的对象，并以崇拜的庄严性表现出来的。但是，所有的东西，包括最崇高的东西，只要人们把他们的理念用来满足自己的需
8 要，就会在人们的手下变得渺小。凡是只有在被自由地敬重时才能确实受到崇敬的东西，都必须服从于只有借助强制性法则才能获得其威望的那些形式。而凡是主动地坦然接受每个人的公开批判的东西，则必须服从于一种拥有权力的批判，即服从于一种书报审查制度。

然而，由于“服从当局”这个诫命也是属于道德的，而且对这个诫命的遵循和对所有义务的遵循一样可以被引导到宗教，所以，对于一篇专门探讨宗教的明确概念的论文来说，自己作出这种服从的榜样，是应当的。但是，这种服从是不能仅凭重视国家的某项个别规定的法律，而无视任何别的规定来证明，而是只能凭对所有规定的总体表示敬重来证明。对书刊作出裁定的神学家，可以要么被委派为一个仅仅对灵魂的得救负责的神学家，要么被委派为一个同时为科学的福祉负责的神学家；前一种裁定者仅仅是神职人员，后一种裁定者同时还是学者。后者作为一个(以一所大学的名义)被委托为了文化和提防各种危害而照管所有科学的公共机构的成员，有责任把前者的过分要求限制在其书报审查不致在科学的领域里造成破坏的条件下；而且既然二者都是圣经神学家，那

么，后者作为被委托探讨这种神学的那门科学的大学成员，拥有最高的审查权；因为就第一件事情（灵魂的得救）而言，二者负有同样的使命，就第二件事情（科学的福祉）而言，作为大学学者的神学家还要行使一种特殊的职能。倘若背离了这个规则，那么，最终必然导致通常已经出现过的那种状况（例如在**伽利略**时代），即圣经神学家为了折辱科学的骄傲并使自己免除从事科学研究的辛劳，悍
然侵入天文学或者其它科学，例如旧的地球史学，并且像那些发现 9
自己既没有足够的能力也没有足够的危机感来抵御令人担忧的攻击、因而把自己周围的一切都变成不毛之地的民族一样，垄断人类知性的一切尝试。

但是，在科学的领域里，与圣经神学相对的是一种哲理神学，它是另一个学科的受委托照管的财产。如果这个学科仅仅停留在纯粹理性的范围之内，为了证明和阐述自己的命题而利用所有民族的历史、语言、著作乃至《圣经》，但只是为了自己而利用，并不把这些命题照搬到圣经神学中去，试图修改圣经神学的那些神职人员享有特权的公共学说，那么，它就必须有充分的自由去传播自己，直到自己的科学所达到的地方；虽然在哲理神学确实无疑地超越了自己的界限、侵犯了圣经神学的时候，不能否认神学家（仅仅作为神职人员来看）有审查的权利，但是，只要上述情况还存有疑问，因而出现了这样的问题，即它是通过哲学家的一部著作还是通过他的另一种公开的演讲所发生的，那就只有作为**自己那个学科的成员**的圣经神学家才能拥有最高的审查权，因为这种神学家还被委派负责公共事业的第二种利益，即科学的繁荣，并且同样可以充任前一种神学家。

更进一步说，在这样的场合，第一审查权属于圣经神学，而不属于哲理神学；因为唯有前者才对某些学说享有特权，而后者则是以它自己的学说推进着一种公开的自由交往，因此只有前者才能够抱怨说，它独有的权利受到了损害。尽管两个学科的全部学说彼此接近，而且哲理神学方面逾越界限也令人忧虑，但只要考虑到，侵权这种不法行为并不是由于哲学家从圣经神学中借取某种东西用来实现自己的意图而发生的（因为圣经神学自己也不愿否认自己包含着许多与纯粹理性的学说共有的东西，此外还包含着一些属于历史学和语言学，应该由它们来审查的东西），即使他是
10 在一种符合纯然理性的，但也许为圣经神学不满意的意义上使用他从圣经神学借取的东西，那么，由于侵权而发生的怀疑就很容易预防。除非他把某种东西**照搬**入圣经神学，并且由此使圣经神学致力于与它的机制所允许的不同的目的。——例如，自然法的教员从罗马法的典籍中，为自己的哲理法学借取了一些经典的术语和格式。即使他像经常发生的那样，并不完全按照罗马法学的诠释者们采用它们时意义上使用它们，只要他并不要求真正的法学家，或者甚至法庭也这样使用它们，就不能说他侵犯了罗马法学。因为倘若他没有权利这样做，那么，也可以反过来指摘圣经神学家或者循规蹈矩的法学家，说他们无数次地侵犯了哲学的所有权。因为二者由于不能缺少理性，并且就科学方面来说不能缺少哲学，所以也必须经常地（尽管只是为了它们二者的目的），从哲学中借取东西。但是，假如在神学家看来，只要有可能，在宗教事物中就不与理性发生任何关系，那么，人们很容易就能预见到哪一方将会有所损失；因为一种贸然向理性宣战的宗教，是不能长久地与理性

对立的。——我甚至冒昧地建议：在完成圣经神学的学术讲授之后，任何时候都要按照一种主导线索，例如像本书（或者另一本书，如果人们能有一本更好的同类的书的话），作为完善地教育学位候补生的必修课，再附加上一种关于纯粹**哲理的**宗教学说的特殊演讲作为结束，这是否会是个好办法？——这是因为，既然每一门科学都首先独自构成一个整体，而且只有在这种情况下才着手尝试把它们结合起来加以考察，那么，各门科学仅仅通过分化就会获得成就。在此，圣经神学家尽可以一听到哲学家的观点，就认为有必要对哲学家的观点表示同意或者加以驳斥。因为只有这样，神学家才能在事先就武装起来以对付哲学家可能给他制造的麻烦。但是，讳言这些麻烦，甚至把它们斥之为不敬神明，这是一个不能令人信服的蹩脚借口。不过，把这两种人混为一谈，并且圣经神学家方面只是偶尔对此浮光掠影地一瞥，这是缺乏彻底性的表现。由于这种缺乏，最终将没有人真正知道，应该如何在整体上看待宗教 11
学说才好。

在以下的四篇论文中，为了使人们注意到宗教与人那部分带有善的禀赋、部分带有恶的禀赋的本性的关系，我把善的原则和恶的原则当做两个独立存在的、对人发生影响的动因，介绍了它们的关系。其中第一篇已经刊登在1792年4月的《柏林月刊》上。但是，由于这部作品的题材之间的密切联系，这里还不能把它省去。在现今增加的三篇论文中，包含着对这些题材的充分的阐述。

由于抄写稿件是由不同的人手完成的，而留给我通读的时间又太短，在第一印张上出现了与我自己不同的拼法，请读者原谅。

12 # 第二版序言

在这一版中，除了纠正印刷错误和对少数几处表述作出改进外，没有任何改动。新附加的补充用一个“♀”符号标出，置于正文的下面。

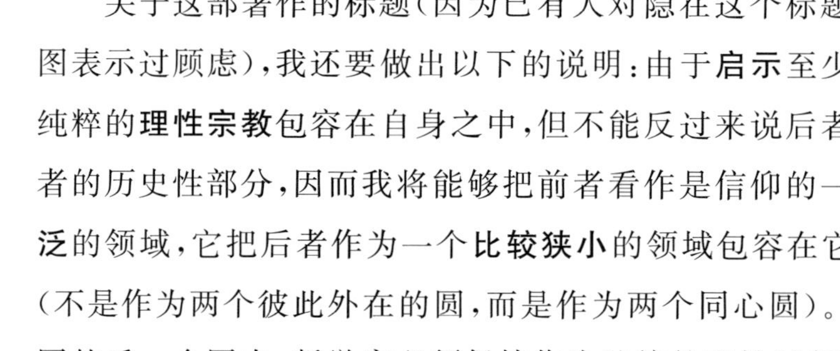

关于这部著作的标题（因为已有人对隐在这个标题之下的意图表示过顾虑），我还要做出以下的说明：由于**启示**至少也能够把纯粹的**理性宗教**包容在自身之中，但不能反过来说后者包容着前者的历史性部分，因而我将能够把前者看作是信仰的一个**比较宽泛**的领域，它把后者作为一个**比较狭小**的领域包容在它自身之中（不是作为两个彼此外在的圆，而是作为两个同心圆）。在这两个圆的后一个圆内，哲学家必须保持作为纯粹的理性导师（从单纯的先天原则出发）的身份，因而在这一方面不考虑任何经验。从这一立场出发，我也可以进行第二种尝试，即从某种被视为经验的启示开始，并且，在我不考虑纯粹的理性宗教（如果它构成了一个独立存在的体系）的时候，也可以根据道德概念仅仅片面地把启示视为**历史性的体系**，并看一看这个体系是否能把人们引回到前面所说的宗教的纯粹的**理性体系**。后者虽然在理论的目的（授课方法作为一种**技巧学说**，其技术实践上的目的也必须计入此列）看来不是独立的，但在道德实践的目的看来却是独立的，并且对于作为先天

的理性概念（在排除掉一切经验性的东西之后还剩下来的概念）只存在于这一关系之中的真正的宗教来说，也是足够的。如果这种
做法是对的，那么，就可以说，在理性和《圣经》之间不仅可以发现 13
和睦相处，而且可以发现亲如一体的状况，以至于谁遵循其中的一个（在道德概念的指导下），就不会不同另一个保持一致。假如这种做法不对，那么，就会或者一个人信奉两种宗教，而这是荒唐的，或者一个人既有一种**宗教**又有一种**崇拜**。在这种情况下，由于后者并不（像宗教那样）是自在的目的，而是仅仅作为手段才具有一种价值，因而二者必然经常为了短时间内的相互结合而被搅混在一起，但旋即又像油和水那样彼此分离，并且必然使纯粹道德的东西（理性宗教）浮在上面。

这种结合或者结合的尝试是哲学的宗教研究者全权拥有的工作，不是对圣经神学家的独有权利的侵犯，这一点我在第一版序言中就已经说明过了。从那时起，我已经发现这一论断在一位对这两个专业都颇为精通的人物，即已故的米夏埃利斯的《论道德》（第一部分第 5-11 页）中被援引，并由他的整个作品来加以贯彻，并没有发生较高的学科在其中发现自己的权利遭到僭越的事情。

对于那些可尊敬的、具名的和不具名的人士对这部作品的评判，由于它们（和所有国外的文献一样）很晚才到达我们这些地区，我在这第二版中就未能像我所期望的那样予以考虑了。尤其是对蒂宾根著名的施托尔博士先生的《对某种……神学的诠释》（Annotationes quaedam theologicas etc.）来说，就更是如此了。施托尔博士先生以其惯常的洞察力，同时也以一种非常值得感谢的勤勉和公正态度审视了这部作品。我虽然打算对这种审视予以回答，但由于高

龄尤其给处理抽象的理念这种工作造成的劳累，我未敢作出这种承诺。对于发表在《格赖夫斯瓦尔德新批判通讯》第 29 期上的一篇评论，我可以像评论者自己对这部作品所做的那样简短地把它打发掉。因为按照这位评论者的评判，这部作品无非是对我自己给自己提出的“教会的教义体系在其概念和原理中，按照纯粹的（理论的和实践的）理性是如何可能的”这一问题的答复。——“因而这一尝试无论在任何地方，都与那些既不认识和理解他的（康德的）体系，也不要求能够做到这一点的人毫不相干，所以对于这些
14 人来说，他的体系可以被看作是不存在的”。——对此我的答复是：为了在其本质内容上理解这部作品，只需要通常的道德，而不用研究实践理性批判，更不用研究理论理性批判。而且举例来说，在同一个德性作为合义务地（依照其合法性）**行动**的熟练技巧被称作作为现象的德性（virtus phaneomenon），而作为对出自**义务**（由于其道德性）的这些行动的坚定意念被称作作为本体的德性（virtus noumenon）的时候，这些表述只不过是由于教学的缘故而采用的，但事情本身却是就包含在最通俗的儿童教育中，或者就包含在布道中（哪怕使用了别的术语），是很容易理解的。要是人们能够从关于上帝的本性的那些被归入宗教学说的秘密出发，来赞颂作为本体的德性就好了！这些秘密似乎是完全通俗的，它们被纳入教义问答手册，但后来，如果它们要成为对每个人都可以理解的，就必须首先转化为道德概念。

于哥尼斯贝格

1794 年 1 月 26 日

第一篇　论恶的原则与善的原则的共居或论人性中的根本恶

“世界一片糟糕”，这是一种和历史记载同样古老的抱怨。它 19
甚至和更为古老的诗歌创作，乃至和所有创作中最古老的创作，即祭司宗教同样古老。虽然上述这一切都认为世界的开端是善，是黄金时代，是天堂中的生活，或者是一种和天国中的存在者们同在的更幸福的生活，然而它们又都让这种幸福转眼之间就像梦幻一般消失掉，向恶（道德上的恶，但肉体上的恶一直是与它同步前进的）的堕落以加速度的方式，越来越严重地急速下滑。[①] 以至于我们如今（但这个“如今”是和历史记载同样古老的）就生活在最后的时代，最后审判的日子和世界的灭亡已即将来临。在印度斯坦的一些地区，世界的审判者和毁灭者**楼陀罗**（通常也称作湿婆）在世界的维持者**毗湿奴**对自己从世界的创造者**梵天**那里接受的职责感到厌倦，自若干个世纪以来就放弃了这一职责之后，已经被当做现今的统治之神受到崇拜。

与此相反的是英雄史诗的看法。这种观点比较晚近，但其传

---

① 比祖先还要恶劣的父母的时代生育了更为恶劣的我们，而将来还会有更为败坏的后代（Actas parentum peior avis tulit/Nos nequiores, mox daturos/Progeniem vitiosiorem）。（Horatius，《颂诗》，Ⅲ，6。——译注）

播却要小得多，仅仅在哲学家中间，而在我们这个时代尤其是在教育学家中间才有市场。这种看法就是：世界恰恰是在相反的方向
20 上，即是从恶向比较善不停顿地（尽管是几乎不可察觉地）向前进步，至少可以在人的本性中发现这种进步的禀赋。但是，如果这里所说的是**道德上**的善或者恶（而不是说文明化），那么，这种看法肯定不是从经验中得出上述禀赋的，因为所有时代的历史都对它极为不利。相反，它很可能只是从**塞涅卡**到**卢梭**的道德主义者所作出的一种好心肠的假定。其目的在于，在还能够指望人心中有一种这方面的自然基础的情况下，孜孜不倦地催发也许潜在于我们心中的向善的胚芽。再加上，人们毕竟不得不相信人天生（即如同人通常生下来就是那样）在体质上是健康的，因而也就没有理由不相信人在灵魂上也是天生健康的、善的。因此，本性自身就会帮助我们来培植我们身上这种向善的道德禀赋。**塞涅卡**就说过：我们患的是可以治愈的疾病，由于我们在本性上是生来向善的，所以，只要我们愿意被治愈，本性就会帮助我们（Sanabilibus aegrotamus malis, nosque in rectum genitos natura, si sanarivelimus, adiuvat）。[1]

但是，由于的确很有可能人们在上述两种经验中都出现了失误，所以就产生了如下的问题：是否至少可能有一种中间状态，即人就其族类来说可能既不是善的也不是恶的，或者也许既是善的也是恶的，部分是善的部分是恶的？——不过，人们之所以称一个人是恶的，并不是因为他所做出的行动是恶的（违背法则的），而是因为这些行动的性质使人推论出此人心中的恶的准则。人们虽然

1　seneca，《论愤怒》，Ⅱ，13，1。——译注

可以通过经验觉察到违背法则的行动，乃至（最起码在自己身上）觉察到它们是有意识地违背法则的，但是，人们却不能观察到准则，[1]甚至在自己心中也并不总是能够观察到。因此，“行为者是一个恶的人”，这一判断并不能可靠地建立在经验之上。所以，为了称一个人是恶的，就必须能够从一些，甚至从唯一的一个有意为恶的行动出发，以先天的方式推论出一个作为基础的恶的准则，并从这个恶的准则出发，推论出所有特殊的道德上恶的准则的一个普遍地存在于主体中的根据，而这个根据自身又是一个准则。

如果**本性**这一术语（像通常那样）意味着出自**自由**的行动的根据的对立面，那么，它就与**道德上的**善或者恶这两个谓词是截然对 21
立的。为了使人们不致马上对这一术语有反感，就必须说明，这里把人的本性仅仅理解为（遵从客观的道德法则）一般地运用人的自由的、先行于一切被察觉到的行为的主观根据，而不论这个主观的根据存在于什么地方。但是，这个主观的根据自身总又必须是一个自由行为（因为若不然，人的任性在道德法则方面的运用或者滥用，就不能归因于人，人心中的善或者恶也就不能叫作道德上的）。因此，恶的根据不可能存在于任何通过偏好来**规定**任性的客体中，不可能存在于任何自然冲动中，而是只能存在于任性为了运用自己的自由而为自己制定的规则中，即存在于一个准则中。关于这个准则，必然不能再继续追问，在人心中采纳它而不是采纳相反的准则的主观根据是什么。因为如果这个根据最终不再自身就是一

1　康德时道德法则（Gesetz）和道德准则（Maxime）有严格的区分。前者是普遍的，客观的，后者是特殊的，主观的。——译注

个准则，而是一个纯粹的自然冲动，那么，自由的运用也就可以完全追溯到由自然原因造成的规定上，而这与自由是相悖的。因此，如果我们说，人天生是善的，或者说人天生是恶的，这无非是意味着：人，而且是一般地作为人，包含着采纳善的准则或者采纳恶的（违背法则的）准则的一个（对我们来说无法探究的）原初根据，[①]因此，他同时也就通过这种采纳表现了他的族举的特性。

因此，关于这些特性的其中之一（人与其他可能的理性存在者的区分），我们将说：它是**人生而具有的**。但是，我们又总是告诉自己，应为这种特性负疚（如果这种特性是恶的）或者邀功（如果这种特性是善的）的，并不是本性。相反，人自身就是这种特性的创造
22 者。但是，由于采纳我们的准则的原初根据本身又必须存在于自由的任性中，不可能是可以在经验中给定的事实，所以，人心中的善或者恶（作为就道德法则来说采纳这个或者那个准则的主观原初根据）就只是在**这样的**意义上才叫做生而具有的，即它被看作先于一切在经验中给定的自由运用（从孩童时代一直追溯到出生）而被奠定为基础的，是随着出生就同时存在于人心中的；而不是说出生是它的原因。

附　　释

上述两种假说的争执基于这样一个选言命题：人（天生）**要么**

① 采纳道德准则的原初主观根据是无法探究的，这一点从以下情况就已经可以预先看出：由于这种采纳是自由的，因而必须不是在本性的一种动机中，而总是又要在一个准则中寻找这种采纳的根据（例如，我为什么采纳了一个恶的准则，而不是采纳一个善的准则）；又由于就连这个准则本身也必须有它的根据，但在准则之外却不应该也不能够提出自由任性的任何**规定**根据，因而人们就会在主观的规定根据的系列中越来越远地一直追溯到无限，不能达到原初的根据。

在道德上是善的，要么在道德上是恶的。但是，每一个人都很容易就会想到追问：这种选言方式是否正确？是否会有人断言，人天生不是这二者中的任何一个；而另一个人则断言，人同时是这二者，即在一些方面是善的，在另一些方面是恶的？经验似乎甚至证实了这两个极端之间的一种中间状态。

但是，对于一般道德学说来说，重要的是尽可能地不承认任何道德上的中间物，无论是就行动（中性的[adiaphora]）来说还是就人的特性来说都是如此。因为若是这样模棱两可，一切准则都将面临失去其确定性和稳定性的危险。人们通常把赞同这种严格的思维方式的人（用一个自身包含着某种责备，但事实上是一种赞扬的名称）称作**严峻主义者**，这样，也就可以把他们的对立面称作**宽容主义者**。于是，后者要么是中立的宽容主义者，可以称作**无所谓主义者**；要么是综合的宽容主义者，可以称作**折中主义者**。①

① 假如存在有善＝a，那么，它的矛盾对立面就是非善。后者要么是纯然缺乏善的一种根据的结果＝0，要么是善的对立面的一种积极的根据的结果＝－a。在后一种场合里，非善也可以叫作积极的恶。（对于快乐和痛苦来说，就存在着这样一种中间物，即快乐＝a，痛苦＝－a，而在其中不能发现快乐和痛苦这二者中的任何一个的那种状态则是无所谓状态＝0。）假如我们心中的道德法则不是任性的任何动机，那么道德上的善（任性与法则一致）＝a，非善＝0，但后者纯然是缺乏一种道德动机的结果＝a×0。然而，我们心中现在确有动机＝a，因此，缺少任性与法则的一致（＝0），这只有作为一种对任性的事实上相反的规定的结果，即只有作为任性的一种**反抗**的结果＝－a，只有通过一种恶的任性才是可能的；而在判断行动的道德性所必须依据的一个恶的意念和一个善的意念（准则的内在原则）之间，并不存在任何中间物。♀♀

♀♀　一个在道德上无所谓善恶的行动（道德上的中间物[adiaphoron morale]）将是一个纯然产生自自然法则的行动，它与作为自由法则的道德法则毫无关系，因为它不是一种作为，对于它来说，无论是**指令**还是**禁令**还是**许可**（合法则的权限）都无法作出，或者都不是必要的。

23 依据严峻主义的决定方式♀，这一问题的答案基于这样一个对道德来说很重要的说明：任性的自由具有一种极其独特的属性，
24 它能够不为任何导致一种行动的动机所规定，**除非人把这种动机采纳入自己的准则**（使它成为自己愿意遵循的普遍规则）；只有这样，一种动机，不管它是什么样的动机，才能与任性的绝对自发性（即自由）共存。但是，道德法则在理性的判断中自身就是动机，而

♀ Schiller 教授先生在他的以名家手笔撰写的一篇关于道德中的**优美与尊严**的论文（《塔利亚》，1793，第 3 期）中，不赞成对责任感的这样一种介绍方式，好像它会造成一种苦思冥想的情绪似的。但是，由于我们在最重要的原则上是一致的，只要我们能够相互理解，我也看不出在这一点上有什么不一致。——我很乐意承认，我不能把**优美**附加在**义务概念上**，这正是为了它的**尊严**起见，因为义务概念包含着无条件的强迫，而优美与它恰恰相反。法则的崇高（就像西奈山上的律法一样）产生出敬畏（不是使人退避三舍的畏惧，也不是诱使人产生亲近感的魅力），敬畏唤起子民对其主宰的**敬重**。但在这一场合里，由于这一主宰就在我们自己心中，敬畏唤起的就是对我们自己的使命的一种**崇高的感觉**，这对我们来说比所有的美都更有吸引力。——但是，**德性**，即严格履行自己的义务这种有坚实基础的意念，就其结果来说是**慈善的**，它比大自然或者这个世界上的艺术所能提供的一切还要多；而且人性的庄严形象，既然在它的这种形态之中被树立了起来，也完全允许诸**美惠女神**的陪伴。然而，如果所说的还仅仅是义务，那么，美惠女神便要敬而远之了。不过，如果注意到德性一旦被普遍接受就会在世界上传播开来的那些优美的结果，那么，关注道德的理性在这种情况下，就会（通过想象力）把感性也召来一并发挥作用。赫拉克勒斯只是在制伏了各种怪物之后才成为**缪斯九女神的首领**，在这样的工作面前，那班善良的姐妹们将栗然而退。维纳斯·乌拉尼亚的这些女伴们一旦想插手规定义务的事务，并为此提供动机，就会成为追随维纳斯·狄俄涅的情姐妹。——如果人们要问：这种仿佛是**德性的气质**的**审美**属性是什么样的，是勇气十足，因而**兴高采烈**？还是胆怯卑躬，俯首屈就呢？这样的问题几乎是没有必要回答的。后一种奴性十足的情绪产生时，绝不可能不伴有对法则的一种暗中**仇恨**，而遵循自己的义务时的愉悦心情（不是在承认义务时的那种惬意），则是德性意念的纯正性的一种标志，即便在**虔诚**中也是如此。虔诚并不在于有忏悔心的罪人的自虐（自虐是很模棱两可的，通常只是对违背了智慧规则的内心责备），而是在于将来加以改善的坚定决心。这种决心受善的进程所鼓舞，必然产生一种愉悦的情绪。没有这样一种情绪，人们就决不会确信自己也**由衷地爱上**了善，也就是说，把善采纳进自己的准则。

且谁使它成为自己的准则，他**在道德上**就是善的。但是，假如法则并没有在一个与它相关的行动中规定某人的任性，那么，就必然会有一个与它相反的动机对此人的任性发生影响；而且由于这种情况在上述前提下只有通过此人把这一动机（因而也连同对道德法则的背离）纳入自己的准则（在这时他就是一个恶的人）才会发生，所以，此人的意念就道德法则而言绝不是中性的（决不会不是二者中的任何一个，既不是善的也不是恶的）。

但是，人在道德上也不能在一些方面是善的，同时在另一些方面又是恶的。因为如果他在某一方面是善的，他就已经把道德法则采纳入他的准则之中了；因此，假如他在另一方面同时又要是恶的，那么，由于遵循一般义务的道德法则仅仅是唯一的和普遍的，所以，与道德法则相关的准则就会既是普遍的，但同时又只是一个特殊的准则；而这是自相矛盾的。[①]

所谓天生具有这种或者那种意念，作为与生俱有的属性，在这 25
里也并不就意味着，意念根本不是由怀有它的人获得的，即是说，人不是意念的造成者；而是意味着，它只不过不是在时间中获得的（即人**从幼年起就一直**是这样的或者那样的）罢了。意念，即采纳

① 古代的道德哲学家们几乎详尽地阐述了关于德性所能说的一切，他们也没有漏过上述两个问题。他们把第一个问题表述为：德性必须是学习来的（因而人对德性和罪恶来说天生就是中性的）吗？第二个问题则是：是否不仅仅只有一种德性（因而人岂不就可以在一些方面是善的，在另一些方面是恶的）？上述二者都被他们以严峻主义的明确性予以否定。这是有道理的；因为他们是在理性的理念（人应该是什么样的）中考察德性**自身**的。但是，如果要对道德的存在者，即**显象**中的人，亦即经验使我们认识到的人，就德性而言予以评价，那么，就可以给予上述两个问题以肯定的答复。因为在这种情况下，并不是在纯粹理性的天平上（在一个属神的法庭上），而是按照一种经验的尺度（由一个属人的审判者）来评判人的。关于这一点，后面还要予以讨论。

准则的原初主观根据，只能是一个唯一的意念，并且普遍地指向自由的全部应用。但是，它自身却必须由自由的任性来采纳。若不然，它就不能被考虑在内。关于这种采纳，不能再看出其主观的根据或者原因（尽管追问这种主观的根据或者原因是不可避免的；因为若不然，就必须再提出一个采纳这一意念的准则，而这个准则同样又必须有它的根据）。这样，由于我们不能从任性的任何一个最初的时间性行为中，引申出这一意念，或者毋宁说引申出它的最高根据，所以，我们称它为任性的一个属性，这个属性是任性天然地具有的（尽管它事实上是在自由中建立的）。但是，我们有权利把我们所说的人，无论他天生是善的还是恶的，都不是理解为单个的人（因为这样的话，就可以把一个人假定为天生就是善的，把另一个人假定为天生就是恶的），而是理解为整个族类；这一点，只有当人类学的研究表明，使我们有理由把这两种特性的中的一种，作为生而具有的东西，赋予一个人的那些根据，自身就具有这样的性质，以至于我们没有任何根据把一个人作为这种特性的例外，因而这种特性也适用于族类的时候，才能够进一步得到证明。

26 第一章　论人的本性中向善的原初禀赋

我们有理由把这种原初禀赋与其目的相联系分为以下三类，来作为人的规定性的要素：

1. 作为一种**有生命的**存在者，人具有**动物性**的禀赋；

2. 作为一种有生命同时又**有理性**的存在者，人具有**人性的**禀赋；

3. 作为一种有理性同时又**能够负责任的**存在者，人具有**人格性**的禀赋。[①]

1. 人的**动物性**的禀赋可以归在自然的、纯然**机械性**的自爱的总名目下，这样一种自爱并不要求有理性。它又有三个方面：首先是保存自己本身；其次是借助性本能繁衍自己的族类，并保存那些由于和性本能相结合所产生出来的东西；其三是与其他人共同生活，即社会本能。——在这种禀赋之上，可以嫁接各种各样的恶习（但这些恶习却不是以这种禀赋为根源，自动地从中滋长出来的）。27
这些恶习可以叫做本性**粗野**的恶习，并且在其极度背离自然目的时被称为**饕餮无厌**、**荒淫放荡**、（在与其他人的关系上）**野蛮的无法无天等性畜般的恶习**。

2. **人性**的禀赋可以归在虽然是自然的、但却是**比较而言的**自爱（为此就要求有理性）的总名目下；也就是说，只有与其他人相比较，才能断定自己是幸福的还是不幸的。由这种自爱产生出这样一种偏好，即**在其他人的看法中获得一种价值**，而且最初仅仅是平

① 不能把人格性的禀赋看做是已包含在前一种禀赋的概念之中，而是必须把它看做是一种特殊的禀赋。因为从一个存在者具有理性这一点，根本不能推论说，理性包含着这样一种能力，即无条件地、通过确认自己的准则为普遍立法这样的纯然表象来规定任性，而且理性自身就是实践的；至少就我们所能认识到的来说是这样。然而，即便是最具有理性的尘世存在者，为了规定自己的任性，也可能总是需要某些自己从偏好的客体获得的动机；但为此，无论是就动机的最大总和而言，还是就达到由此规定的目的的手段而言，都要运用最具有理性的思考，而不是仅仅预感某物的可能性，即绝对地颁布命令的道德法则宣布自身，亦即宣布自身为最高的动机。假如这种法则并不是在我们心中给定的，我们借助理性也不能把它作为这样一种法则苦思冥想出来，或者附加给任性。然而，毕竟这种法则是唯一使我们意识到我们的任性独立于（我们的自由的）其它所有动机的规定，并由此而同时意识到对一切行动负责的能力的法则。

等的价值，即不允许任何人对自己占有优势，总是担忧其他人会追求这种优势，最终由此产生出一种不正当的欲求，要为自己谋求对其他人的优势。——在这上面，即在**嫉贤妒能**和**争强好胜**之上，可以嫁接这样一些极大的恶习，即对所有被我们视为异己的人持有隐秘的和公开的敌意。不过，这些恶习本来毕竟不是以本性为其根源，自动地从中滋长出来的，而是由于担心其他人对我们谋得一种令我们憎恶的优势而产生的偏好，即为了安全起见而为自己谋得这种对其他人的优势来作为预防手段；因为大自然只不过是要把这种竞争（它本身并不排斥互爱）的理念当做促进文化的动力来利用罢了。因此，嫁接在这种偏好之上的恶习，也可以叫作**文化**的恶习，并且当它们达到最高程度的恶劣性（因为它们在这种情况下，就只是恶的一种超越了人性的极限的理念），例如**嫉妒成性**、**忘恩负义**、**幸灾乐祸**等等时，被称作**魔鬼般的恶习**。

3. **人格性**的禀赋是一种易于接受对道德法则的敬重、把道德法则当做**任性的自身充分的动机**的素质。这种易于接受对我们心中的道德法则的纯然敬重的素质，也就是道德情感。这种情感自身还没有构成自然禀赋的一个目的，而是仅仅当它是任性的动机时，才构成自然禀赋的一个目的。由于这种道德情感只有在自由的任性把它纳入自己的准则中的时候才是可能的，所以，这样一种任性的性质就是善的特性；善的特性一般与自由任性的任何特性一样，都是某种只能获得的东西。但尽管如此，要使它可能，就必须有一种禀赋存在于我们的本性中，在这种禀赋之上，绝对
28 不能嫁接任何恶的东西。只不过，不能把道德法则的理念，连同

与它不可分割的敬重，确切地称作一种人格性的禀赋，它就是人格性本身(完全在理知的意义上看，它就是人性的理念)。但是，我们把这种敬重作为动机纳入自己的准则，其主观根据显得就是人格性的一种附加物，因而理应被称作一种为了人格性的禀赋。

当我们依照其可能性的条件来考察上述三种禀赋时，我们发现，**第一种**禀赋不以理性为根源；**第二种**禀赋以虽然是实践的，但却只是隶属于其它动机的理性为根源；**第三种**禀赋则以自身就是实践的，即无条件地立法的理性为根源。人身上的所有这些禀赋都不仅仅(消极地)是**善的**(即它们与道德法则之间都没有冲突)，而且都还是**向善的**禀赋(即它们都促使人们遵从道德法则)。它们都是**源始的**，因为它们都属于人的本性的可能性。人虽然可以与目的相违背地使用前两种禀赋，但却不能根除它们中的任何一个。我们把一个存在者的禀赋既理解为它所必需的成分，也理解为这些成分要成为这样一个存在者的结合形式。倘若它们必然地属于这样一个存在者的可能性，它们就是**源始的**；但是，假如该存在者即使没有它们也自身就是可能的，它们就是**偶然的**。还应该注意的是，这里所说的仅仅是那些与欲求能力和任性的使用直接相关的禀赋。

第二章　论人的本性中趋恶的倾向

我把**倾向**(propensio)理解为一种偏好(经常性的欲望，[concupiscentia])的可能性的主观根据，这是就偏好对于一般人性

完全是偶然的而言的。♀ 倾向与一种禀赋的区别在于，它虽然也可
29 能是与生俱有的，但却**不可以**被想象为与生俱有的，而是也能够被设想为**赢得的**(如果它是善的)，或者由人自己**招致的**(如果它是恶的)。——但是，这里所说的仅仅是那种本真恶或者道德上恶的倾向；由于这种恶只有作为对自由任性的规定，才是可能的，而自由任性又只有通过其准则，才能被判定为恶的或者善的，所以，这种恶必须存在于准则背离道德法则的可能性的主观根据中，而且如果可以把这种倾向设想为普遍地属于人的(因而被设想为属于人的族类的特性)，那么，这种恶就将被称作人的一种趋恶的**自然**倾向。——还可以补充的一点是，从自然倾向中产生的任性把道德法则接纳或不接纳入自己的准则的能力或无能，将被称作是**善良之心或者恶劣之心**。

可以设想这种倾向有三个不同的层次。**第一**，人心在遵循已被接受的准则方面的软弱无力，或者说人的本性的**脆弱**；**第二**，把非道德的动机与道德的动机混为一谈的倾向(即使这可能是以善的意图并在善的准则之下发生的)，即**不纯正**；**第三**，接受恶的准则的倾向，即人的本性或者人心的**恶劣**。

第一，人的本性的**脆弱**(fragilitas)早在一位使徒的抱怨中就

♀ 倾向本来只是欲求一种享受的**先行气质**，一旦主体有过这种享受的经验，这就会导致人在这方面的**偏好**。如此说来，所有的野蛮人都对麻醉品有一种倾向，因为即使他们中的大多数人根本不知道麻醉是什么，因而对造成麻醉的东西也根本没有欲望，但只要让他们品尝一次这样的东西，就会使他们产生一种对这种东西的几乎无法戒除的欲望。——在倾向和以熟知欲求对象为前提的偏好之间还有**本能**。本能是一种被感受到的要做某事或者享受某物的需求，而对此，人还没有形成概念(就像动物的创作本能或者性本能一样)。从偏好出发，最后还有欲求能力的一个层次，即**激情**(不是**情绪**，因为情绪属于愉快和不愉快的情感)，激情是一种排斥对自身的控制的偏好。

已经得到了表述：我所愿意的，我并不做。[1] 这也就是说，我把善(法则)采纳入我的任性的准则之中，但是，善客观上在理念中(在论题中[in thesi])虽然是一种不可战胜的动机，主观上(在假设中[in hypothesi])如果要遵循准则的话，却(与偏好相比)是较为软弱的动机。

第二，人的心灵的**不纯正**(impuritas, improbitas)在于，准则虽然就对象而言(就有意地遵循法则而言)是善的，并且也许还有 30
足够的力量去实施，但并不是纯粹道德的；也就是说，并不是像应该的那样，**仅仅**把法则作为**充分**的动机纳入自身，而是在大多数情况下(也许在任何时候都如此)，为了由此规定任性去做义务所要求的事情，还需要除此之外的其它动机，换句话说，合乎义务的行动，并不是纯粹从义务出发而做出的。

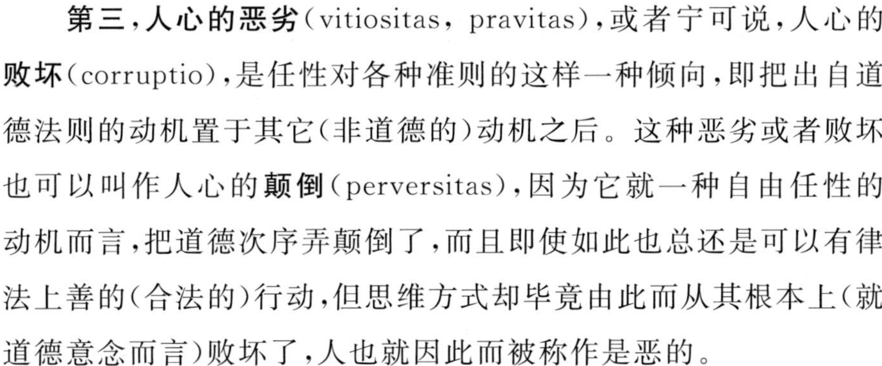

第三，人心的恶劣(vitiositas, pravitas)，或者宁可说，人心的**败坏**(corruptio)，是任性对各种准则的这样一种倾向，即把出自道德法则的动机置于其它(非道德的)动机之后。这种恶劣或者败坏也可以叫作人心的**颠倒**(perversitas)，因为它就一种自由任性的动机而言，把道德次序弄颠倒了，而且即使如此也总还是可以有律法上善的(合法的)行动，但思维方式却毕竟由此而从其根本上(就道德意念而言)败坏了，人也就因此而被称作是恶的。

人们将注意到：在人这里，即使是在(就行动而言)最好的人这里，都提出了趋恶的倾向。如果要证明趋恶的倾向在人们中间的普遍性，或者换句话说也完全一样，如果要证明趋恶的倾向与人的

1　参见《罗马书》第7章第15节。——译注

本性的交织，上述情况也必然会发生。

但是，在一个具有善良德性的人(bene moratus)和一个道德上善良的人(moraliter bonus)之间，就行动与法则一致而言，是没有区别的(至少不可以有任何区别)。只是在前一种人那里，行动恰恰并不总是或者从来不曾以法则为唯一的和最高的动机，而在后一种人那里，行动**在任何时候**都以法则为唯一的和最高的动机。关于前一种人可以说，他是**凭着字句**遵循法则的(即，就法则所要求的行动而言)；关于第二种人则可以说，他是**凭着精意**而遵循法则的(道德法则的精意就在于，唯有它才足以成为动机)。[1] **凡不是出自信心的都是罪**(就思维方式而言)。[2] 因为如果为了规定任性去做出**合乎法则的**行动，除了法则自身之外，还必须有别的动机
31 (例如功名欲、一般的自爱，甚至还有慷慨的本能，亦即同情)，那么，这些行动之与法则相一致，就完全是偶然的了；因为这些动机同样可能造成越轨。评价一个人物的任何道德价值，都必须依据那个准则的善，但那个准则却是违背法则的；而人也虽然有纯粹善的行动，却依然是恶的。

为了规定关于这种倾向的概念，还有必要做出以下的说明。任何倾向都要么是自然的，即它属于作为自然存在者的人的任性；要么是道德上的，即它属于作为道德存在者的人的任性。——在前一种意义上，不存在趋于道德上的恶的倾向，因为道德上的恶必须出自自由；而任何一种运用自由的自然倾向(自然倾向是建立在

1 参见《哥林多后书》第 3 章第 6 节。精意的德文原意为精神(Geist)。——译注

2 参见《罗马书》第 14 章第 23 节。信心的德文原意为信仰(Glaube)。——译注

感性冲动之上的），无论它是为了善还是为了恶，都是一种自相矛盾。因此，一种趋恶的倾向只能附着于任性的道德能力。但是，除了我们自己的行为之外，不存在任何道德上的（即有负责能力的）恶。与此相反，我们把倾向的概念理解为任性的一种主观规定根据，它**先行于任何行为**，所以自身还不是行为；因为，如果这一表述不能在两种不同的、但都可以与自由的概念相结合的意义上使用，那么，在一种纯粹的趋恶倾向的概念中，就会有一种自相矛盾。但是，关于一种一般行为的表述，既能适用于最高准则（合乎法则地或者违背法则地）被纳入任性所借助的那种自由的运用，也能适用于行动自身（就其质料而言，也就是说就任性的对象而言）被按照那个准则来实施时所借助的那种自由的运用。于是，趋恶的倾向是在第一种意义上所说的行为（本原的罪[peccatum originarium]），同时又是在第二种意义上所说的所有违背法则的、就质料而言与法则相抵触的、被称为恶习（派生的罪[peccatum derivativum]）的行为的形式根据；尽管第二种（出自一些并非存在于法则自身之中的动机的）罪可以从多方面加以避免，但第一种罪却依然存在。第一种罪是理知的行为，仅仅通过理性就可以认识到，不受任何时间条件的制约；第二种罪是可感的、经验性的，是在时间中给定的（造成的现象[factum phaenomenon]）。第一种罪，尤其与第二种罪比较，叫作纯然的倾向，并且是生而具有的，因为它是不能被根除的（否则，
最高的准则就必须是善的准则，但在那种倾向本身中，最高的准则 32
已被假定为恶的）；但这尤其是因为，对于为什么在我们身上，恶虽然就是我们自己的行为，却败坏了最高的准则，我们并不能进一步说明原因，就像对于属于我们本性的某种基本性质不能进一步说

明原因一样。——在现在所谈到的东西中，人们将会发现这样的理由，即为什么我们在本章一开始，就仅仅在按照自由法则激起采纳或者遵循我们的准则的最高根据的那种东西中，而不是在激起（作为感受性的）感性的东西中，去寻找道德上的恶的那三个泉源。

第三章　人天生是恶的

Vitiis nemo sine nascitur

（没有人生而无罪）。

——贺拉斯[1]

依据上文，“人是**恶的**”这一命题无非是要说，人意识到了道德法则，但又把偶尔对这一原则的背离纳入自己的准则。人**天生**是恶的，这无非是说，这一点就其族类而言是适用于人的。并不是说，好像这样的品性可以从人的类概念（人之为人的概念）中推论出来（因为那样的话，这种品性就会是必然的了），而是如同凭借经验对人的认识那样，只能据此来评价人。或者可以假定在每一个人身上，即便是在最好的人身上，这一点也都是主观上必然的。由于这种倾向自身必须被看做是道德上恶的，因而不是被看作自然禀赋，而是被看作某种可以归咎于人的东西，从而也必须存在于任性的违背法则的准则之中；由于这些准则出于自由的缘故，自身必须被看作是偶然的，但倘若不是所有准则的主观最高根据与人性自身——无论以什么方式——交织在一起，仿佛是植根于人性之

1　Horatius，《讽刺诗》，I，3，68。——译注

中，上述情况就又与恶的普遍性无法协调，所以，我们也就可以把这种倾向称作是一种趋恶的自然倾向；并且由于它必然总是咎由自取的，也就可以把它甚至称作人的本性中的一种**根本的**、生而具有的（但尽管如此却是由我们自己给自己招致的）**恶**。

至于这样一种败坏了的倾向必然植根在人身上，我们由于有经验就人们的**行为**所昭示的大量显而易见的例证，也就可以省去 33
迂腐的证明了。有些哲学家们曾特别希望从所谓的**自然状态**中发现人的本性的善良。倘若有人想从这种状态中获取上述例证，那么，他只需要把在**托富阿岛**、**新西兰岛和纳维加脱群岛**上发生灭绝人性的屠杀事件中的残酷场面，以及在美洲西北部的广阔荒原上所发生的永无休止的，甚至没有一个人从中得到丝毫好处♀ 的屠杀事件（希尼船长曾描述了那些事件），[1] 与哲学家们的假说加以比较就行了。无须尽数列举人们的野蛮恶习，就足以排除哲学家们的这种观点。但是，倘若有人赞成下面这种观点，即在文明状态中（在这种状态中，人们的禀赋可以更加充分地展开）可以更清楚地认识人的本性，那么，他必然会听到对于人性的一长串令人忧伤的

♀　就像阿拉塔维斯考印第安人和多格里普印第安人之间持久的战争除了屠杀之外没有任何其它意图一样。在野蛮人看来，好勇斗狠是他们的最高美德。即使在文明状态中，它也是受赞赏的一个对象，是那个以它为唯一功勋的阶层要求受到特别敬重的一个根据，而这在理性中也不是完全没有理由的。因为人具有某种在他看来高于自己的生命的东西（荣誉），并把它当做自己的目的，为此他放弃了一切私利，这确实证明了他的禀赋中有某种崇高。但是，从胜利者夸耀自己的丰功伟绩（毫不留情的毁灭、破坏以及诸如此类的事情）时的惬意中却可以看到，唯有他们的优越感和他们不抱有任何其它目的而能够造成的破坏，才是他们真正乐在其中的东西。

1　S. Haerne（1745-1792），英国航海家，他关于自己航海所见所闻的一篇简短报道载于《J. Cook 船长的第三次航海探险》一书的导言中。——译注

抱怨。例如尔虞我诈，即使对最亲密的朋友亦是如此，以至在最好的朋友推诚相见时，掌握信任的分寸也被列为交往中通行的明智准则；又如恩将仇报的倾向，即使一个乐善好施的人也得随时对此有所提防；再如某种发自内心的友善，对它可以做出以下的说明："即使在我们最好的朋友的不幸中，也有某种我们并不完全反感的东西"；[1] 此外，还有许多隐藏在德性的幌子下的其它恶习，更不用说那些对于大家来说根本不是秘密的恶习了。因为对我们来说，**一个一般意义上的恶人**，就已经是好人了；他会对**文化**和文明的恶习(所有恶习中最令人伤感的恶习)感到厌恶，宁可把自己的目光
34 从人们的所作所为移开，以免自己再犯另一种恶习，即对人类的仇视。但是，如果他对此还不满足，那么，他只消考察一番由二者以奇怪的方式复合而成的状态，即各民族的外部状态就够了。在这种状态中，文明化了的各民族在野蛮的自然状态(一种持久的战争体制状态)的关系中彼此对立，并且执意不肯走出这种状态；他将会发现被称作**国家**的那些巨大的团体的与公开的高调截然相反的，但从来也不会放弃的基本原理。♀ 还没有一个哲学家能够把它

1　出自 Chesterfeld 致其子的信。——译注

♀　如果把这些国家的历史纯然看作是人性的那些大部分对我们隐藏着的内在禀赋的现象，那么，就可以发现大自然的某种按照目的——不是它们(各民族)的目的，而是大自然的目的——的机械进程。每一个国家，只要它旁边有另一个它可以希望战胜的国家，都会追求通过这种征服来扩张自己，并由此成为世界帝国。在这样一种体制中，一切自由，并且连带(作为自由的结果的)一切德性、鉴赏力和科学都必然丧失殆尽。然而，这种巨型怪物(在它里面法则逐渐地丧失其力量)在它吞并了所有的邻国之后，最终又自行解体，通过叛乱和分裂分化为许多较小的国家。这些小国家不是去追求建立一个多国联合体(由各自由民族联合而成的共和国)，而是每一个都又重新开始同样的游戏，根本不让战争(这种人类种族的灾难)停下来。虽然战争并不像普遍的独裁这坟墓(或者是一种为了不让专制制度在任何一个国家被放弃而建立的多民族联盟)那样不可救药地恶，但它毕竟像一位古人所说的那样，造出的恶人比它所消灭的恶人更多。

们与道德协调起来，也没有一个哲学家能够（这是令人痛心的）提出可以与人的本性一致的更好的基本原理。结果是，期待一种永恒的、建立在一个作为世界共和国的多民族联盟之上的、和平状态的、**哲学的千禧年说**，和期待全人类在道德上的改善完成的**神学的千禧年说**一样，普遍地被嘲笑为幻想。

首先，这种恶的根据不能像人们通常所说明的那样，被放在人的**感性**以及由此产生的自然偏好之中。因为不仅这些偏好与恶没有直接的关系（毋宁说，它们为能够证明道德意念的力量的东西，即为德性提供了机会），我们不应为它们的存在承担责任（我们也 35
不能够这样做；因为它们作为造成的东西并不以我们为创造者），但我们要为趋恶的倾向承担责任。趋恶的倾向由于涉及主体的道德性，从而是在作为一个自由行动的存在者的主体中被发现的，所以作为咎由自取的东西，必须能够被归咎于主体，虽然这种倾向深深地植根于任性之中。由于这一点，人们必须说可以在人的天性中发现它。其次，这种恶的根据也不能被放在为道德立法的理性的**败坏**之中；就好像这种理性能在自身中清除法则本身的威望，并且否定出自法则的责任似的；因为这是绝对不可能的。设想自己是一个自由行动的存在者，同时却摆脱适合于这样一种存在者的法则（道德法则），这无非是设想出一个没有任何法则的作用因（因为依据自然法则做出的规定由于自由的缘故而被取消）；而这是自相矛盾的。——所以，为了说明人身上的道德上的恶的根据，**感性**所包含的东西太少了；因为它通过取消可能从自由中产生的动机，而把人变成了一种纯然**动物性的东西**；与此相反，摆脱了道德法则的、仿佛是**恶意的理性**（一种绝对恶的意志）所包含的东西又太多

了，因为这样一来，与法则本身的冲突就会被提高为动机（因为倘若没有任何动机，任性就不能被规定），并且主体也会被变成为一种魔鬼般的存在者。——二者中没有一个可以运用到人身上。

但是，即使这种趋恶的倾向在人的本性中的存在，能够通过人的任性与法则在时间中发生现实冲突的经验证明而得到解释，这些经验证明却没有告诉我们这种倾向的真正性质和这种冲突的根据。相反，这种性质由于涉及自由任性（因而涉及这样一种任性，它的概念不是经验性的）与作为动机的道德法则（其概念同样是纯粹理智的）的关系，因而必须从恶的概念出发，就恶按照自由的法则（责任和负责能力）是可能的而言，而先天地被认识。下面就展开这个概念。

36 无论以什么样的准则，人（即使是最邪恶的人）都不会以仿佛叛逆的方式（宣布不再服从）来放弃道德法则。毋宁说，道德法则是借助于人的道德禀赋，不可抗拒地强加给人的。而且，如果没有别的相反的动机起作用，人就也会把它当做任性的充分规定根据，纳入自己的最高准则，也就是说，人就会在道德上是善的。不过，人由于其同样无辜的自然禀赋，毕竟也依赖于感性的动机，并把它们（根据自爱的主观原则）也纳入自己的准则。但是，如果他把感性的动机作为**本身独立自足地**规定任性的东西纳入自己的准则，而不把道德法则（这是他在自身之中就拥有的）放在心上，那么，他就会在道德上是恶的。现在，由于他自然而然地把二者都纳入自己的准则，由于他也把每一个，假若它是独立的，都看作是自身足以规定意志的，所以，如果准则的区别仅仅在于动机（准则的质料）的区别，也就是说，仅仅取决于是法则还是感官冲动提供了这样一种动机，那么，他在道德上就会同时是既善又恶的；而这（根据本书序言）又是自相矛盾的。因此，人是善的还是恶的，其区别必然不在于他纳入自己准则的动机的区别（不在于准则的这些质料），而是**在于主从关系**（准则的形式），即**他把二者中的哪一个作为另一个的条件**。因此，人（即使是最好的人）之所以是恶的，乃是由于他虽然除了自爱的法则之外，还把道德法则纳入自己的准则，但在把各种动机纳入自己的准则时，却颠倒了它们的道德次序；他意识到一个并不能与另一个并列存在，而是必须一个把另一个当做最高的条件来服从，从而把自爱的动机及其偏好当做遵循道德法则的条件；而事实上，后者作为满足前者的**最高条件**，应该被纳入任性的普遍准则，来作为独一无二的动机。

尽管由于他的准则造成的这种动机的颠倒，违背了道德次序，
然而，如果理性仅仅是为了以**幸福**的名义，而将偏好的动机通常所 37
不可能具备的准则的统一性引入到偏好动机中去，而利用道德法则所特有的一般准则的统一性（例如，如果把真诚认定为原则，它就免除了我们对与自己的谎言保持一致，并且陷入到谎言的怪圈之中的忧虑），那么，行动就依然可以产生如此符合法则的结果，就好像它们产生自真正的原则似的。因为在这种情况下，经验性的性质是善的，而理知的性质却始终是恶的。

如果这种倾向是包含在人的本性之中，那么，在人身上就有一种趋恶的自然倾向，而且这种倾向自身，由于归根结底必须在一种自由的任性中来寻找，从而是能够归咎于人的，所以是道德上恶的。这种恶是**根本的**，因为它败坏了一切准则的根据，同时它作为自然倾向也是不能借助于人力**铲除**的，因为这只有借助于善的准则才会实现；而既然假定所有准则的最高主观根据都是败坏了的，这就是无法实现的了。但尽管如此，这种倾向必然是**能够克服**的，因为它毕竟是在作为自由行动的存在者的人身上发现的。

因此，人的本性的恶劣，不能那么确切地被称为**恶意**。就这个词的严格意义来说，它是指一种把恶**之为恶**作为动机纳入自己的准则（故而这准则是魔鬼般的）的意念（准则的主观**原则**）；而宁可把它称作心灵的**颠倒**，这个心灵就其后果而言又叫作**恶的心灵**。这种恶的心灵，能够与一个总的来说善的意志共存。它产生自人的本性的脆弱，即在遵循自己认定的原则时不够坚定；而且与不纯正性相结合，没有按照道德的准绳把各种动机（甚至包括有善良意图的行动的动机）互相区分开来。最后，至多只注意到行动与法则的符合，而没有注意到从法则中把它们引申出来，即没有注意到法则是独一无二的动机。尽管由此并不总是正好产生违背法则的行动及其倾向，即**恶习**，但是，把没有恶习就解释为**意念**与义务的法则相符合（解释为**德性**），这种思维方式本身（由于这里根本没有注意到准则中的动机，而是仅仅注意到了凭着字句遵循法则）就甚至已经可以被称作人的心灵中的一种根本性的颠倒了。

38 这种**生而具有的**罪（reatus）——之所以这样称它，乃是因为一旦人表现出自由的运用，就会感知到它。但尽管如此，它又必须是出自自由的，从而是能够被归咎于人的——在其前两个层次（脆弱和不纯正）上可以被断定为无意的罪（culpa），但在其第三个层次上则可以被判定为蓄意的罪（dolus）；它以人心的某种**奸诈**（dolus malus）为特征，即由于自己特有的或善或恶的意念而欺骗自己，并且只要行动的后果不是按照其准则本来很可能造成的恶，

就不会因为自己的意念而感到不安,反而认为自己在法则面前是清白的。由此出发,许多(自认为有良知的)人只要在没有诉诸法则,至少法则没有起主要作用的行动中侥幸地避免了恶的结果,就会感到心安理得,甚至会居功自傲,觉得自己不必为任何眼看其他人所犯的那些违背法则的行为负疚;却不深究这是否仅仅是侥幸的功绩,以及按照他们本来完全能够从自己的内心深处揭示出的思维方式,倘若不是无能、气质、教育、诱人一试的时间和地点条件(纯粹是些不能归因于我们的东西)使自己未能那样做的话,那么,只要自己愿意,是否自己就不会犯下同样的恶行呢?这种自我欺骗的,以及阻碍在我们心中建立真正的道德意念的不诚实,还向外扩张成为虚伪和欺骗他人;后者即使不应该称之为恶意,至少也应该叫作猥琐,它包含在人的本性的根本恶之中。这种恶(由于它在应当把一个人看作什么方面败坏了道德的判断力,并使责任对内对外都变得不确定)构成了我们这个族类的污点,只要我们不清除掉这个污点,它就妨碍着善的幼芽,像其本来完全可能的那样发展起来。

英国国会的一位议员[1]曾激动地断言:"每一个人都有出卖他自己所要的身价。"如果确实如此(这是每一个人都可以自己决定的),如果任何地方都没有一种德性,对于它来说不能找到某种程度的诱惑能使它堕落,如果不管是善的精神还是恶的精神在争取 39
我们,关键仅仅在于谁出价最高,并且能最迅速地付款,那么,对于

1　指 R. Walpole。其原话为:"All those men"(所有那些人),显然并没有像康德引用的那样绝对。——译者据 T. M. Greene 英译本注。

人来说，使徒所说的话就会是普遍正确的了：“这里没有任何区别，他们全都是罪人，——没有人(凭着法则的精义)行善，就连一个也没有。[1]”[①]

第四章　论人的本性中恶的起源

所谓(最初的)**起源**，是指一个结果从其最初的原因产生，这样一个原因不再是另一个同类的原因的结果。它可以要么作为**理性上的起源**，要么作为**时间上的起源**而被考察。在第一种意义上，所考察的只不过是结果的**存在**；在第二种意义上，所考察的是结果的**发生**，从而也就是把它当做事件与其**在时间中的原因**联系起来。如果把结果与一个按照自由法则同它结合在一起的原因联系起来，就像对道德上的恶一样，那么，对任性进行规定，使它产生结果，就不是被设想为与它在时间中的规定根据相结合，而是被设想为仅仅与它在理性表象中的规定根据相结合，并且不能被从任何
40 一个**先行**的状态中推演出来；相反，如果恶的行动被当做世间的**事**

① 关于在道德上做出审判的理性的这种诅咒性判断，真正的证明不在本章，而是在前一章。本章只包含有借助经验对这一判断的证实，但经验绝对不能在自由任性与法则相联系的最高准则中揭示恶的根源，恶的根源作为**理知的行为**先行于一切经验。——由此出发，即由最高准则的统一性出发，鉴于与之相关的法则的统一性，也可以看出，为什么人的纯粹理智判断必须以善与恶之间的排中律为基础。不过，从**可感的行为**(现实的所作所为)出发的经验判断，却可以置于这样的原则之下，即在这两个极端之间存在着一个中间物，一方面是一种漠视一切教化的消极性的东西，另一方面是一种善恶参半的积极性的东西。但是，后者只是对显象中的人的道德性的判断，在终极判断中从属于前者。

1　参见《罗马书》第3章第9-12节。——译注

件与其自然原因联系起来，则每一次都必然会发生上述情况。因此，为自由行动本身(完全当做自然结果)寻求时间上的起源，这是一种自相矛盾。所以，就人的道德属性被看作是偶然的而言，对它来说也是如此，因为这种道德属性意味着**运用**自由的根据，它(就像一般自由任性的规定根据一样)必须仅仅在理性表象中去寻找。

但是，无论在人心中道德上的恶的起源是什么性质，在关于恶通过我们族类的所有成员以及在所有的繁衍活动中传播和延续的种种表象方式中，最不适当的一种方式，就是把恶设想为是通过**遗传**从我们的始祖传给我们的。因为关于道德上的恶，人们完全可以说诗人关于善所说的同样的话：族类、祖先以及**那些不是我们自己创造的东西**，我都不能把它们算做我们自己的(genus et proavos, et **quae non fecimus ipsi**, vix ea nostra puto)①。[1] 还应该注意的是，当我们研讨恶的起源时，我们一开始还没有把趋恶的倾向(作为潜在的恶[peccatum in potentia])考虑在内，而是仅仅依

① 三个所谓的高级学科(在大学里)将会各以自己的方式来解释这种遗传：即**遗传病**、**遗传债务**或者**原罪**。**1. 医学学科**会把遗传的恶设想得像绦虫。关于绦虫，确实有一些自然科学家认为它必然早就存在于人类始祖的体内，因为它既不能在我们体外的某种元素中找到，也不能(就同一品种而言)在其它任何一种动物身上找到。**2. 法学学科**会视它为接受人类始祖遗留给我们的，但附带有一种重罪的**遗产**的合法结果(因为人被生下来，无非就是学会使用世间的财物，这些财物对我们的继续生存是不可缺少的)。因此，我们必须付出代价(赎买)，而最终(由于死亡)又被剥夺了这种占有权。这在法律上是多么合法啊！**3. 神学学科**会把这种恶视为我们的始祖亲自参与了一个邪恶的叛逆者的**堕落**；并认为我们或者当时(尽管现在意识不到这一点了)就参与了叛逆，或者只是现在，由于生而受那叛逆者(作为这个尘世的统治者)的支配，与天国主宰者的无上命令相比，更为贪恋尘世的财富，并且没有足够的诚意从这当中挣脱出来，但将来也难免与那叛逆者同一命运。

1　Ovid，《变形记》，XIII，140。——译注

照其内在的可能性，以及依照为了实施该行动必然集合在任性之中的东西，考虑了给定的行动的现实的恶。

41 每一种恶的行动，如果我们要寻求它在理性上的起源，都必须这样看待它，就好像人是直接从天真无邪的状态陷入到它里面一样。因为无论人过去的行事方式如何，无论影响他的自然原因是什么样的，也无论这些自然原因是出现于他内部还是外部，他的行动都是自由的，是不受这些原因中的任何一个规定的，因而能够并且必须始终被判定为对他自己的任性的一种**原初的**运用。无论他处于什么样的时间条件和联系中，他本来都应该放弃这种恶的行动，因为世界上的任何原因都不能使他不再是一个自由的存在者。尽管人们有理由说，就连由人过去的自由的，但却违背法则的行动所产生的**结果**，也应由他负责。但这句话要说的无非是，没有必要求助于这个借口，也没有必要弄明白这些结果是自由的还是不自由的，因为在那作为其原因的公认自由的行动中，就已经现存着使他负责的充足根据了。但是，即使某人直到目前面临的自由行动，还一直为恶（以至于习惯成自然了），他也不仅过去有义务更善一些，而且现在也有义务改善自己：他必定也有能力这样做，而且如果他不这样做，他也同样有能力在行动的瞬间负起责任。而且责任也被归于他了，就好像是他本来赋有向善的自然禀赋（这种禀赋是与自由不可分割的），却从天真无邪的状态逾越到了恶似的。——因此，我们不能追问这种行为在时间上的起源，而是必须仅仅追问其理性上的起源，以便在此之后规定、并且尽可能地说明那个倾向，即把越轨纳入自己的准则的主观普遍根据，如果有这样一个根据的话。

以上所说，与《圣经》所使用的表象方式是完全一致的。《圣经》把恶的起源描绘为人的族类中恶的**开端**。它在一个故事中讲述了这一开端，在这个故事中，按照事物的本性（不考虑时间条件）必须被设想为第一的东西，表现为时间上的第一。按照《圣经》的说法，恶并不是从作为基础的趋恶的倾向开始的。因为若不然，恶的开端就不是从自由产生的了，而是从**罪**（罪被理解为对作为**上帝** 42
的诫命的道德法则的逾越）开始的。但是，人在未具有任何趋恶倾向之前的状态，则叫作**天真无邪**的状态。道德法则如同它在人这种并不纯粹，而是被偏好所诱惑的存在者这里所必然的那样，最初是一种**禁令**（《创世记》，第 2 章，第 16-17 节）。然而，人并未径直把这一法则当做充足的动机（唯有这种动机才是无条件地善的，在这方面也是无可置疑的）来遵循，而是还去寻找其它只是在一定的条件下（即只有在由此不损害法则的情况下）才能够为善的动机（《创世记》，第 3 章，第 6 节），并且——如果把行动设想为有意识地由自由产生的——采纳了这样的准则，即，不是出自义务，而是充其量出自对其它意图的考虑，才去遵循义务法则。因此，他开始怀疑那排斥其它任何动机影响的诫命的严峻性，并自作聪明地把对那诫命的顺从降低为对一种手段的仅仅（在自爱原则之下）有条件的顺从。[①] 由此出发，他最终把感官冲动对出自法则的动机的

① 如果不把道德法则当做自己准则中的自身充足的动机，赋予它在任性的其它所有规定根据之上的优越性，那么，对道德法则所表示的所有敬重都是弄虚作假，对此的倾向则是内心的虚伪，即是一种在解释道德法则时欺骗自己，以至于损害道德法则的倾向（《创世记》，第 3 章，第 5 节）。因此，就连《圣经》（基督教部分）一开始也称恶的始作俑者（它就存在于我们里面）为说谎者，并且鉴于恶表现在人心中的主要根据描绘人的特征。

优越性纳入行动的准则，罪也就是这样发生的(《创世记》，第 3 章，第 6 节)。这故事说的就是你，只不过换了名字(Mutato nomine de te fabula narratur)。[1] 以上所说清楚地表明，我们每天都正是这样做的，因而“在亚当身上所有人都犯了罪”[2] 并且还在犯罪；只不过在我们身上，已经假定了一种做出越轨行为的生而具有的倾向。而在那第一个人身上，按照时间并没有假定这样的倾向，而是假定了天真无邪的状态，因而越轨在他那里叫作**堕入罪恶**，而在我们这里则不同，越轨被表象为从我们本性的已经生而具有的恶劣性产生出来。但是，这种倾向无非意味着，如果我们想按照其时间上的开端来**说明**恶，我们对于每一次蓄意的越轨都必须到我们人生的前一段时间追溯其原因，一直追溯到理性的使用尚未发展的
43 时间，因而一直追溯到一种因此而叫作生而具有的趋恶的倾向(作为自然的基础)，即追溯恶的泉源。而这在已经被看作是具有运用理性的充分能力的第一个人那里，却是既不必要也不可行的，因为若不然，那种基础(恶的倾向)就会必然是造成的了。所以，他的罪直接被描述为是从天真无邪中产生的。——但是，我们大可不必为一种应该由我们负责的道德属性寻找时间上的起源，即使这在要**说明**这种属性的偶然存在的时候是不可避免的(因此，《圣经》尽可以根据我们的弱点，这样描述恶的时间上的起源)。

但是，就我们的任性把从属的动机过度抬高、采纳入它的准则的方式而言，它的这种蜕化，即这种趋恶的倾向，其理性上的起源

---

1 Horatius，《讽刺诗》，I，1，9。——译注

2 参见《罗马书》第 5 章第 12 节。——译注

依然是我们所无法探究的，因为它本身必须被归咎于我们，从而那所有准则的最高根据又会要求假定一个恶的准则。恶本来只能产生自道德上的恶（不是产生自我们的本性的限制）；然而原初的禀赋（除了人自身之外，没有别的什么能够败坏这种禀赋，如果他应该为这种败坏负责的话）毕竟是一种向善的禀赋。这样，对于我们而言，就不存在可理解的根据来说明我们道德上的恶最初可能是从哪里来的。——这种不可理解性，连同对我们族类的恶劣性的进一步规定，《圣经》是以讲故事的方式表述出来的。[①] 它虽然把恶提前到世界的开端，但毕竟没有把它放在人里面，而是放在一个最初具有高贵规定性的**精灵**里面。这样一来，所有恶的**最初**开端，44
就被看作是我们所完全不能理解的了（因为对于那个精灵来说，恶又是从哪里来的?）；但是，人却被看作是通过**诱惑**陷入恶的，从而不是从**根本上**（甚至就向善的最初禀赋而言）败坏了的，而是还能够改善的，与那个引诱他的**精灵**截然不同。那精灵并不能指望借口肉体的诱惑来减免自己的罪孽。因此，对于虽然心灵败坏，但却总还是具有一个善的意志的人来说，还留存有希望，返回到他曾经背离的善。

① 这里所说的，切不可被看作是在阐释《圣经》，阐释《圣经》是在纯粹理性的权利界限之外的。人们可以就如何在道德上利用一种历史记载的方式做出解释，而不必断定这究竟是作者的意思，还是仅仅由我们穿凿附会的意思，只要这个意思自身不需要任何历史证明就是真的，同时又是唯有按照它，我们才能从一段经文中引出对我们来说有助于改善的东西的意思，否则那经文只不过是我们的历史知识的一个不结果实的赘疣而已。如果某种东西，无论怎样理解它，都无助于成为一个更好的人，如果某种能够有助于此的东西即使没有历史证明就已被认识，甚至完全抛开历史证明来认识，那么，非不得已，切勿对它及其历史威望哓哓争辩。那种与此没有对每一个人都有效的内在关系的历史知识，属于每一个人都可以随其喜好来对待的中性物。

总的附释:论重建向善的原初禀赋的力量

人在道德的意义上是什么?以及,他应该成为什么?是善还是恶?这必须由他自己来造成,或者必定是他过去所造成的。善与恶必须是他的自由任性的结果。因为若不然,他就不能为这二者负责,从而他**在道德上**就既不能是善的也不能是恶的。如果这意味着,人被造就成为善的,那么,这意思无非是说,人被造就为向**善**的,人的原初**禀赋**是善的。但人还没有因此就已经是善的,而是在他把这种禀赋所包含的那些动机接纳或不接纳入自己的准则(这必须完全听任于他的自由选择)之后,他才使自己成为善的或者恶的。假定为了成为善的或者更加善的,还需要一种超自然的协助,无论这种协助是仅仅在于减少障碍,还是也作出积极的援助,人都必须事先就使自己配得上接受这种协助,并且必须**假定**有这种**援助**(这是非同小可的事情)。也就是说,把力量的积极增长纳入自己的准则。只有这样,善才能被归诸他,他才能被看作是一个善的人。

一个在自然情况下的恶人,怎么可能自己使自己成为善人?
45 这超出了我们的所有概念;因为一棵坏树怎么可能结出好果子呢?然而,根据我们前面所承认的,一棵原初(就禀赋而言)好的树确曾结出了坏的果子,[①]而从善到恶的堕落(如果考虑到这是出自自由的)也并不比那从恶重新升为善更易于理解。这样,后者的可能性也就是不容置疑的了。因为即使有那种堕落,“我们**应当**成为更善

① 就禀赋而言的好树还不是事实上的好树:因为倘若这样,它当然就不能结出坏的果子了。只有当人把那为了道德法则置入他里面的动机纳入自己的准则时,他才被称作是一个善的人(树才被完全称作一棵好树)。

的人"这一命令，仍毫不减弱地回荡在我们的灵魂中，因而我们必定也**能够**这样做，即使我们所能够做的这件事单就其本身而言并不充分，我们由此而只是使自己能够接受一种我们所无法探究的更高的援助。——当然，我们在此必须假定，善的种子以其全部的纯洁性被保留下来了，不能被清除或者败坏。这种子毫无疑问不能是自爱；[①]自爱一旦被纳入我们所有准则的原则，就不折不扣地

① 一些能够容纳两种截然不同的涵义的语词，往往长期妨碍人们从清晰的根据得出确信。例如一般所谓的**爱**，就连**自爱**也可以被分为对**善意**的爱和对**满意**的爱(bonevolentiae et complacentiae)，并且二者必定(不言而喻)都是合乎理性的。把对善意的爱纳入自己的准则，是自然而然的事情(因为谁不想任何时候都心境舒畅呢?)。但是，就一方面鉴于目的要仅仅选择那能够与最大的、最持久的福利共存的东西，另一方面在幸福的这些要素中，为每一种要选择最适宜的手段而言，对善意的爱又是理性的。理性在这里仅仅是作为自然偏好的婢女出现，但由此而采纳的准则却与道德毫无关系。不过，如果它被当做任性的无条件的原则，那么，它就是对道德的一种大得无法估量的反抗的泉源。——对**自我满意**的一种合乎理性的爱，也许可以这样理解，即我们在上面已经说到的那些以自然偏好的满足为目的的准则(如果通过遵循这些准则达到了那个目的的话)中，对自己感到满意；而在这里，它和爱那种对自己的善意是一回事。这种自我满意，就像是一位在投机买卖中大获成功的商人，鉴于所采纳的准则，对自己的远见卓识感到高兴一样。然而，**无条件的**(不取决于作为行动结果的得失)**自我满意**的自爱准则，将会是一种仅仅在我们的准则隶属于道德法则的条件下，我们才可能有的满足的内在原则。没有一个对道德并非漠不关心的人，在自觉到这样的准则与自己心中的道德法则并不一致的情况下，还对自己感到满意，甚至根本不对自己感到痛苦的不满。这种可以称作是对自己的**理性上的爱**，它防止把出自自己行动的结果的满意的其它原因(以一种由此而可以为自己争得的幸福的名义)，与任性的动机作出任何混淆。既然后者被称做是对法则的无条件的敬重，那么，为什么人们还要用一种**合乎理性的**、但仅仅在后一种条件下才是**道德的自爱**这个术语，来毫无必要地给自己清晰地理解这一原则造成困难，使自己兜圈子呢(因为只有当自觉到，自己的准则就是把对法则的敬重当做自己任性的最高动机时，人们才能以道德的方式爱自己)？根据我们作为依赖于感性对象的存在者的本性，幸福对于我们来说是首要的，是我们无条件地欲求的东西。而根据我们作为赋有理性和自由的存在者的本性(如果人们愿意这样称呼我们生而具有的东西的话)，幸福远远不是首要的东西，更不用说无条件地是我们的准则的对象了。毋宁说，这种首要的东西是**配享幸福**，即我们的所有准则与道德法则的一致。至于这种一致在客观上是幸福的愿望能够与立法的理性相和谐的唯一条件，这里包含着所有的道德规定。而在哪怕仅仅这样持有有条件的愿望这一意念中，就包含着道德的思维方式。

是一切恶的泉源。

46 因此，在我们身上重建向善的原初禀赋，并不是重获一种**丧失了的**向善的动机；因为这种存在于对道德法则的敬重之中的动机，我们永远也不会丧失。要是会丧失的话，我们也就永远不能重新获得它了。因此，这种重建，仅仅是建立道德法则作为我们所有准则的最高根据的**纯粹性**。按照这种纯粹性，道德法则不是仅仅与其它动机结合在一起，或者甚至把这些动机（偏好）当做条件来服从，而是应该以其全然的纯粹性，作为规定任性的自身**充足的**动机，而被纳入准则。原初的善也就是在遵循自己的义务方面**准则的圣洁性**，因而是纯然出自义务的。这使那把这种纯粹性纳入自己的准则的人，虽然自身还并不由此就是圣洁的（因为在准则和行为之间还有很大距离），但却是已经踏上了在无限的进步中接近圣洁
47 性的道路。在遵循自己的义务方面的这种已经运用自如的坚定决心，就作为其**经验性的特性**（作为现象的德性[virtus phaenomenon]）的合法性而言，也叫作**德性**。它具有**合乎法则**的行动的坚定准则；而任性为此所需要的动机，人们则可以随意从什么地方取来。因此，在这种意义上，德性是**逐渐地**获得的，对一些人来说，叫作（在遵循法则方面的）长期的习惯。借助于它，人通过逐渐地改造自己的行事方式，坚定自己的准则，而从趋恶的倾向转到一种截然相反的倾向。为此并不需要一种**心灵的转变**，而是只需要**习俗**的转变。如果一个人感到自己在遵循自己的义务的准则方面是坚定的，他也就认为自己是有道德的，即使这不是出自所有准则的最高根据，即不是出自义务；而是例如，毫无节制的人为了健康的缘故而回到节制，说谎的人为了名誉的缘故而回到真理，不正义的人为了安宁

或者获利的缘故而回到公民的诚实，等等。所有这些都是根据备受赞颂的幸福原则。但是，要某人不是仅仅成为一个**律法上的**善人，而是成为一个**道德上的**善人（为上帝所喜悦的善人），即根据理知的特性（作为本体的道德[virtus noumenon]）是有道德的，如果他把某种东西认作义务，那么，除了义务自身的这种观念之外，他就不再需要别的任何动机。这一点，只要准则的基础依然不纯，就不能通过逐渐的**改良**，而是必须通过人的意念中的一场**革命**（一种向意念的圣洁性准则的转变）来促成；他只有通过一种再生，就好像是通过一种重新创造（《约翰福音》，第 3 章，第 5 节，参见《创世记》，第 1 章，第 2 节），以及通过心灵的转变来成为一个新人。

但是，如果人在其准则的根据上败坏了，他怎么可能凭借自己的力量实现这一革命，靠自己成为一个善人呢？然而，义务命令我们做这件事，而义务也仅仅命令我们做自己力所能及的事情。把这两点结合起来，无非是说，对于思维方式来讲，革命必定是人所必要的，因而也是可能的；而对于感官方式（感官方式为革命设置了障碍）来讲，逐渐的改良必定是人所必要的，因而也是可能的。这就是说，如果他通过唯一的一次不可改变的决定，扭转了他曾是
一个恶人所凭借的准则的最高根据（并由此而穿上一个新人），[1] 48
那么，就原则和思维方式而言，他就是一个能够接纳善的主体；但仅仅就不断的践履和转变而言才是一个善人。也就是说，他能够希望，凭借他接纳为自己任性的最高准则的那个原则的纯粹性和坚定性，走上一条从恶到更善不断**进步**的美好的（尽管狭窄的）道路。

1　参见《以弗所书》第 4 章第 24 节。——译注

对于能够看透心灵的(任性的所有准则的)理知根据、进步的无限性对他来说也就是统一性的那一位而言,即对于上帝而言,这件事就等于说他现实地是一个善人(上帝所喜悦的人)。在这种意义上,这种转变就可以被看作是革命。但是,对于只能按照其准则在时间中获得的对感性的优势来评价自己及其准则的力量的人的判断来说,这种改变就只能被看作是一种向更善的永不间断的努力,从而也就只能被看作是对作为颠倒了的思维方式的趋恶倾向的逐渐改良。

由此可知,人的道德修养必须不是从习俗的改善,而是从思维方式的转变和从一种性格的确立开始。虽然人们通常并不是这样行事,而是个别地与各种恶做斗争,却不触动它们的普遍根据。即使是一个最狭隘的人,也能造成敬重合乎义务的行动的印象,而他越是在思想中使行动摆脱通过自爱可能对行动的准则产生影响的其它动机,上述敬重就越大。就连儿童们也能够发现混杂有不纯正动机的极微小的痕迹。因为在这种情况下,行动在他们看来,马上就失去了所有的道德价值。通过援引善人们(就他们合乎法则而言)的**榜样**,让道德上的学习者从他们的行动的真实动机出发,去判断某些准则的不纯正性,可以无与伦比地培植这种向善的禀赋,并使它逐渐地转化为思维方式,以至**义务**纯粹为了自己本身开始在他们的心灵中获得明显的优势。然而,教人去**惊赞**有道德的行动,无论这样的行动要求做出多大的牺牲,都不是学习者的心灵对道德上的善所应保持的正当情调。因为无论一个人如何有道
49 德,他所能够做出的一切善行,都毕竟仅仅是义务;而履行自己的义务,也无非就是做在通常的道德秩序之中的事情,从而也就是不值得惊赞的。毋宁说,这样的惊赞是我们的道德情感的一种变质,

好像顺从义务是某种非同寻常的、有功劳的事情似的。

但是，在我们的灵魂中有一样东西，我们如果恰如其分地将它收入眼底，就禁不住要以极大的惊赞看待它。此时，惊赞是正当的，同时亦是振奋人心的。而这种东西就是我们里面的一般的原初道德禀赋。——我们这种由于如此多的需求而始终依赖于大自然的存在者，同时却在（我们里面的）一种原初禀赋的理念中，如此远远超出于这些需求之上，以至我们认为它们统统不值一提；而且如果我们违背自己的理性借以强而有力地命令我们，但在此际却既不向我们许诺什么也不威胁我们的那种法则，而沉溺于唯一能使我们的人生值得追求的对那些需求的享受，我们就会认为自己是不值得生存的。我们这样做所凭借的这种在我们里面的东西（人们不妨扪心自问一下）究竟是什么呢？每一个事先被蕴涵在义务理念之中的圣洁性教导过、但却没有升华到探究最先从这个法则产生的自由概念①的人，哪怕是能力最一般的人，都会深切地感

① 任性自由的概念，并不是先行于对我们里面的道德法则的意识，而是仅仅从我们的任性可被作为一种无条件命令的道德法则所规定推论出来的。只要我们扪心自问，我们是否确定无疑地和直截了当地自觉到了一种能力，能够借助坚定的决心克服越轨的任何无论多么大的动机（即使法拉利斯命令你弄虚作假，并把你带到那公牛旁向你口授伪证[Phalaris licet imperet，ut sis falsus，et ad-moto dictet periuria tauro]），就会马上信服上面这种说法。每一个人都将不得不承认，如果出现这样一种情况，他**并不知道**自己是否会决心动摇。但尽管如此，义务却无条件地命令他：他**应该**对自己的决心保持忠诚。他由此正当地**推论**出：他必须也**能够**这样做，因而他的任性是自由的。一些人佯称这种不可探究的性质是完全可以理解的。他们用**决定论**（任性由内部的充足理由规定的命题）这个词制造了一种假象，好像困难就在于把这一命题与自由结合起来似的。然而，并没有人想到这一点。相反，认为任意的行动作为事件、其规定性的根据**存在于先前的时间之中**（它连同自己所包含的东西已不为我们所支配）的**预定论**，如何能够同认为行动与否在发生的瞬间都必然为主体所支配的自由共存，这倒是人们期望看到却从未看到的东西。♀

（续下页注）

50 受到这个问题的分量。而这种宣示着一种圣洁起源的禀赋，即便是其不可理解性，也必然对心灵起着振奋的作用，鼓舞它做出只有对自己义务的敬重才能要求它做出的牺牲。经常激励自己的道德使命的崇高感，作为唤醒道德意念的手段，是特别值得称颂的，因为它正好抑制着把我们的任性的准则中的动机颠倒过来的那种生而具有的倾向，以便在作为所有可被采纳的准则的最高条件的对法则的无条件敬重中，重建各种动机中的原初的道德秩序，并由此而重建人心中向善禀赋的纯粹性。

但是，这种凭借运用自己的力量所做的重建，岂不是与关于人相对于一切善生而具有的腐败的那个命题截然对立吗？固然，就这种重建的可理解性，即就我们对其可能性的**洞察**而言，这和所有那些应被看作是在时间中发生的事件（变化），从而按照自然规律被看作是必然的、其反面却同时又服从道德规律、被看作是由于自由而可能的东西是一样的；不过，那个命题与这种重建的可能性本身并不抵触。因为，如果道德法则命令我们现在**应该**是更善一些的人，那么，不可避免的结论就是，我们也必然**能够**这样做。在道德的**教义学**中，关于生而具有的恶的命题毫无用处；因为不管我们是否具有一种生而具有的越轨倾向，道德的教义学都包含着同样

（续上页注）♀　要把自由的概念与作为一种**必然的**存在者的上帝的理念结合起来，这却是没有任何困难的。因为自由并不在于行动的偶然性（即它根本不为任何根据所规定），即并不在于非决定论（即便是对于上帝来说，为善或者为恶也必然同样是可能的，如果人们把他的行动称为自由的话），而是在于绝对的自发性。这种自发性只有在预定论那里才会遇到危险，因为对于预定论来说，行动的规定根据**存在于过去的时间之中**。因此，行动现在已不为我所支配，而是落到了大自然的手中，不可抗拒地规定着我；然而由于在上帝那里并不能设想时间的序列，所以这一困难也就除掉了。

的义务，保持着同样的力量。但是，在道德的**修行法**中，这一命题
想要表达的就更多一些，但也无非是说，在从道义上培养我们那被 51
造成的向善道德禀赋时，我们不能从一种对我们来说自然的天真无邪状态开始，而是必须从任性在违背原初的道德禀赋而采纳其准则时的恶劣性假定开始。而且由于这样一种倾向是无法根除的，我们还必须与这种倾向做不停顿的斗争。既然这仅仅导致从恶到更善的一种无限延伸的进步，其结论就是，一个恶人的意念之转变为一个善人的意念，必须建立在按照道德法则对采纳其所有准则的最高内在根据所作出的改变之中，而这个新的根据（新的心灵）本身是不再改变了的。然而，人要确信这一点，虽然并不能以自然的方式来达到，既不能通过直接的意识，也不能通过自己迄今所经历的人生的证明来达到，因为心灵的深处（他的准则最初的主观根据）对他来说是无法探究的。但是，他必须能够**希望**，凭借运用**自己的**力量来达到一条通向那里的、由在根本上改善了的意念为他指明了的道路。因为他应该成为一个善人，但是只有根据他自己所做出来的而被归诸于他的东西，他才能被判定为**道德上**善的。

与这种自我改善的要求相违背，那种从本性上对道德上的改进感到厌烦的理性借口自然的无能，提出了各种各样的不纯正的宗教观念（其中就有：把幸福原则附会在上帝身上，说成是他的诫命的最高条件）。不过，我们可以把所有的宗教划分为**祈求神恩**的（纯然崇拜的）宗教和**道德**的，即**良好的生活方式**的宗教。就前者而言，人或者谄媚上帝，认为上帝能够（通过赦免他的罪责）使他永远幸福，而他自己却没有必要**成为一个更善的人**；或者，如果这在他看来不可能的话，认为**上帝**能够把他**变成为更善的人**，而他自己

则除了为此而**祈祷**之外，没有必要为此再做什么。由于祈祷在一位洞悉一切的存在者眼中不外是**愿望**，所以，祈祷实际上是什么也没有做；因为倘若这单凭纯粹的愿望就可以办到，那么，每一个人就都可以是善的了。就道德的宗教而言（在迄今为止所存在的所

52 有公开的宗教中，唯有基督教才是这样的宗教），一条原理就是：每一个人都必须尽其所能去做，以便成为一个更善的人。只有当他不埋没自己天赋的才能（《路加福音》，第 19 章，第 12-16 节），利用自己向善的原初禀赋，以便成为一个更善的人时，他才能够希望由更高的协助补上他自己力所不及的东西。人也完全没有必要知道这种协助存在于什么地方；也许根本不可避免的是，当它的发生方式在某个时间被启示出来时，不同的人却在别的时刻对它形成了不同的概念，而且全都是真诚的。不过在这种情况下，下面这个原理也是有效的："知道上帝为他的永福在做或已做了什么，并不是根本的，因而也不是对每个人都必要的"；但是知道为了配得上这种援助，**每个人自己必须做些什么**，却是根本的，因而对每个人都必要的。♀

♀ 本书每一篇都附有一个总的附释 这里的是四个总的附释中的第一个。四个总的附释本来也可以使用这样的标题：1. 论神恩的结果；2. 奇迹；3. 奥秘；4. 邀恩手段。——这些仿佛是纯粹理性界限内的宗教的**补遗**；它们并不属于纯粹理性的界限之内，但却与它接壤。理性意识到自己无能满足自己的道德需求，就扩张自己，一直扩展到似乎能够弥补那种缺陷的超越性理念，但它并不把这些理念当做扩展了的领土据为己有。它并不否认这些理念的对象的可能性或者现实性，它只是不能把它们接纳入自己的思维和行动的准则。它甚至指望，如果在无法探究的超自然物的领域，还有什么东西虽然超出了它能够说明的范围，但对于弥补道德上的无能却是必要的，那么，这种东西即使不可认识，也会对它的善良意志大有益处。这样的指望带有一种信仰，这种信仰可以被称之为（对那种东西的可能性）**进行反思的**信仰，因为它觉得 （续下页注）

（续上页注）　那种宣称自己是一种**知识**的**独断**的信仰是不真诚的或者僭妄的。因为要清除掉（在实践上）自我肯定的东西的各种困难，当它们涉及超验问题时，就只不过是附带的工作（补遗）。至于这些哪怕是**道德上的**超验理念，当我们要将它们引入 53
宗教时，从它们所产生的弊端，其结果依照上述的四个类别的顺序为：1. 被认为的内部经验（神恩的作用）的结果是**狂热**；2. 所谓外部的经验（奇迹）的结果是**迷信**；3. 妄称在超自然的事物方面（奥秘）有知性的顿悟，其结果是**顿悟说**，即术士们的幻觉；4. 对超自然事物施加影响的大胆试验（邀恩手段）的结果是**魔术**；这纯粹是一种超越自己界限的理性的迷误，而且是出于自以为道德上的（上帝喜悦的）意图。——但是，特别就本文第一篇的总的附释而言，对**神恩作用**的召唤就属于最后一种类型，如果理性坚守其界限，神恩作用就不会被接纳入理性的**准则**；正如它一般不会接纳任何超自然的事物一样，因为正是在超自然的事物这里，理性的一切运用都终止了。——**在理论上**说明这些作用的根据何在（即为何它们是神恩的作用，而不是内在的自然作用），是不可能的事情，因为我们对原因和结果概念的使用不能被扩展到经验的对象之外，因而也不能被扩展到自然之外。但是，假定**在实践上**运用这一理念，则是完全自相矛盾的。因为作为运用，它就需要假定一种规则，来规范我们为了达到某种东西而必须自己（出自某种意图）**造成**的善的东西；而期待神恩的作用，则恰恰意味着相反的东西，即善（道德上的善）不是我们的行为，而是另一种存在者的行为，因而我们只能通过**无所作为**来获得它；而这是自相矛盾的。所以，我们可以承认，它是某种不可理解的东西，但是，无论是为了理论上的使用，还是为了实践上的使用，我们都不能把它接纳入我们的准则。

第二篇　论善的原则与恶的原则围绕对人类的统治权所进行的斗争

57 为了成为一个道德上善的人，仅仅让我们的族类所蕴涵的善的种子不受阻碍地发展是不够的，而且还必须同在我们里面起相反作用的恶的原因进行斗争；这一点，在所有古代的道德主义者中，尤其是斯多亚学派通过**德性**这个他们的特有术语给予了说明；这个术语（无论在希腊语中还是在拉丁语中都一样）标志着英勇无畏的精神，因而假定了一个敌人。鉴于此，**德性**这个名称是一个庄严的名称，至于它经常被滥用来吹牛自夸，并且（如同近代**启蒙**这个词一样）遭到嘲讽，则丝毫无损于它。——这是因为，要求勇敢，就已经足以有一半称得起德性了；与此相反，懒惰的、全然不信任自身的、等待外部帮助的、怯懦的思维方式（在道德和宗教中）松懈了人的所有力量，使人自身不配得到这种帮助。

但是，那些勇敢的人们却错认了他们的敌人。他们的敌人不应该在自然的、只不过是未受教化的、但却毫不掩饰地向每一个人的意识公开呈现的偏好中去寻找，而是一个似乎不可见的、隐藏在理性背后的敌人，因而也就更加危险。理性运用**智慧**去与仅仅是不小心而可能被偏好蒙骗的**愚蠢**进行斗争，却不召唤它去反对用败坏灵魂的基本原理而在暗中腐蚀着意念的(人的心灵的)**恶劣**。①

自然的偏好**就其自身来看**是善的，也就是说，是不能拒斥的。58
企图根除偏好，不仅是徒劳的，而且也是有害的和应予谴责的。毋宁说，人们只需要抑制它们，以便它们互相之间不是自相摩擦，而是能够被导向在一个整体中的被称作是幸福的和谐。不过，实现这种状况的理性叫作**明智**。只有道德上违背法则的东西才自身就是恶的，是绝对应予拒斥的、必须根除的；但是，以此来教导人的理性，即使是在它着手这项工作的时候，也只是配被称作**智慧**，尽管恶习与它相比也被称作是**愚蠢**，但也仅仅是在理性于自身之内感到有足够的力量来**鄙视**恶习(以及这方面的所有诱惑)，而不只是

① 这些哲学家们从人的本性的尊严，即从自由(作为对偏好的势力的独立性)获取他们的普遍的道德原则。他们也不可能以一种更好、更高贵的原则为基础了。他们是直接从仅仅以这样的方式立法的，并且完全通过这样的方式发布命令的理性中汲取各种道德法则的，从而如果赋予人一种未被败坏的、毫不迟疑地把这些法则纳入自己的准则的意志的话，他们就规则来说在客观上，就动机来说在主观上，完全正确地说明了一切。但是，在后面这个假定中恰恰包含着错误。因为无论我们多么早就注意到我们的道德状况，我们都会发现，这种状况已不再是(一个质朴的东西[res integra])，而是我们必须以把已经占有位置的恶(但是，如果我们没有把恶接纳入我们的准则，恶本来是不能做到这一点的)从它的席位上驱逐出去作为开端；即是说，人们所能做的最初的真正的善，就是从恶走出来，而这种恶也不应该到偏好中去寻找，而是应该到颠倒了的准则中，因而也就是应该到自由自身中去寻找。偏好只是给**实施**相反的善的准则增加困难罢了。但是，真正的恶在于，当那些偏好诱惑人做出越轨行为时，我们却不**打算**反抗它们，其实，这种意念才是真正的敌人。偏好只不过是一般基本原理(无论它们是善的还是恶的)的敌人罢了。就此而言，道德性的那种高尚的原则作为预习(对偏好的教化)对于借助基本原理来引导主体是很有益的。然而，如果这是**道德上的善**的特殊基本原理，但尽管如此却不是作为准则，那么，就还必须假定在主体中还有这些基本原理的另一个敌人，德性必须与它进行斗争。没有这种斗争，所有的德性尽管不会像那位教父(指奥古斯丁——译注)所想说的那样是显著的**恶习**，但却是**显著的可怜**。因为由此虽然经常平息了叛乱，但却从来不会战胜和清除掉反叛者。

把它当做一个可怕的存在者来**仇视**，并且武装起来对付恶习的情况下才是如此。

59 因此，如果**斯多亚派**仅仅由于必须把偏好当做遵循人的义务的障碍来克服，而把人在道德上的斗争看作是与自己的（本身无辜的）偏好的争执的话，那么，由于他并不承认任何特殊积极的（本身恶的）原则，他可以把越轨行为的原因仅仅归于**忽视**了与偏好的斗争；但是，由于这种忽视自身就是违背义务（越轨行为），并不仅仅是自然错误，从而其原因不能再（没有循环论证地）到偏好中去寻找，而是只能在把任性规定为自由任性的东西中（在默许偏好的那个准则的内在最初根据中）去寻找。所以，这就可以理解，为什么那些哲学家认为一种永远被掩藏在黑暗之中的解释根据[①]，虽然是不可避免的，但却是不受欢迎的；为什么他们对于自己相信正在与之进行斗争的善的真正敌人会认错对象。

因此，当一位**使徒**把这个**不可见**的、仅仅由于其对我们的影响才是可认识的、败坏了基本原理的敌人，说成是在我们之外的，而且说成是恶的精灵时，这也就不值得奇怪了。他说道："我们并不是与属血气的争战（自然的偏好），乃是与那些执政的、掌权的、管

① 能够轻而易举地，而且是一方面从感性动机的强大出发，另一方面从理性动机（对法则的敬重）的无能出发，即从**软弱**出发，来解释人心中在道德上的恶的存在，这是道德哲学的一个很常见的假设。但是，这样一来，就必须能够更容易解释人身上的（在道德禀赋中的）道德上的善。因为一方的可理解性离开了另一方的可理解性是完全不可思议的。但是，理性仅仅凭借一个法则的理念成为所有朝相反方向努力的动机的主宰，这种能力是绝对无法解释的；因此，感性的这些动机如何能够成为如此有威望地发布命令的理性的主宰，这也是无法理解的。因为如果所有的世界都是按照法则的规定进行的，人们就会说，一切都是按照自然的秩序发生的，而没有人会想到哪怕是仅仅追问一下原因。

辖这幽暗世界的，以及天空属灵气的恶魔争战”；[1]这是一个并非为了把我们的知识扩展到感性世界之外，而似乎仅仅是为了使我们无法探究的东西的概念**对于实践的运用**变得鲜明生动而提出的表述。因为顺便说一下，如果是为了后者，那么，我们是把诱惑者纯然设定在我们内部，还是也把它设定在我们外部，对于我们来说 60
是无所谓的。因为我们在后一种情况下所负的罪责一点也不比在前一种情况下所负的罪责小。在前一种情况下，假如我们没有默许诱惑者，我们本来是不会被他所诱惑的。① ——我们要把这整个考察分作两章。

第一章　论善的原则关于对人的统治权的律法要求

一、善的原则的拟人化了的理念

唯一能够使世界成为上帝意旨的对象和创世的目的的东西，

1　参见《以弗所书》第6章第12节。括号内的文字是康德所加。——译注

①　并不把道德上的善与道德上的恶设想得像天与**地**那样彼此分离，而是把它们设想得像天国与**地狱**那样彼此分离，这是基督教道德的一种特性。这种观念虽然是形象化的，并且就其自身而言是令人反感的，但就其意义而言在哲学上仍然是正确的。——也就是说，它有助于防止，不要把善与恶、光明的王国与黑暗的王国设想为彼此接壤，通过渐进的阶段（或大或小的光明程度）彼此消融在对方之中，而是要把它们表象为被一条深不可测的鸿沟分离开来。人们有可能臣服于这两个王国中的这一个或者另一个，其所遵循的基本原理的截然不同性，以及与适宜于这一个或者另一个王国的那些特性具有接近的亲和性的想象相联系的危险，为这种表象方式提供了理由，即使这种表象方式在自身中包含了令人毛骨悚然的东西，同时却也是很崇高的。

就是**处于道德上的彻底完善状态的人性**（一般有理性的世俗存在者）。从这种作为最高条件的完善性出发，幸福就是在最高的存在者的意志中的直接结果。——但是，这个唯一使上帝所喜悦的人是“太初”就“与上帝同在的”；他的理念出自于上帝的本质；就此而言，他不是被创造的事物，而是上帝的独生子；是“道（生成！）”，“万物是藉着他造的。凡被造的，没有一样不是藉着他造的”[1]（因为正是为了他，即为了尘世上的有理性的存在者，正如按照其道德上的规定性能够被设想的那样，所有的一切才被创造）。——“他是上帝荣耀所发的光”。[2]“上帝爱他就是爱世人”，[3]只有在他身上，
61 并且通过接受他的意念，我们才能够希望“作上帝的儿女”，[4]等等。

把我们自己**提高**到这种道德上的完善性的理想，即提高到具有其全部纯洁性的道德意念的原型，乃是普遍的人类义务，为此，就连理性交付给我们、要我们仿效的这个理念，也能够给我们以力量。但是，正因为我们不是这个理念的创造者，相反，它已经在人身上取得了一席之地，而我们并未理解人的本性是如何哪怕仅仅能够接受它的，所以，人们也可以更正确地说，那个原型是从天国**降临**到我们这里来的，它接纳了人性（因为设想天生的**恶人**自动地放弃恶，并且把自己**提高**到圣洁性的理想，这并不像设想这种理想接纳**人性**——人性本来并不是恶的——并且**屈尊**于人性那么可

1 参见《约翰福音》第1章第1-3节。——译注

2 参见《希伯来书》第1章第3节。——译注

3 参见《约翰一书》第4章第10节。——译注

4 参见《腓立比书》第2章第6-9节。——译注

能）。因此，如果我们把那个有上帝的意向的人看作是我们的原型，正如他自己虽然是圣洁的，并且作为这样的人与忍受苦难无关，但仍然为了促进尘世的福祉而在最大的程度上承担了这种受难，那么，就可以把这种与我们的结合看作是上帝之子的一种**屈尊俯就**的状态；相反，那尽管也接纳了这同样的意念，却永远不能摆脱罪恶的人，倒是可以把无论以什么方式降临到他头上的苦难看作是由他自己招致的，从而必然认为自己配不上把自己的意念与这样一种理念相结合，尽管这理念是他用做原型的。

我们只能在这样一个人的理念下设想上帝所喜悦的人性的理想（从而还设想一种道德上的完善性的理想，就像在一个依赖于需求和偏好的世俗存在者身上是可能的那样）。这个人不仅自己履行所有的人类义务，同时也通过教诲和榜样，在自己周围的尽可能大的范围里传播善。而且即使受到极大的诱惑，也甘愿为了尘世的福祉，甚至为了他的敌人而承受一切苦难，直至极屈辱地死亡。——这是因为，一种力量如果是一种道德意念的力量，那么，除非人设想这种力量与重重障碍做斗争，并且无论遇到多大的诱惑都能克服那些障碍；否则，他就不能对这种力量的程度和威力形成任何概念。

于是，**在对上帝之子的实践上的信仰中**（就他被设想得好像他 62
接纳了人的本性似的而言），人可以希望成为上帝所喜悦的（从而也可以得救）。也就是说，他自觉到这样一种道德意念，即他能够**信仰**并且确立以自己为基础的信赖，他将在类似的诱惑和苦难的情况下（正如把它们当做那个理念的试金石一样）对人性的原型忠贞不渝，并且以忠实的仿效保持与自己的榜样的相似，一个这样的

人，并且只有一个这样的人，才有权利把自己看作是一个并非配不上上帝的喜悦的对象。

二、这一理念的客观实在性

从实践的观点来看，这一理念在自身之中完全拥有其实在性。因为这种实在性就在我们那在道德上立法的理性之中。我们**应当**符合它，因而我们也必定**能够**符合它。倘若人们必须事先就证明做一个符合这一原型的人的可能性，就像这对于自然概念是不可回避地必然的（以免我们陷入被空洞的概念所阻碍的危险）那样，那么，我们同样也必须容许考虑承认，就连道德法则也具有其威望，是我们的任性的无条件的，然而又是充足的规定根据。其原因在于，单是一种合法则性的理念如何可能是任性的这样一种动机，它比所有只要想得出来的、从利益取得的动机都更强而有力，这是既不能由理性来洞察，也不能由经验的榜样证明的。因为就前者而言，法则是无条件地发布命令的；就后者而言，即使从未有一个人对这一法则做出过无条件的顺从，做一个这样的人的客观必然性也是毫不减少的、不言而喻的。因此，为了使一个在道德上让上帝喜悦的人的理念成为我们的范本，并不需要什么经验的榜样；那理念作为这样一个范本已经蕴涵在我们的理性之中了。——但是，为了承认某个人是与那个理念一致的可供仿效的榜样，谁还要求有比他自己所看到的更多的东西，也就是说，谁还要求有比一个完全无可指摘的，甚至就人们所能要求的而言值得赞扬的品行更多的东西，谁除此之外还要求有通过他或者为了他而必然发生的
63 奇迹来做证明，他同时也就由此承认了他在道德上的**无信仰**，即缺

乏对德性的信仰。任何建立在由奇迹所作的证明之上的信仰(这样的信仰只能是历史性的)都不能弥补这种缺乏。因为只有对那个蕴涵在我们的理性(理性充其量也只能证明,奇迹是可能从善的原则产生的,但却不能从奇迹中获取它自己的证明)之中的理念在实践上的有效性的信仰才具有道德上的价值。

正因如此,提供这样一种人的榜样的经验也必定是可能的(就像人们也可以期望和要求一般地由一种外部经验提供内部的道德意念的证据一样)。因为按照法则,每一个人都完全应当在自己身上,为这一理念提供一个榜样;这样做的原型总还只是蕴涵在理性之中;因为没有任何外部经验中的榜样适合它。外部经验不能揭示意念的内在的东西,而是只能推论出它,尽管这种推论并没有严格的确定性(甚至人对自己本身的内部经验也不能使他如此看透自己心灵的深处,以致他能够通过自我观察,完全确定无疑地认识到自己所信奉的准则的根据及其纯粹性和坚定性)。

倘若这样一个确确实实具有上帝的意念的人,在某一个时刻仿佛从天国降临到地上,就人们对于外部经验所能要求的而言,通过教诲、生活方式和受难,在自己身上提供一个让上帝所喜悦的人的**榜样**(当然,这样一种人的**原型**毕竟在任何时候都不会以任何方式不同于在我们的理性中所能寻找的),倘若他借助这一切,通过在人的族类中发动一场革命,而在世界上造成了一种大得无法估量的道德上的善,那么,我们委实没有理由在他身上假定某种不同于一个自然出生的人的东西(因为一个自然出生的人也会感到有义务在自己身上提供一个这样的榜样),尽管由此也并没有绝对地否认说,他就不会也可能是一个超自然地出生的人。因为在实践

的观点看来，假定后者对于我们并没有任何好处，因为我们加给这种显象的那个原型，永远还必须在我们自己（虽然是自然的人）里
64 面寻找。它在人的灵魂中的存在即使就其自身来说也就足以无法理解了，以致根本没有必要在他的超自然的起源之外，还在一个特殊的人身上假定他实体化了。毋宁说，把这样一个圣人提高到超出人的本性的所有软弱性之上，倒是会妨碍按照我们所能洞察的一切，把他的理念在实践上运用于我们的仿效。因为即使那个让上帝所喜悦的人的本性被设想为属人的，以至于他和我们一样具有同样的需求，从而也具有同样的苦难，具有同样的自然偏好，从而也被同样的越轨行为的诱惑所纠缠，但他的本性毕竟可以被设想为超人的，因为意志的那种并非获得的，而是天生的不可改变的纯洁性，使他绝对不可能做出越轨行为。这样一来，与自然的人的距离由此又变得如此无限大，以致那个神性的人对于自然的人来说，再也不能被当做**榜样**。自然的人会说：请给我一个完全圣洁的意志，那样，所有趋恶的诱惑在我这里就会自动地落空；请给我内在的最完善的确定性，确信在短暂的尘世人生之后，我（依照那种圣洁性）将立即分享天国的全部永恒的荣耀；那样，我将不仅甘愿，而且还会充满愉悦地承受一切苦难，不管它们有多么沉重，甚至包括最屈辱的死亡，因为我亲眼看到了美好的和临近的结局。虽然说，认为那个神性的人亘古以来，就现实地拥有这种高贵和幸福（而且并不是首先通过这样的苦难才可以有资格得到它们）；认为他为了全然不配享有的人，甚至是为了他的敌人而自愿地放弃了它们，以便把这些人从永恒的堕落中拯救出来；这样的思想必然引起我们的心灵对他的惊赞、爱和感激。同样，一种按照如此完善的

道德规则行事的理念，对我们而言，固然也是必须遵循的有效规定；但是，他自身却**不会是作为**可供效仿的**榜样**，因而也不是作为一种对**我们**来说如此纯洁和高贵的、道德上的善之可行性和可达到性的证明，而能为我们所想象。①

① 当然，就一个人的行动而言，如果不同时以属人的方式想象它们或者它们的表现，我们就不能设想任何重要的道德价值，这是人的理性的一种须臾不能摆脱的局限性；尽管这并不是要主张，事情本来（就真理而言[χατ' αληθειαυ]）也就是这样的；这是因为我们为了理解超感性的性质，总是需要与自然存在者进行某种比较。因此，一位哲学诗人赋予人——如果他能够同自身之内的趋恶倾向进行斗争，甚至只要他知道应该克服这种倾向——以一种在存在者的道德阶梯上更高的等级，甚至比由于其本性的圣洁性而漠视一切可能的诱惑的天国居民还要高（具有各种缺陷的尘世要比没有意志的天使们的国度更好。——哈勒）。[1]——就连《圣经》也为了使我们按照其程度理解上帝对人类的爱而承认了这种表象方式，它赋予上帝以只有爱着的存在者才能做到的最高的牺牲精神，以便甚至使不配的人也幸福（因而“上帝爱世人”等等）；[2] 尽管我们通过理性并不能理解，何以一种极无所不足的存在者能够牺牲某种属于它的幸福的东西，放弃某种占有。这是我们不能缺少的（为了做出解释的）**类比的图型**。但是，把这种图式转化为一种（为了扩展我们的认识的）**规定客体的图型**，则是在道德的观点看来（在宗教中）具有极坏后果的**神人同形同性论**。——在这里，我只想再顺便说明，人们在从感性的东西向超感性的东西上升时虽然很可以**运用图型**（借助与某种感性的东西的类比），但绝对不能根据类比从应属于前者的东西**推论出**，这种东西也必须赋予后者（并这样来扩展自己的概念），虽然这是出自极简单的理由。因为这样一种推论是**违背**所有类比的，这个推论只是因为我们要使自己能够理解（通过一个榜样证明）一个概念，就必然要把一个图型来用于这个概念，于是它就想得出这样的结论，即这个图型也必定作为一个宾词归于对象自身。因为我并不能说，正如我只能按照一个艺匠与他的作品（一只钟表）的关系的类比，来使自己**理解**一株植物（或者任何一个有机物，乃至合目的的世界）的原因，也就是说，通过我赋予这原因以理智来理解它，同样，这（植物、整个世界的）原因自身也就必然**具有**理智。也就是说，赋予它理智，这并不仅仅是我能够进行理解的条件，而是作为一个原因的可能性自身。但是，在这个图型与他的概念的关系和概念的这同一个图型与事物自身的关系之间，却根本没有任何类比，而是只有一种巨大的、正好导向神人同形同性论的飞跃（过渡到另一个类[μεταβασιζ ειζαλλο γευοζ]）。关于这一点，我在其它地方已经证明过了。

1 Haller，《论灾祸的起源》，Ⅱ，33。——译注

2 参见《约翰福音》第3章第16节。——译注

65 尽管如此，这同一个具有属神意向的、但完全真正属人的导师，却可以同样真实无误地谈论自己，就好像善的理想在他身上被活生生地展现出来（展现在教诲和周游之中）似的。因为他在这种
66 情况下只会谈论他当做自己的行动规则的意念，但又由于他能够把自己的意念当做对他人的、而不是对自己的榜样展现出来，所以他只是通过他的教诲和行动来把这意念表现在众人眼前："你们中间谁能指证我有罪呢？"[1]但是，如果人们提不出反面的证明，那么，把一个导师为他所教诲的东西——如果这本来就对每一个人来说都是义务——所提供的无可指责的榜样，仅仅归诸他的最纯洁的意念，是公正合理的。这样一种带有为了尘世的福祉起见而承受的一切苦难的意念，就人类的理想而言，对所有时代和所有世界的所有的人来说，面对最高的公正是充分有效的，如果人使他自己的公正像他应该做的那样与这样一种公正相似的话。当然，如果这种公正必须存在于一种完全并且无误地符合那个意念的生活方式之中，那么，它也就永远还不会是我们的公正。但是，如果我们的公正被与原型的意念结合起来，那么，为了我们的公正起见而吸取前一种公正，就必然是可能的，虽然使自己理解它要经受巨大的困难。我们现在就要谈到这些困难。

三、这一理念的实在性方面的困难及其解决

第一个困难使我们身上与立法者的**圣洁性**相联系的、上帝所

1　参见《约翰福音》第 8 章第 46 节。——译注

喜悦的人性的那个理念的可实现性由于我们自己缺乏公正而变得可疑，它也就是下面这种困难。法则说："你们（在自己的生活方式中）要圣洁，就像你们的父在天国是圣洁的一样！"[1]因为这是树立给我们作榜样的上帝之子的理想。但是，我们在自身中应该造成的善与我们作为出发点的恶的距离是无限的，而且就行为，即就生活方式对法则的圣洁性的符合而言，也是在任何时候都无法达到的。尽管如此，人的道德属性却应该与这种圣洁性保持一致。因此，这种圣洁性必须作为一切善从中发展出来的那个萌芽被确立在意念之中，确立在所作所为与法则相一致的普遍而又纯粹的准则之中，而这种一致又是从一个被人纳入自己的最高准则的圣洁
原则出发的。这是一种观念的变革，它必然也是可能的，因为它就 67
是义务。——于是困难就在于，意念如何能够对**在任何时候**（不是一般地，而是在任何一个时间点上）都有缺陷的行为有效。但是，解决这一困难的基础在于，作为从有缺陷的善向更善的永无止境的不断进步的行为，按照在因果关系概念方面不可避免地局限在时间条件上的我们的评价，永远还是有缺陷的；以致我们必须把显象中的，即就**行为**而言在我们里面的善，**在任何时候**都看作是对于一种圣洁的法则来说有欠缺的。但是却可以设想由一位具有纯粹理智直观的知人心者，[2]把它向适应这种圣洁法则的永无止境的进步，根据派生这种进步的那种超感性的意念，在行为上也判定为

1 参见《利未记》第 11 章第 44 节；《彼得前书》第 1 章第 6 节。——译注

2 参见《使徒行传》第 1 章第 24-25 节，第 15 章第 8 节；《路加福音》第 16 章第 15 节。——译注

一个完成了的整体。[①] 这样，人即使有其恒久的缺陷，也可以期望成为在**根本上**让上帝所喜悦的，无论他的存在在什么时刻被打断。

第二个困难是当人们把努力向善的人，就这种道德上的善本身而言，放在与上帝的**仁慈**的关系中来考察时出现的，它涉及**道德上的幸福**。这里，并不是把道德上的幸福理解为保证永远拥有作为**自然的幸福**的、对自己的**自然状况**的满足感（摆脱了灾难并且享受着日益增长的乐趣），而是保证永远拥有一种一直在善中向前进的（永不脱离善的）意念的现实性和**坚定性**；因为**只要人们确信这**
68 **样一种意念是恒定不变的**，那么，持久地“追求上帝的国”，这也无非就是知道自己已经拥有这个国。因为在这种情况下，持有如此意念的人已经发自内心地相信，“其余的一切（涉及自然的幸福的东西）都将会归予他”。[1]

于是，人们虽然可能会把对此担忧的人连同他的愿望指引到“他（上帝）的灵为我们的灵作证”[2]等等，即，谁拥有一个所要求的如此纯粹的意念，他从自身出发就可以感到，他永远也不会陷得如此之深，以致会情愿重新得到恶。然而，这样的自以为具有超感性

① 绝不可以忽视的是，这里并不是想说，意念应该用来补偿合乎义务的东西的缺乏，从而补偿这个无限的系列中的现实的恶（毋宁说这假定了人的让上帝所喜悦的道德属性现实地存在于意念之中），而是说，取代了无限向前追近的这个系列之整体的那个信念，只是弥补了与一种存在者在时间中的存在根本不可分的那种缺陷，即：永远不能完美无缺地成为人们在概念中应当成为的东西。至于要补偿在这一进步中出现的越轨行为，将在谈到第三种困难的解决时再予以考虑。

1 参见《马太福音》第 6 章第 33 节；《路加福音》第 12 章第 31 节。——译注

2 参见《罗马书》第 13 章第 16 节。——译注

起源的情感只是把事情弄糟。人们在任何地方都不会比在有助于对自己的好评的事物中更容易欺骗自己了。甚至就连被鼓励得出这样一种信赖，看来也是不可取的，而毋宁说，通过“**恐惧战兢**(这是一个冷酷无情的语词，如果它被误解，就可能促成最蒙昧的狂热)，作成你们得救的工夫”，[1]才是(对于道德性来说)有益的。然而，倘若没有对自己在某个时候已经接纳的意念的**任何**信赖，就几乎不可能有一种在这一意念中继续前进的坚定不移。但是，这种信赖不是把自己交付给甜美的或者可怕的狂热，而是出自把自己迄今为止所奉行的生活方式与自己所下定的决心进行比较。——这是因为，一个人，如果他从接纳善的基本原理的时期开始，经过一段足够长的人生而感知到这些基本原理对行为，即对自己的向越来越善进步的生活方式的影响，并且从中找到机会仅仅以猜测的方式推论出自己的意念的彻底改善，他当然也可以以合乎理性的方式希望，由于这样的进步，只要其原则是善的，就会越来越增强以后的进步的**力量**，所以他在这种尘世人生中就不会再离开这一轨道，而是越来越勇敢地在这一轨道上向前进。甚至可以说，即使在尘世人生之后他还面临着另一种人生，他也将在不同的情况下，根据任何一种看法，按照同样的原则，继续在这一轨道上向前进，并且越来越迫近完善的目标，尽管这个目标是无法达到的。因为他可以根据自己迄今为止在自己身上所感知到的东西，把自己的意念看作是从根本上改善了的。相反，那种即使经常尝试下定向善的决心却从未发现自己停留在这一点上的人，那种永远沉沦

1　参见《腓立比书》第2章第12节。括号内的文字是康德所加。——译注

于恶之中，或者甚至在其生命进程中也不得不感知到，自己就像在一个斜坡上一样，从恶越来越深地滑入更恶的人，却不能以合理的
69 方式使自己希望，如果自己此生能够活得更长久，或者自己还面临着一种来生，自己就能使生活变得好起来。因为他鉴于上述这些迹象，必然会把堕落看作是植根于自己的意念之中的。前者是对一种**不可预见的**、但可希冀的、幸福的未来的展望，而后者却是对一种同样**不可预见的苦难**的展望。即，二者对于人们来说，就人们所能够判断的而言，都是对一种或者幸福或者不幸的**永恒性**的展望。这些观念有足够的力量帮助一部分人在善中安宁下来和坚定起来，帮助另一部分人唤醒作审判的良知，以便尽可能地与恶决裂，从而成为他们的动机，而没有必要即使在客观上**独断地**假定善或者恶对于人的命运的永恒性来作为定理，[①]凭借这样的自以为的

① 这属于那些即使能够给予提问者回答，但也增长不了什么聪明见识的问题（因此可以称之为**幼稚的问题**），就连“地狱的惩罚将是有限的惩罚还是永恒的惩罚”这一问题亦是如此。如果用前者来教导人，值得担心的是，一些人（例如所有相信炼狱的人或者穆尔的游记中的那个水手那样）就会说：“那么我希望自己能够经受得住。”但是，如果主张后者，并且把它列为信仰中的象征，那么，就可能与人们借此所怀有的意图相违背，将出现一种在无耻的生活之后完全不受任何惩罚的希望。因为在这种人生的终点作事后的忏悔的时刻，那被征求建议和安慰的神职人员，还是必须认为，宣布对某人的永恒谴责是残酷的和不人道的，而他在这种永恒的谴责和完全的赦免之间又没有确定任何中间的东西（而是要么永恒地受惩罚，要么根本不受惩罚）。因此，他不得不给予此人以后面这种希望；也就是说，许诺迅速地把此人改造成一个上帝所喜悦的人。其原因在于，由于再也没有时间来选取一种善的生活方式了，忏悔的自白、信仰定式，以及假如能够更为久远地推迟现今生活的终点就许诺一种新的生活，也就取代了中介的地位。——如果符合这里所倡导的生活方式的未来命运的永恒性被当做**教条**陈述，而不是指导人自己从迄今为止的道德状况去形成一个未来人生的概念，并且把它当做迄今为止的道德状况**自身**的可以自然地预见的结果推论出来，那么，上述情况就是不可避免的后果。因为在这里，结果的系列在恶的统治下的**不可预见性**，与能够期待所宣布命运的永恒性，对人具有同样的道德上的作用（促使他尽其所能， （续下页注）

(续上页注)　使发生了的事情通过偿还或者弥补,还在其生命结束之前就挽回其影响);但却不会带来对永恒性的教条的损害(本来,无论是理性的洞见还是《圣经》的诠释都没有权利主张这一教条);因为恶的人在此生中已经预先指望得到这一很容易获得的宽恕,或者相信在生命的终点仅仅借助于天国的公正对他的要求就可以指望这一点;这种要求是他单凭语词来满足的,然而,人们的权利在这里却一无所得,没有人重新获得存在(这种赎罪方式的一个常见的结果就是,反面的实例几乎被充耳不闻)。——但是,如果有人担心人的理性借助于良知对自己的批判会太温和,那么,我相信他是大错特错了。因为正是由于理性是自由的,并且甚至对人也应该有所评说,它才是廉洁公正的。况且只要有人在这样一种状态告诉他,他至少有可能不得不马上站在一位审判者面前,那么,我们就可以把他仅仅交给他自己的反思,这种反思将按照一切可能性最严肃地审判他。——我还想再附上几句说明。**"结局好,一切都好"**这句流行格言,虽然可以运用于**道道的**场合,但也仅仅是在把好的结局理解为人成为一个真正善人时才行。然而,他准备凭什么认为自己是一个真正善的人呢?因为他只能从接下来始终不渝的善的生活方式推论出这一点,但在生命的终点,却再也没有时间来实现这种生活方式了。关于**幸福**,这一格言倒是可以承认的,但也仅仅是与人由以看待自己的人生的立场相联系才行;这一立场不是生活的开端,而是其终点,因为他是从终点出发回溯开端的。当人们认为自己已经安全了的时候,经受过的苦难也就不会再留下什么痛苦的追忆,反而只会留下使目前出现的幸福的享受更加津津有味的愉悦。因为享乐或者痛苦(作为属于感性的)是包含在时间系列之中的,也与这一系列一起消逝,与当下实存的人生享受并不构成一个整体,而是被这些作为后来者的东西所排挤。但是,如果把这句话用来评价迄今为止所奉行的人生在道德上的价值,那么,这样来评价人生就可能是毫无道理的,尽管他是以一种完全善的方式结束人生的。因为评价他的人生所必须依据的**意念**在道德上的主观原则(作为某种超感性的东西),并不具有可以将自己的存在在时间中划分为阶段的方式,而是只能被设想为绝对的统一体。而由于我们只能从行动(作为意念的表现)推论出意念,所以为了这种评价起见,只能把人生作为**时间统一体**,即作为一个**整体**来考虑。因为在这种情况下,由人生前一部分的(改善之前的)而来的谴责,与**后一**部分中的赞许同样响亮,而欢庆胜利的呼声,即"结局好,一切都好",也就会大大减弱其音量了。——最后,与关于在另一个世界的惩罚的持续期的学说相类似,还有另一个学说,尽管二者并不是一回事。这个学说就是:"所有的罪在这里都必须被谅解";对人生终点的估计必须被完全排除;没有人能够希望把此处错过的东西在彼处再补上。这一学说和前一学说一样不能被宣布为教条,而是只能是实践理性在使用自己的超感性事物的概念时为自己规定规则所借助的一条基本原理,同时它也满足于对超感性事物的客观属性一无所知。它只不过是说,我们只能从我们所奉行的生活方式来推论自己是否是上帝所喜悦的人。而由于生活方式是随着这种生活结束的,所以对我们来说,这样一种考虑也就被限制住了,其结论所提供的仅仅是,我们是否能够认为自己是释罪了的。——一般来说,如果我们不执著于对我们不可能洞察的超感性客体的认识的**建构性**原则,而是把我们的判断限制在**范导性的**、满足于对这些知识的可能的实践运用的原则之上,那么,人的智慧就可以更好地对待许多问题,而不是自以为知道那种人们在根本上一无所知的事物,而养成无根据的、尽管在一段时间里给人一线希望的小聪明,最终从这里产生出对道德性的损害。

70 知识和主张，理性只会越出自己的洞察的界限。因此，人们所自觉
到的善的和纯粹的意念（它们可以被称为一个善的、统治我们的精
71 神）也自身包含着对其坚定不移和稳固性的信赖，尽管这只是间接
的。而当我们的失足由于其坚定不移而令我们感到担忧的时候，
这种意念也是安慰者（圣灵）。这种意念方面的确定性，对人来说
既是不可能的，在道德上也是无益的。其原因在于（这一点必须解
释清楚），我们不能把这种信赖建立在对我们的意念的不可更移性
的直接意识上，因为我们不能看透这一点，充其量必须只从意念在
生活方式中的结果推论出意念。但是，这种结论由于只能从作为
知觉中，即从善的和恶的意念的显象引出，所以它尤其从来也不能
使人肯定无疑地认识到意念的**强而有力**，至少当人们认为在临近
预料中的生命终点时已经改善了自己的信念时是这样。因为根本
没有对意念的纯真性的那种经验性的证明，再也没有什么生活方
式可供确立关于我们的道德价值的判断，而绝望（但是，人的本性
不顾所有超出这种生命界限的前景都在黑暗之中，而已经自发地
留意使自己不要陷入严重的悲观失望）则是从对自己的道德状况
的合理评价中产生的不可避免的后果。

第三个表面上看来也是最大的困难，把每一个人，即使在他选
72 择了向善的道路之后，也设想为在他的整个生活方式面对上帝的
公正受审时，仍然是应受谴责的。这种困难如下所述。——无论
怎样在人身上假定一种善的信念，甚至，无论人在这方面如何坚定
不移地以一种符合这种意念的生活方式向前进，**他毕竟是从恶开
始的**，对于他来说，永远不可能抹去这种罪债。即使他在自己的心
灵变化之后不再犯下新的罪，他也不能把这看作好像他这样就偿
清了旧的罪似的。哪怕他可以在今后奉行的善的生活方式中不超

出自己每次本来应该做的事情；因为在任何时候，他的义务都是做自己力所能及的善。——这种原初的或者完全先行于任何他随时能做的善事的罪，也就恰恰是并且只不过是我们所理解的**根本的**恶的东西（参见第一篇）。但是，甚至就我们根据自己的理性权利所见到的而言，它也并不能由另一个人来偿还。因为它并不像金钱债务（如果是金钱债务，那么，是由债务人自己偿清还是由另一个人代他偿清，对于信仰者来说都是一回事）那样，是可以被转到另一个人头上的**可转账的**债务，而是**最个人性**的债务，即只有应受惩罚的人才能承担、无辜的人无论怎样慷慨地想代他接过来也不能承担的罪责。——既然道德上的恶（对作为上帝的律令的道德法则的逾越，被称作**罪**），不是因为其权威由此而受到伤害的最高立法者（我们根本不理解人与最高存在者的这种过分多情的关系）的**无限性**，而是作为**意念**和一般准则之中的恶（一如**一般的基本原理**相对于个别的越轨行为来说），才带有对法则的伤害的**无限性**，从而带有罪过的无限性（这在一个只考虑个别的犯罪、从而只考虑行为以及与此相关的意念、但不考虑一般的意念的人类法庭面前是另一回事），所以，每一个人都将要对受到一种**无限的惩罚**和被从上帝的国中驱逐出去有所准备。

解决这一困难的基础如下。一个知人心者的审判必须被设想为这样的审判，它是从被告的普遍意念作出的，而不是从这意念的显象、从与法则相背离或者相一致的行动作出的。但是这里，在人 73
心中假定了一种对事先在他里面起支配作用的恶的原则拥有优势的善的意念。于是问题就在于，背离法则的道德后果，即惩罚（换句话说，上帝对主体不满意的后果），是否也可以与他在改善了的意念中的状态相关联，在这种意念中，他已经是上帝满意的一个对

象了。由于这里的问题并不是在改变思想之前施加于他的惩罚是否与上帝的公正相一致（对于这一点没有人怀疑），所以，这种惩罚（在这场审理中）不**应该**被设想为是在改善之前施加于他的。但是，它也不能被设想为是**在改善之后**施加于他的，因为这个人已经过渡到新的生活，在道德上是另一个人了，他现在已被认为与他（一个上帝所喜悦的人）的新品质相符合。尽管如此，最高的公正却必须得到满足，面对它，一个应该受惩罚的人决不能不受惩罚。既然这种惩罚既不是在思想改变**之前**，也不是在思想改变**之后**符合上帝的智慧的，却又是必然的，所以，它必须被设想为是在思想改变的状态中符合上帝的智慧，并被实施的。这样，我们就必须看一下，通过一种道德上的思想改变的概念，是否已经可以把那种灾祸设想为已经包含在这种状态之内。新的具有善的意念的人可以把这种灾祸看作是由自己（在其他联系中）招致的，并且看作使上
74 帝的公正得到满足的那些**惩罚**。[①] ——这就是说，思想的改变也

---

① 把世界上的一切灾祸普遍都看作对犯下的越轨行为的惩罚，这种假设不能被认作是为了一种神义论，或者看作是为了祭司宗教（崇拜）冥想出来的发明而接受（因为祭司宗教太粗俗，不可能是如此精巧地设想出来的）。相反，他也许非常接近人的理性。人的理性倾向于把大自然的进程与道德性的法则联系起来，而且它从中很自然地得出这样的思想，即我们在能够要求从人生的灾祸中摆脱出来，或者通过更多的福利使它们得到补偿之前，就应该试图成为更好的人。——因此，（《圣经》中的）第一个人被设想为受到要想吃饭就必须劳动的诅咒，他的妻子则受到要痛苦地生育子女的诅咒，两个人都由于自己的越轨行为的缘故而受到必死的诅咒。尽管这里看不出来，如果不犯下这种越轨行为，动物般的、具备有这样的肢体的造物如何能够期望得到另一种规定。对于印度人来说，人们无非是为了惩罚其昔日的罪行而被禁锢在动物性的肉体之中的精神（被称为提婆[Dewas]）。甚至一位哲学家（马勒伯朗士）也宁可根本否认无理性的动物有灵魂，因而否认它们有情感，也不愿承认，马“一点也没有吃禁食的干草”却不得不忍受如此多的辛苦。

就是从恶中走出并进入善，是脱去旧的人并穿上新的人，[1]因为主体死于罪过（从而也死于一切偏好，如果它们诱人犯罪的话），乃是为了生于公正。但是，包含在这种作为理智规定的公正之中的，并不是被一段时间间隔截然分开的两种道德行为。相反，它们只是一个唯一的行为，因为只有通过使人进入善的那种善的意念，离开恶才是可能的，反过来说也是一样。因此，离开恶的意念和接受善的意念同样包含着善的原则；而正当地伴随着前者的痛苦则完全是由后者产生出来的。从堕落了的意念走出，进入善的意念（如"在旧的人身上死去，将肉体钉在十字架上"[2]）这本身就已经是牺牲，是接受人生的一长串苦难。新的人是以上帝之子的意念，即纯然是为了善起见，承担起这些苦难的。但是，这些苦难作为**惩罚**，本来却是应该归诸于另一个人，即归诸于旧的人（因为旧的人在道德上是另一个人）。——因此，尽管他**在自然方面**（就他作为感性存在者的经验性的特性来看）是同一个应该受惩罚的人，并且作为这样一个人必须面对一个道德法庭，从而也必须由他对自己进行审判。然而，在他（作为理知存在者）的新的意念中，他面对一个属神的审判者——在这一审判者面前，意念就代表了行为——**在道德上**是另一个人；而这种具有纯粹性的意念，例如他已经纳入自身的上帝之子的意念，或者（如果我们把这一理念人格化）**上帝之子**自己，就为新人、也为所有（在实践中）信仰上帝之子的人，作为**代理人**承担起罪责；作为**拯救者**以受难和死来满足最高的公正；作为

1　参见《以弗所书》第 4 章第 22-24 节；《歌罗西书》第 3 章第 9-10 节。——译注

2　参见《罗马书》第 6 章第 2，6 节；《加拉太书》第 5 章第 24 节。——译注

管理者使人们能够希望在自己的审判者面前可以表现为释了罪。只不过(在这种表象方式中)新的人通过在旧的人身上死去而在人生中必须不断地承担的那种受难[①]。在人类的代表身上被表象为
75 一劳永逸地经受死亡罢了。——这里就有上文未及谈到的那种超出工作成绩之上的功劳,而且是一种由**神恩**归于我们的功劳。因为要把我们这里在尘世生活中(也许还在所有的未来时代和所有的世界里)永远处在只是**生成**之中的东西(即,做一个上帝所喜悦的人)归属于我们,就好像我们在这里已经完全拥有了它似的,对

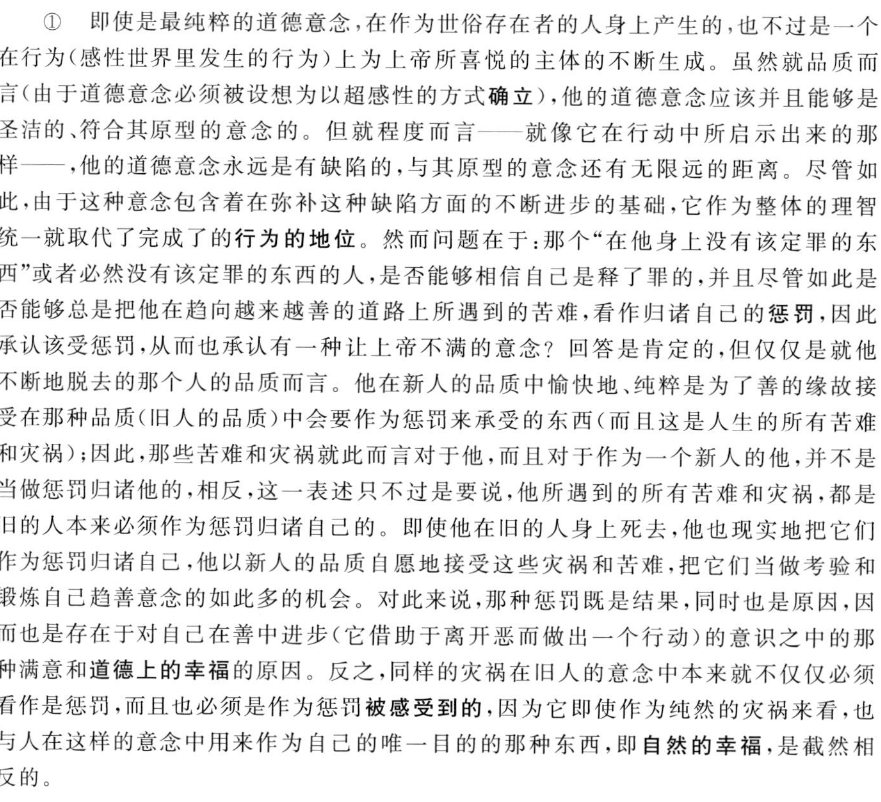

① 即使是最纯粹的道德意念,在作为世俗存在者的人身上产生的,也不过是一个在行为(感性世界里发生的行为)上为上帝所喜悦的主体的不断生成。虽然就品质而言(由于道德意念必须被设想为以超感性的方式**确立**),他的道德意念应该并且能够是圣洁的、符合其原型的意念的。但就程度而言——就像它在行动中所启示出来的那样——,他的道德意念永远是有缺陷的,与其原型的意念还有无限远的距离。尽管如此,由于这种意念包含着在弥补这种缺陷方面的不断进步的基础,它作为整体的理智统一就取代了完成了的**行为的地位**。然而问题在于:那个"在他身上没有该定罪的东西"或者必然没有该定罪的东西的人,是否能够相信自己是释了罪的,并且尽管如此是否能够总是把他在趋向越来越善的道路上所遇到的苦难,看作归诸自己的**惩罚**,因此承认该受惩罚,从而也承认有一种让上帝不满的意念?回答是肯定的,但仅仅是就他不断地脱去的那个人的品质而言。他在新人的品质中愉快地、纯粹是为了善的缘故接受在那种品质(旧人的品质)中会要作为惩罚来承受的东西(而且这是人生的所有苦难和灾祸);因此,那些苦难和灾祸就此而言对于他,而且对于作为一个新人的他,并不是当做惩罚归诸他的,相反,这一表述只不过是要说,他所遇到的所有苦难和灾祸,都是旧的人本来必须作为惩罚归诸自己的。即使他在旧的人身上死去,他也现实地把它们作为惩罚归诸自己,他以新人的品质自愿地接受这些灾祸和苦难,把它们当做考验和锻炼自己趋善意念的如此多的机会。对此来说,那种惩罚既是结果,同时也是原因,因而也是存在于对自己在善中进步(它借助于离开恶而做出一个行动)的意识之中的那种满意和**道德上的幸福**的原因。反之,同样的灾祸在旧人的意念中本来就不仅仅必须看作是惩罚,而且也必须是作为惩罚**被感受到的**,因为它即使作为纯然的灾祸来看,也与人在这样的意念中用来作为自己的唯一目的的那种东西,即**自然的幸福**,是截然相反的。

此，就我们对自己本身的认识（不是直接地、而是仅仅按照我们的行为来判断我们的意念）而言，我们毕竟没有任何合法要求♀（根据经验的自我认识来看），以至于我们心中的控告者将宁可提出一种诅咒性的判决。因此，这永远只是一种出自神恩的判决，尽管 76
（作为建立在补赎之上的，而这补赎对我们来说仅仅存在于被改善了的意念的理念之中，而唯有上帝才认识这理念）如果我们为了信仰中的那种善而放弃一切辩白，也完全符合永恒的公正。

于是还可以追问：对一个虽然负有罪责、但却毕竟转向一种上帝所喜悦的意念的人的**释罪**理念的演绎，是否具有某种实践上的用途？这种用途又可能是什么样的用途？这里还不能忽略它能够对宗教和生活方式造成什么样的**积极的**用途。因为在那种研究中，作为基础的条件是，它所涉及的人已经现实地处于必需的善的意念之中了。道德概念的所有实践上的用途本来都是以这种意念的要求（它的发展和促进）为目的的。因为说到安慰，那么这样一种意念已经为自觉到它（作为安慰和希望，而不是作为确信）的人带来了安慰。就此而言，这样一种意念只不过是对一个思辨问题的回答，但是，这个思辨问题之所以不能用沉默来避开，乃是因为若不然，理性就会受到指责，说它绝无能力把对赦免人的罪过的希望和上帝的公正结合起来。这是一种在许多方面，尤其是在道德方面对它可能有害的指摘。然而，从这里面为了每一个人在宗教和道德上的目的而能够引出的**消极的**用途却伸展得很广。因为从

♀　而是只有**接受的能力**，它是我们自己能够赋予自己的一切。但是，对一个主宰者关于分配一种善的旨意，子民除了（道德上的）接受的能力之外，别无所有，这种旨意就叫做**神恩**。

上面所考虑的演绎可以看出，对于为罪所累的人来说，只有在心灵的彻底变革的前提条件下，才可以设想在天国的公正面前得到赦免。从而所有的赎罪（无论它们是以忏悔的方式还是以节庆的方式），以及所有的祈求和赞美（甚至包括对上帝之子的具代表性的理想的赞美）都不能弥补这种心灵的彻底变革的缺乏。或者说，即使实行了这一切，也丝毫不能增加它们在那个法庭面前的效力。因为这个理想必须被纳入我们的意念，以便取代行为而发生效力。人可望**在人生的终点**从他所奉行的生活方式得到些什么，或者他可能惧怕些什么，这个问题还包含着另外的东西。在此，他必须首先对自己的性格至少有一些了解；从而即使他相信自己的意念发
77 生了改善，也必须同时考察自己作为出发点的旧的（堕落了的）意念。而且无论他从旧的意念中去掉了什么，去掉了多少，无论自以为新的意念具有什么样的**品质**（是纯粹的还是不纯粹的），达到了什么**程度**，他都必须能够把旧意念接受下来，以便克服它，并且防止重新堕入它。因此，他将不得不终生参考旧的意念。这样，由于他借助直接的意识对自己的现实的意念根本得不出一种肯定的、确定的概念，而是只能从自己现实地奉行的生活方式中接受这概念，所以，对于未来的审判者（他自己心中的清醒的良知，连同由此唤起的经验性的认识）的判决，他想不出证明自己有罪的别样的状况，除了日后向它展示**他自己的全部人生**，而不是仅仅展示人生的一个阶段，也许是最后一个并且还是对自己最有利的阶段。但是，他将会自动地在此之上联系着对还要继续下去的（而不是以此为界限的）生活——如果它还会持续更久的话——的展望。在此，他不能让事先认识到的意念代表行为，而是恰恰相反，他应该从展示

给他的行为取得自己的意念。读者可能会认为，单是这种思想，根据他迄今为止所奉行的生活方式，将对他未来的命运作何判决呢？这种思想使人（他恰恰不能是最邪恶的人）回忆起许多东西。而通常，如果人们只不过告诉他，说他有理由相信，他有朝一日将面对一位审判者，他早就漫不经心地把这些东西遗忘掉了。如果在人心中询问存在于他自己心中的审判者，那么，他就会严格地评判自己；因为他不能贿赂自己的理性。但是，如果给他介绍另一个审判者，以及想从其它方面的教训获得关于这位审判者的资讯，那么，他就会违背自己的严格态度而提出许多从人类的软弱性这个借口得出的理由来表示反对。而且一般说来，他会考虑对付这个审判者：这就是，他会考虑通过悔罪的、并非出自改善的真实意念的自虐来预先防止这位审判者的惩罚，或者通过请求和祈祷，甚至通过定式和貌似虔诚的忏悔来打动这位审判者。而且如果他具有了这样的希望（按照那句格言：结局好，一切都好），那么，他依此就已经早早地作出了估计，以便不致不必要地过多地失去惬意的人生，并在临近人生的终点时迅速地为了自己的利益结账了事。♀ 78

♀ 那些在临终时让人请来一位神职人员的人，其目的通常是想在他那里获得一位**安慰者**。并不是因为由最终的疾病，甚至仅仅是对死亡的自然恐惧所带来的**生理上的**痛苦（因为对此，那结束痛苦的死亡本身就可以是安慰者），而是因为**道德上**的痛苦，即因为良知的谴责。在这里，按照那句警告："你同你的对头（对你有合法要求的对头）还在路上（即只要你还活着），就赶紧与他和息。恐怕他把你送给审判官……"，宁可**激起**和**增强**这种良知，以便不致错过还能够做些什么善事，或者在他还剩下的时间里把恶清除掉（弥补）的机会。但如果不是这样，而是给良知提供一种鸦片似的东西，则是对他自己和在他之后还活着的人的犯罪，完全违背了在临终时给予这样一种良知的支援得以被视为必要的终极目的。

第二章　论恶的原则在对人类的统治权上的律法要求和两种原则彼此之间的斗争

《圣经》(基督教部分)以一种历史的形式讲述了这种理知的道德关系。因为人心中像天堂和地狱那样彼此对立的两个原则,被设想为人之外的两种人格,不仅彼此试验着自己的威力,而且(一方作为人的控告者,另一方作为人的辩护者)还想仿佛面对一位最高审判者那样**通过律法**来实现自己的要求。

人本来被指定为地上一切财富的所有者(《创世记》,第 1 章,第 28 节)。然而,人只应该把这些财富作为自己的下级所有物(可用的财产[dominium utile]),在他的作为上级所有者(直接的所有者[dominus directus])的创造主和主人的支配下来占有。同时,一种恶的存在者(由于这种恶的存在者最初是善的,所以,它是怎样变得如此之恶,以致对它的主人不忠诚,却是不得而知的)也被造就出来了,它由于自己的堕落而丧失了在天国本来可能拥有的全部财产,现在要在地上获得另一种财产。既然对于作为更高品
79 类的存在者——作为一种精灵——的恶的存在者来说,尘世的和有形体的对象不能提供任何享受,于是,它就力图通过使一切人的始祖背叛自己的主人并且依附于它,来重新获得对**心灵**的统治,因为它这样一来终于能够自命为地上的一切财富的最高所有者,即这个世界的王。于是,虽然人们不免怀疑,为什么上帝不对这一叛

逆者使用他的威力，[①]并且最好是一开始就摧毁这一叛逆者蓄意建立的王国。但是，最高的智慧对理性存在者的统治和治理，却是按照他们的自由的原则对待他们的，并且无论他们会遇到什么善的或恶的东西，都应该归之于他们自己。因此，一个恶的国违背善的原则在这里建立起来了，所有(以自然的方式)起源自亚当的人都臣服于它，而且是他们自己赞同的，因为这个世界的所有财富的幻象把他们的目光从他们注定的堕落的深渊引开了。虽然善的原则因为自己对人的统治权的律法要求，通过建立一种政府形式才得以保存，这种形式只是安排来对它的名字进行公开的、唯一的崇拜(在**犹太人**的神权政治国家中)。但是，由于在这样的政府形式中，臣民们的心灵依然除了这个尘世的财富之外，不赞同任何其它的动机，从而他们除了借助此生中的奖赏和惩罚之外，也不愿以其它方式被治理。然而，除了一方面使人背上令人厌烦的仪式和习俗，另一方面虽然是道德的，却仅仅产生出一种外部强制的，即仅仅是市民社会的法则之外，没有任何其它法则能够做到这一点，所以，这种安排在本质上并没有与黑暗的王国决裂，而是仅仅有助于把第一所有者的不可取消的权利永远保存在记忆中。——于是，在这同一个民族中，当它充分地感觉到一种等级制度的所有弊病，并且不仅通过这种感觉，同时也许还通过逐渐对它发生影响的希腊世俗智者那些动摇奴隶意识的道德上的自由学说，多数人开始 80

① P.查尔莱沃斯谈到，当他向自己的易洛魁教义问答手册的学生讲述恶的精灵带到开始是善的造物之中的所有的恶，以及这个恶的精灵还在如何不断地试图破坏上帝的这个最好的举措时，这个学生不满地问道：可是，上帝为什么不杀死魔鬼呢？对于这个问题，他坦率地承认自己在匆忙中未能找到答案。

思索这种状况，从而成熟得足以发动一场革命的时刻，就突然出现了一位人物。他的智慧要比迄今为止的哲学家的智慧更加纯洁，就像从天堂下凡的一样。就他的学说和榜样来说，虽然他也宣称自己是真正的人，但却是一个来自这样一个起源的使者，这个起源处于原初的天真无邪状态中，并没有于其余的人类通过其代表，即始祖与恶的原则缔结的条约同日而语，♀ 并且“这个世界的王在他里面是毫无所有”。[1] 由此，这个世界的王的统治就遇到了危险。
81 因为如果上帝所喜悦的这个人抵制他的诱惑，不参与那个契约，而

♀ 尽可能地设想一个不具有天生的趋恶倾向的人，以至让他从一个处女母亲出生，是对一种既难以解释然而又无法否认的、似乎是道德上的本能作出迁就的理性的一个理念。其原因在于，由于自然的生育没有双方的情欲就不可能发生，这种生育显得把我们置于(对于人类的尊严来说)与一般的动物交配过于相近的类似性之中，所以我们把它看作是某种我们必须为之感到**羞耻**的东西——这种观念无疑成了僧侣阶层所自以为的圣洁性的真正原因。——因此，这种东西让我们觉得是某种不道德的东西，是与人的完美性无法统一的东西，然而又是被嫁接入人的本性的东西，从而也是作为一种恶的禀赋遗传给他的后代的东西。——一个不带有任何道德缺陷的孩子的不依赖于任何性交往的(处女的)出生，这个理念与这种模糊的(从一方面来看纯然是感性的，但从另一方面来看却又是道德的，因而也就是理知的)观念倒是符合的，但在理论上却不是没有困难的(但就理论而言来规定某种东西，在实践的目的上却是完全没有必要的)。因为按照渐成论的假设，通过**自然的**生育从自己的父母出生的母亲，毕竟会是带有那种道德缺陷的，并且会在一种超自然的生育时，至少也会把这种缺陷的半数遗传给自己的孩子。因此，为了避免这种结果，必须接受胚胎在父母体内**预先存在**的体系，但不能是包含在**女方**中的体系(因为这样一来还是不能避免那个结果)，而只是它包含在**男方**中的体系(不是卵源说[ovulorum animalculorum]的体系，而是精源说[animalculorum spermalicorum]的体系)现在男方鉴于一种超自然的怀孕被略去了，而只有在理论上与那个理念相符合，那种表象方式才能够得到维护。——然而，如果这对于实践的东西来说已经够了，所有对此表示同意或者反对的理论，为什么都还把那个理念当做使自己凌驾于恶的诱惑之上的(成功地抵制了恶的)人性的象征，介绍给我们来作为榜样呢？

1 参见《约翰福音》第 14 章节 30 节。——译注

其他人也虔诚地接受了同样的意念，那么，这个世界的王也就丧失了同样多的臣民，他的国也就面临着被彻底摧毁的危险。因此，他向这个人提出建议，如果这个人愿意向他宣誓效忠，只承认他是这整个国的所有者，他就让这个人作为他的整个国的封臣。由于这一企图并没有成功，于是，这个世界的王就不仅从其土地上的这个外来者那里收回了能够使他的尘世生活感到舒适的一切（直到使他成为赤贫），而且对他发动了所有会使恶人愤懑不平的迫害，造成只有善良的人才会真正深切感受到的苦难，以及对他的学说的纯洁目的的诋毁（以便使他失去所有的追随者），而且一直把他迫害得让他最屈辱地死亡。但尽管如此，却仍旧丝毫不会由于对他为纯粹卑贱者的福祉提供的学说和榜样中所表现出来的坚定和正直的冲击而有损于他。而这就是这场斗争的结局！这场斗争的结局既可以看作一种**律法上的打击，也可以看作一种生理上的**结局。如果人们看到的是后者（它属于感官领域），那么，善的原则就是失败的一方。而由于他在一种外来的（拥有暴力的）统治之下激发了一场起义，他就不得不在经受了许多苦难之后，在这场斗争中献出自己的生命。♀ 但是，**原则**当权（无论这些原则是善的还是恶的）的 82

♀　并不是说他（像 D. 巴尔特以小说的方式所虚构的那样）**寻求死亡**，以通过一种能引起敬仰的光辉榜样来促进善的意图；那样会是一种自杀。因为虽然人们在不背弃一种义不容辞的义务就不能逃避死亡时，也可以冒着失去自己生命的危险做某些事，或者忍受出自他人之手的死亡，但无论是为了什么目的，都不可以把自己及其生命当做手段来支配，从而成为自己的死亡的**制造者**。——然而，这也不是说他（像那位沃尔芬比特尔的残篇作者所怀疑的那样）拿自己的生命**冒险**不是出自道德上的意图，而是仅仅出自政治的、但又是非法的意图，为了推翻祭司统治并使自己以世俗的统治权力取而代之。因为他在已经放弃了保存自己的生命的希望之后，在晚餐时　（续下页注）

国不是自然的国，而是自由的国。也就是说是这样一个国，在它里面，人们只有当统治了心灵的时候才能够支配事物。因为在它里面，没有任何人是奴隶（农奴），除非并且只有当某人自愿如此时才有奴隶；于是，正是他的这一死亡（一个人的苦难的最高级别）成了善的原则的体现，即处于道德上的完善之中的、作为后世的榜样适用于每一个人的人性的体现。关于这一死亡的观念，应该并且可能在他那个时代，甚至于能够在任何一个时代对人们的心灵都产生极大的影响。因为它使人在最鲜明的对比中看到了天国的子女们的自由，和一个纯然的尘世之子的奴役地位。但是，善的原则并不仅仅是在某一个时代，而是从人类起源开始，就以不可见的方式，从天国降临到人性中的（如同每一个注意到了自己的圣洁性，同时也注意到了这种圣洁性与人的感性本性在道德禀赋之中的结合的不可理解性的人，都必须承认的那样），并且在人性中以法的方式拥有了第一个居所。因此，由于在一个作为所有其他人的榜样的现实的人身上表现出，"他到自己的地方来，自己的人倒不接待他。凡接待他的，就是信他的名的人，他就赐他们权柄，作上帝的儿女"。[1] 这也就是说，他借助于自己的榜样（就道德理念而言），

（续上页注） 对他的门徒们所作的使人铭记着他的劝告，反驳了这种看法。倘若这是对一个失败了的世俗意图的记忆，那么，它就会是一种令人伤感的、引起对肇事者不满的、因而也就是自相矛盾的劝告了。尽管如此，这一回忆仍然可以和导师的一个非常善的、纯粹道德上的意图的失败发生关系。即还在他在世时，通过推翻那排挤一切道德意念的仪式上的信仰及其祭司的威望而造成一场（宗教中的）**公开的**革命（于复活日把他四散在全国的门徒们召集起来的打算，可能就是以此为目的的）。关于这场革命，人们当然可能至今仍为它不曾成功而惋惜。但是，它并没有失败，而是在他**死后**转化为一场悄悄进行的、但却是在许多苦难之中传播开来的宗教变革。

1　参见《约翰福音》第 1 章第 11-12 节——译注。

为每一个愿意和他一样的人打开了自由的大门。这些人对于使道德遭受损失、把他们束缚在尘世生活上的一切都毫不动心，在他们中聚集起一个“在好事上富足，甘心施舍，乐意供给人”的民族，[1]接受他的统治，然而他把这种统治权留给了宁可做道德上的奴仆的他们自己。

因此，这一斗争在这段历史的主人公一方（直到这位主人公之
死）的道德上的结局，本来并不是对恶的原则的**胜利**。因为恶的原
则的国仍在继续，无论如何仍然还必须出现一个新的时代，它应当
在那时被摧毁，——而只是打破了它的权势，无论人们曾经怎样长 83
时间臣服这种权势，它都不能违背人们的意志维持下去。因为在
他们面前展示了另一种道德上的统治（因为人必须处于某种统治
之下）来作为避难所。在这里，如果他们愿意离开旧的统治的话，
他们就可以获得对他们的道德性的庇护。另一方面，恶的原则还
始终被称作这个世界的王，在这个世界里，那些人虽然如此信服善
的原则，仍然要始终对这里被看作恶的原则的迫害的那些生理上
的苦难、牺牲、对自爱的伤害做好准备。因为这个世界的王只是对
那些如此把尘世的幸福作为自己的终极目的的人们，才在自己的
国中给予奖赏。

显而易见，如果揭开这一生动的、也许对它那个时代来说还是唯一的**大众化的**表象方式的神秘面纱，那么，它（它的精神实质和理性内涵）在所有时代对于所有的世界在实践上都是有效的、有约束力的。因为它对于每一个人来说都是如此亲近，足以使每一个

1 参见《提摩太前书》第6章第18节。——译注

人都认识到自己在这方面的义务。这种意义就在于：对于人们来说，除了最真挚地把真正的道德基本法则接纳入自己的意念之外，绝对不存在任何得救；这种接纳所抵制的并不是那时常受指控的感性，而是某种自负其咎的颠倒，或者如人们通常称这种恶劣性的那样，是欺骗（虚伪[faussete]，恶来到世间所凭借的撒旦狡计）。这样一种堕落在所有的人身上都存在，并且不能借助任何东西战胜它，除非凭着完全纯洁的道德上的善的理念，并且意识到，这个理念现实地属于我们的原初禀赋。人们只需要努力地维护它，不受任何不容许的沾染，并且把它深深地纳入我们的信念，以便通过它对心灵逐渐地造成的影响而坚信，恶的可怕的权势对此无可奈何（“阴间的权柄，不能胜过他”[1]）。而且，为使我们不致以**迷信的方式**通过不以任何思想转变为前提条件的赎罪，或者**以狂热的方式**通过自认为的（纯粹被动的）内心顿悟来补充这种信赖的不足，并且与建立在自身主动性之上的善的距离始终很远，除了一种良好奉行的生活方式之外，我们不应赋予这种善以任何其它的标志。——此外，像如今在《圣经》中寻求与理性所教导的**最圣洁的东西**和谐一致的涵义这样
84 一种努力，不能仅仅被看作允许的，毋宁说，它必须被看作是义务。♀ 在这里，可以回想一下**智慧**的导师对其门徒关于某个走着自己特殊的路、但最终却必然是达到同样的目标的人所说的话：“不要禁止他；因为……不抵挡我们的，就是帮助我们的。”[2]

1　参见《马太福音》第16章第18节。——译注

♀　在这里可以承认，它并不是唯一的涵义。

2　参见《马可福音》第9章第39-40节。——译注

总的附释

如果应该建立一种道德的宗教(它不能被确立在章程和诫命之中,而是必须确立在遵从作为上帝的律令的所有人类义务的心灵意念之中),那么,历史将之与这种宗教的导引联系起来的所有**奇迹**,都必须最终使对一般奇迹的信仰本身变得多余。因为如果除了通过奇迹来使义务的规定——就像它们最初由理性写入我们的心中一样——变得可信之外,人们不想以其它方式承认它们充分的权威,“若不看见神迹奇事,你们总是不信”,[1]那就暴露出道德上的无信仰的一种不可原谅的程度。然而,与人们的通常思维方式完全适应的是,如果一种纯然崇拜和诫命的宗教寿终正寝,一种建立在心灵和诚实(道德意念)之中的宗教[2]要被引入来取代它,那么,后者的序幕虽然现在不需要了,在历史上却毕竟是由奇迹伴随的,似乎也是由奇迹装饰的,为的是宣布前一种没有奇迹就根本不会有权威的宗教的结束。甚至于还可能是这样,即为了获得前一种宗教的信徒们支持新的革命,前一种宗教还被解释为在后一种宗教中作为天意之终极目的的东西如今已得到实现的更古老的原型;在这样的情况下,当那个时代还需要借助这样的辅助手段来作为序幕的真宗教已经出现,并且在如今和将来都能够凭借理性根据来维护自身的时候,现在再来反驳那些叙述或者解释,就不会有任何用处了。因为人们必然会愿意假定,对不可理解的事

1　参见《约翰福音》第 4 章第 48 节。——译注

2　参见《约翰福音》第 4 章第 23 节。——译注

物的纯然信仰和人云亦云(这是每一个人都会的事情,却并不因此就是一个更善的人,或者在某个时候成为一个更善的人),将是上帝所喜悦的一种方式,甚至是唯一的方式,除非一定要用全部的力
85 量来反驳这样的借口。因此很可能,唯一通行于所有世界的那个宗教的导师,其人格是一个秘密。他在尘世的出现,以及他离开尘世,他那充满了种种业绩的人生和受难,都纯粹是奇迹。甚至于要使所有那些奇迹的讲述都变得可信的历史自身也是一个奇迹(超自然的启示)。所以,我们尽可以让它们全都有自己的价值根据,甚至于也敬重那种曾用来使一个学说公开流行的面纱。这个学说的可信性,建立在一个原始文献不可磨灭地保存在每一个灵魂之中,并且不需要任何奇迹。只要在对这些历史信息的使用上,我们不认为对这些信息的认识、信仰和承认本身,就是我们能够借以让上帝喜悦我们的东西,并把这一点当做宗教的一部分,就行了。

但是,就一般奇迹而言,可以发现,有理性的人们即使仍然被认为不放弃对奇迹的信仰,但却从来不打算使这种信仰在实践中盛行起来。这也就等于是说:他们虽然就**理论**而言也相信存在有诸如此类的东西,但**在实际事务中**却不确认任何奇迹。因此,聪明的政府虽然在任何时候都承认这种观点,甚至还以律法的方式把这种观点纳入官方的宗教学说,即**从前**可能发生过奇迹,但**新的**奇
86 迹却是不允许的。[1] 因为旧的奇迹逐渐地已经如此确定并且受到

---

1 甚至把自己的信条与政府的权威联结起来的那些宗教学者(正教徒),也在这方面遵循着与政府同样的准则。因此,当普芬宁格先生为他的朋友**拉法特**先生关于一种永远可能的奇迹信仰的主张辩护时,他正确地指摘那些宗教学者的前后不一致,即他们(因为他明确地把那些在这一问题上**以自然主义的方式**思维的人们 (续下页注)

当局的限制，不致在公共事务中引起混乱。但是，由于有了新的行奇迹者，它们当然一定会因为自己可能对公共的平静状态和已采用的秩序的影响而令人担忧。不过，如果要问**奇迹**这个词应该理解为什么，则可以（由于我们重视的本来只是知道它们**对于我们来说**是什么，即对于我们的理性在实践上的运用来说是什么）这样来解释它们，即它们是尘世中的事件。关于这些事件的原因，我们绝对不知道并且必然始终不知道其**起作用的规律**。在这里，人们可以或者设想有**神论的**奇迹，或者设想**精灵的**奇迹，并把后者再划分为**天使的**（善的精灵的）奇迹或者**魔鬼的**（恶的精灵的）奇迹，不过，严格说来，其中只有魔鬼的奇迹被人们所打听，因为善的天使（我不知道为什么）很少或者根本不让人谈论自己。

至于有**神论**的奇迹，我们当然能够对它们的原因（作为一个全能的存在者等等，但又是道德的存在者）起作用的规律形成一个概念，但只是就我们不仅按照自然界的秩序，而且也按照道德的秩

（续上页注）　排除在外）由于主张在大约17个世纪之前有现实地存在于基督教社团之中的行奇迹者，现在却不愿再确认这样的人了，然而他们又不能从《圣经》出发，证明这些人在某个时候就完全不再行奇迹了，以及他们从何时开始完全停止行奇迹（因为说奇迹现在已经没有必要了的那种小聪明，是超出一个人应当可以自信的洞见而强求更大的洞见），而在他看来，他们是应该做出这一证明的。因此，现在不承认和不允许奇迹，这只是理性的准则，而不是对不存在奇迹的客观洞见。但是，这种一次性地留恋在公民事务中令人担忧的胡闹行为的同一个准则，难道对哲学工作和一般理性反思的普通事务中的一种类似的胡闹行为的担忧就无效了吗？——那些虽然不承认**大的**（引起轰动的）奇迹，但却以一种**特殊领导机构**的名义，毫不吝啬地允许**小的**奇迹（因为这后一种奇迹，作为纯然的引导，只需要运用很少的超自然力量的诱因）的人们没有考虑到，这里的关键不是事情的影响极其微小，而是事情的形式，即**那些奇迹是怎样发生的**，是以自然的方式还是以超自然的方式；而对于上帝来说，任何容易与困难的区别都是不可思议的。但是，就超自然影响的**奥秘**来说，对一件事实的重要性的这样一种故意的隐瞒与这种方式还要更不适合一些。

序，把他设想为世界的创造主和治理者而言，形成一个**一般的**概
念。因为我们能够对它们的这些规律直接地并且独立地获得知
识，然后理性可以把这些知识用于自己的用途。但是，如果我们假
设，上帝有时以及在特殊情况下，也让自然界偏离自己的这些规
律，那么，我们就毫无概念了，并且永远也不能期望对上帝安排这
样一种事件时所依照的规律获得一种概念（除了**普遍的道德上**的
概念，即他所做的一切都是善的；但由此对这种特殊的事件来说什
么也没有规定）。在这里，理性显得好像软弱无力，因为它由此而
在自己的按照已知法则的实际事务中被阻碍，却不能通过任何新
87 的法则得到教诲，甚至永远不能希望在世界上从中得到教诲。不
过，在这些奇迹中，精灵的奇迹是最无法与我们的理性的运用相容
的奇迹了。因为就**有神论**的奇迹来说，它们至少还有可能对理性
的运用有一个消极的标记，即，如果某件事被设想为由上帝在其直
接的显现中所命令的，但它却恰恰是与道德性相冲突的，那么，无
论它具有怎样一个上帝的奇迹的所有外表，它也绝不可能是这样
一种奇迹（例如，如果一个父亲被命令去杀死他的据他所知完全无
辜的儿子）。但是，在一个被认为的精灵的奇迹中，就连这种标记
也去掉了。与此相反，如果人们想为这样一些奇迹在理性的运用
上把握相反的积极的标记，也就是说，如果由此而诱发我们去做一
件我们自身已经视为义务的善的行动，因而，这个行动不会是出自
一个恶的精灵的，那么在这样的情况下，人们的理解毕竟也可能是
错误的。因为恶的精灵也会像人们所说的那样，经常伪装得好像
是一个光明的天使。[1]

---

1 参见《哥林多后书》第 11 章第 14 节。——译注

因此，在实际事务中，人们不可能指望奇迹，或者在运用自己的理性时（理性的运用在人生的任何场合都是必要的）以某种方式把奇迹考虑在内。审判官（无论他在教堂中是如何相信奇迹）是这样听违法者说自己受到了魔鬼的诱惑的遁词的，就好像这人什么也没说似的。即使审判官认为这种情况是可能的，但也总是对下面这种情况有所考虑，即一个头脑简单的市井小人落入了一个老奸巨猾的恶棍的圈套；然而，他并不能传唤这个恶棍，让两个人当堂对质。一言以蔽之，他绝不能从中得出任何合理性的东西。因此，有理性的神职人员会很好地提防托付给他照料灵魂的人的脑子被出自**地狱的普洛透斯**[1]的小故事装满，防止他们的想象力变得芜杂不堪。但是，至于那些善的奇迹，它们也只是被人们当做定式在实际事务中使用。例如医生说，如果不发生某种奇迹，病人就没救了，这也就是说，他死定了。——属于实际事务的还有自然研究者的工作，即就其自然规律来探索事件的原因；我指的是就他能够用经验证明的这些事件的自然规律而言，尽管他必须放弃对按照这些规律起作用的那个物自身的认识，以及对这些规律在关系到另一种可能的感官时，对于我们来说可能是什么的认识。同样， 88
人在道德上的改善也是一个他有责任去从事的事务，并且哪怕是有天界的影响参与这种改善，或者被认为对解释这种改善的可能性是必需的。但是，他既不懂如何把天界的影响肯定无疑地与自然的影响区分开来，也不懂如何使这些影响，从而仿佛也使天界降临到自己身上来。因而，由于他知道没有任何东西是直接以这些

1　希腊神话中善于变幻形象的海神。——译注

影响为开端的，所以，他在这种场合不确认♀任何奇迹，相反，当他服从理性的规定时，他行事的方式就好像所有的思想改变和改善都仅仅取决于他自己所运用的处理方法似的。但是，说一个人由于天生十分**执著地**在理论上相信奇迹，而自己也完全能够制造奇迹，并且能如此一跃而到天国，这就超出理性的界限太远了，我们不必长时间纠缠于这样一个毫无意义的想法。[①]

♀ 这无非是说，他并不把对奇迹的信仰接纳入自己的准则（无论是理论理性的准则还是实践理性的准则），但也不否认它们的可能性和现实性。

① 那些用**魔术**技巧蒙骗轻信的人，或者至少想使他们一般地相信这些东西的人，其通常的借口就是，这些东西是以自然研究者承认自己对它们**无知**为根据的。自然研究者说，我们确实不认识重力、磁力等诸如此类的东西的**原因**。——但是，我们能足够详尽地在一定的条件限制下认识这些东西的规律，只有在这些条件下，某些作用才会产生；而这无论是就对于这些力量的可靠的理性运用而言，还是就用于解释其显象来说都足够了，根据这一点（secundum quid），**向下**可以达到对这些规律的运用，乃是为了在这些规律之下安排经验，尽管并不是仅仅（simpliciter）为了这一点；而**向上**，乃是为了甚至窥视按照这些规律起作用的力量的原因。——凭这一点，甚至人的知性的内在显象也是可以理解的：为什么人会充满好奇心地去理解所谓的自然奇迹，即虽然悖谬、但却被充分认可了的现象，或者去理解事物出乎意料地出现的、偏离迄今为止所知道的自然法则的性质，并且为什么只要通过宣布一种真实的奇迹而反过来使奇迹得到**消除**，因而使这些现象和性质依然被视为自然的，就仍然能够**鼓舞**心灵。因为那些现象和性质开启了理性食粮的一种新收获的前景，也就是说，它们造成了发现新的自然规律的希望；而真实的奇迹则令人**担忧**，担心失去对已知的东西的信赖。但是，如果使理性失去了经验规律，那么，它在这样一个着了魔的世界上就再也不会有任何用处，甚至对于在这个世界上为了遵循自己的义务而在道德上的运用毫无益处；因为人们再也不知道，是否就连道德动机也会在我们毫无知觉的情况下，由于奇迹而发生变化，对于这些变化来说，没有人能够分辨，他是应该把这些变化归因于自己还是归因于另外一个不可探究的原因。——那些其判断力在这方面变得没有奇迹就不知所措的人，相信可以这样来缓和理性对此的不满，即假定奇迹的发生是很**罕见**的。如果他们借此是想说，这已经蕴涵在奇迹的概念之中了（因为，如果这样一种事件是经常发生的，它就不会被视为奇迹了），那么，人们也许可以把这种诡辩（把一个事物本身是什么的客观问题改变为我们用来指称事物的语词是什么的主观问题）回敬给他们， （续下页注）

（续上页注）　再问道：**如何罕见**？是百年一次，还是从前有过，但如今再也不会有了呢？在这里，对于我们来说没有任何东西是从对客体的认识出发而能够规定的（因为根据我们自己的招认，这对我们来说是超越的），而是只能从运用我们的理性的必要准则出发来规定的：即要么承认它们是**每天**（尽管是隐藏在自然变故的外貌之下的）发生的，要么认为它们**从不**会发生；而在后一种场合里，既不能把它们作为我们的理性解释的基础，也不能把它们作为我们的行动规则的基础。由于前者与我们的理性是根本无法共处的，所以，就只剩下假定后一种准则了。因为这一基本原则始终只是判断的准则，而不是理论上的断定。没有人会使对自己的洞察力的自负发展得如此严重，以至要截然宣布，由于每一次新的生育都以机制的全部内在完善性，甚至（如在植物界）以全部通常如此迷人的美丽色调，在每一年春天毫不减弱地再现其原本，而不会让无机自然界的通常如此具有破坏性的力量在秋天和冬天的恶劣天气里，在这方面对它们的种子有什么损害，所以，植物界和动物界中物种的最令人惊赞的保存，可以说纯然是一个遵从自然法则的结果；并且还想**洞察**，为此是否并不每次都还需要创造主的直接影响。——但是，这些都是经验；因此，对于**我们**来说，它们只能被判定为自然结果，也绝不应该被判定为别的什么；因为这需要理性在其要求方面虚怀若谷。但是，超出这一界限，就是在要求方面胆大妄为、恣意苛求；即使人们大多数在断言奇迹时都假意显示出一种谦恭的、放弃自我的思维方式。

第三篇　善的原则对恶的原则的胜利与上帝的国在地上的建立

93 每一个有良好道德意念的人在此生中，必须在善的原则的率领下，与恶的原则的侵袭所进行的斗争，无论他如何努力，都不可能给他带来比从恶的原则的**统治**下解放出来更大的好处。他成为**自由的**，“既从罪里得了释放，就作了义的奴仆”，[1]这是他所能够争取到的最大的收获。尽管如此，他受到恶的原则的攻击却仍然一点也没有减少。要维护他那不断受到侵袭的自由，他就仍然必须始终做好斗争的准备。

然而，人依然是由于他自己的罪而处于这种充满危险的状态之中。因此，他**有义务**尽其所能，至少运用自己的力量，使自己摆脱这种状态。但怎样摆脱呢？问题就在这里。——如果他寻找为他召来这种危险、并使他处于这种危险之中的原因和条件，那么，他很容易就会相信，这些原因和条件并不是在他离群索居的情况下来自他自己的粗野本性，而是来自他与之处于关系或者联系之中的人们。无须通过粗野本性的诱惑，那本来就应该如此称谓的**激情**在他心中就活跃起来了，这些激情在他的原初善的禀赋中造

1　参见《罗马书》第6章第18节。——译注

成了如此大的破坏。他的需求仅仅是很小的，他在为这些需求而
操心时的心态，是有节制的和平静的。只有当他担心其他人可能
会认为他可怜，并且在这方面蔑视他时，他才很可怜（或者他自认
为可怜）。**当他处在人们中间时**，妒忌、统治欲、占有欲以及与此相 94
联系的怀有敌意的偏好，马上冲击着他那本来易于知足的本性。
甚至连假定这些人已经堕入恶、假定他们为教唆的榜样也没有必要。他们在这里，他们包围着他，他们都是人，这就足以相互之间彼此败坏道德禀赋，并且彼此使对方变恶了。如果找不到任何手段来建立一种目的完全是在人心中真正防止这种恶并促进善的联合体，即建立一个持久存在的、日益扩展的、纯粹为了维护道德性的、以联合起来的力量抵制恶的社会，那么，无论单个的人想要如何致力于摆脱恶的统治，恶都要不停地把他滞留在返回到这种统治之下的危险之中。因此，善的原则的统治，假如人们能够致力于这种统治的话，那么，就我们所能洞察的而言，只能通过建立和扩展一个遵照道德法则、并以道德法则为目的的社会来达到。这样一个社会，对于在其范围内包含这些法则的整个人类来说，就通过理性而成为他们的任务和义务。因为只有这样，才能期望善的原则对恶的原则的胜利。在道德上立法的理性，除了它为每个个人规定的法则之外，还树起了一面德性的旗帜，作为所有热爱善的人的集合地，以便他们都聚集在这面旗帜之下，并且这样才对不间断地侵袭他们的恶获得优势。

我们可以根据这一理念的规定，把人们仅仅遵循德性法则的联合体称作一个**伦理的**社会；如果这些法则是公共的，则称作一个**伦理的-公民的**社会（与**律法的-公民的**社会相对立）或者一个**伦理**

的共同体。伦理的共同体可以处于一个政治的共同体中间，甚至由政治共同体的全体成员来构成（正如没有政治的共同体作为基础，伦理的共同体就根本不能为人们所实现一样）。但是，伦理的共同体具有特殊的、自身特有的联合原则（德性），因而也具有与政治的共同体在本质上不同的形式和制度。尽管如此，作为两个一般共同体来看，在两者之间还存在着某种类似。就这种类似而言，
95 也可以把伦理的共同体称作一个**伦理的国家**，即德性的（善的原则的）**国**。这种国度的理念在人的理性中有其根据充足的客观实在性（作为要联合成为这样一个国家的义务），尽管在主观上从来不能对人们的善良意志寄予这样的希望，以为人们将会决心全体一致地致力于这一目的。

第一章　关于善的原则在尘世建立上帝的国时取得胜利的哲学观念

一、论伦理的自然状态

一种**律法的-公民的**（政治的）**状态**，就是人们相互之间的这样一种关系，即人们共同地服从**公共的律法法则**（这些法则总的来说是强制性的法则）。而一种**伦理的-公民的**状态是这样一种状态，即人们是在无强制的、即纯粹的**德性法则**之下联合起来的。

就像律法的（但因此并不总是合法的），即就法律而言的自然状态与律法的-公民的状态对立一样，**伦理的自然状态**也与伦理的-公民的状态相区别。在这两种自然状态中，每一个人都给他自

己立法，而且这不是一种外在的、他认识到自己与所有其他人都遵循着的法则。在这两种自然状态中，每一个人都是他自己的法官，不存在任何一种**公共的**、具有权力的权威，来按照法则以具有法律效力的方式，规定每一个人在各种可能出现的场合里的义务，并使义务得到普遍履行。

在一个已经存在的政治共同体中，所有的政治公民作为这样的公民，却处在**伦理的自然状态**之中，并且有权利继续停留在这种状态之中。要政治共同体迫使它的公民进入一种伦理的共同体，这是一种自相矛盾（就属性而言[in abjecto]）；因为一个伦理的共同体在自己的概念中本来就包含着无强制性。当然，每一个政治共同体都可能期望，在自身中也找到一种按照德性法则对心灵的统治。因为，由于人类的法官不能透视别人的内心，当政治共同体的强制手段不足时，德性意念就可能会实现所要求的东西。但是，想通过强制来实现一种以伦理目的为准的制度的立法者真是糟透 96
了！因为他由此不仅会恰恰造成伦理制度的反面，而且还会损害和动摇他的政治制度。因此，政治共同体的公民，就政治共同体的立法权限而言，依然是完全自由的，无论他愿意与其他公民一起也进入一种伦理的联合，还是宁可继续停留在这样一种自然状态之中。只是如果一个伦理的共同体必须以**公共的**法律为基础，并且包含一个建立在这上面的制度，那么，那些自愿地结合起来进入这种状态的人，就不会让政治权力来命令自己应该在内心中确立或者不确立这样的制度。但他们却必然会愿意容忍一些限制，也就是说以此为条件，即这种制度中不能包含任何与它的作为**国家公民**的成员的义务相冲突的东西；即使前一种结合是真正的结合，后

者反正也没有什么可担忧的。

此外，由于德性义务涉及人的整个族类，所以，一个伦理共同体的概念，总是关系到一个所有人的整体的理想，而且在这里，这个理想与一个政治的共同体的理想是有区别的。因此，一群出自这种意图而联合起来的人，还不是伦理的共同体本身，而只能叫作一个特别的社会，它奋力迈向与所有人（甚至所有有限的理性存在者）的一致，以期建立一个绝对的伦理整体；而每一个局部的社会，都只是它的一个表现或者一个图型，因为每一个局部的社会自身都又可以被想象为处在与其他这一类的社会的关系中，即处在伦理的自然状态中，连同这种状态的全部不完善性（正像各种各样的政治国家，当它们没有通过一种公共的国际法结合起来时，也是这种情况）。

二、人应该走出伦理的自然状态，以便成为伦理共同体的一个成员

97 就像律法的自然状态是一种每个人对每个人的战争状态一样，伦理的自然状态也是一种存在于每个人心中的善的原则不断地受到恶的侵袭的状态。恶在每一个人身上，同时在其他每一个人身上都存在着，人们（如上所说）相互之间彼此败坏了道德禀赋。即使每一个个别人的意志都是善的，但由于缺乏一种把他们联合起来的原则，他们就好像是恶的工具似的，由于他们不一致而远离善的共同目的，彼此为对方造成重新落入恶的统治手中的危险。此外，就像一种无法无天的外在的（野蛮的）自由和独立于强制性法律之外的状态是不义的、每一个人对每一个人的战争的状态，人

应该走出这种状态，以便进入一种政治的-公民的状态[①]一样，伦理的自然状态也是对德性法则的一种**公共的**、相互的损害，是一种内在的无道德的状态；自然的人应该勉励自己尽可能快地走出这种状态。

在此，我们有了一种具有其独特方式的义务，不是人们对人们的义务，而是人的族类对自己的义务。因为有理性的存在者的每个物种在客观上，在理性的理念中，都注定要趋向一个共同的目的，即促进作为共同的善的一种至善。但是，由于道德上的至善并不能仅仅通过单个的人追求他自己在道德上的完善来实现，而是要求单个的人，为了这同一个目的联合成为一个整体，成为一个具有善良意念的人们的体系。只有在这个体系中，并且凭借这个体 98
系的统一，道德上的至善才能实现；但是，关于这样一个整体，即一个遵循德性法则的普遍共和国的理念，是一个与所有的道德法则（这些道德法则涉及的是我们知道自己能够支配的东西）完全不同的理念；就是说，要致力于这样一个整体，关于这个整体，我们无法

① **霍布斯**的命题：人们的自然状态是一切人对一切人的战争（status hominum naturalis est bellum om-nium in omnes），除了应该说成是是……战争状态……（est status belli etc.）之外，没有任何别的错误。因为尽管人们不承认，在不为外在的和公共的法律所约束的人们之间，任何时候占统治地位的，都是现实的**敌对**，然而，人们的**状态**（律法上的状态[status juridicus]），即人们在它里面并通过它能够拥有权利（获得权利和维护权利）的那种关系，是这样一种状态，在它里面，每一个人自己都想是他相对于别人而拥有权利的那种东西的法官。但即使对于这种东西，他也没有相对于别人的安全感，也不给予别人安全感，而是每次都只有他自己的暴力。这是一种战争状态，在它里面，每一个人都必须对每一个人一刻也不停地做好战备。霍布斯的第二个命题：必须走出自然状态（exeundume sse e statu natulari），是从前一个命题得出的结论。这是因为，这种状态是对所有其他人的权利的不断损害，因为他妄想在自己的事情上当法官，而在别人的事情上又不给他们安全感，而只让他们听任他自己的任性。

知道它作为这样的整体是否能够为我们所支配，所以，这种义务无论是在品类上，还是在原则上，都与其它一切义务不同。我们已经可以预先猜测到，这种义务将需要以另一个理念为前提条件，即一个更高的道德存在者的理念。凭借这种存在者的普遍的活动，单个的人的自身不足的力量才联合起来，共同发挥作用。只是我们必须首先追溯那种一般道德需求的线索，并且看一看这根线索要把我们引向何方。

三、一个伦理共同体的概念是关于遵循伦理法则的上帝子民的概念

如果一个伦理共同体要得以实现，那么，所有单个的人都必须服从一个公共的立法，而所有把这些人联结起来的法则，都必须能够被看作一个共同的立法者的诫命。倘若这个要建立的共同体是一个**律法的**共同体，那么，就必须是联合成为一个整体的人群，自己来当（制度的）立法者，因为立法是从下面这个原则出发的：**把每一个人的自由限制在这样一个条件下，遵照这个条件，每一个人的自由都能同其他每一个人的自由按照一个普遍的法则共存。**[1] 因而在这里，是普遍的意志建立了合法的外在强制。但是，倘若这个共同体是一个**伦理的**共同体，那么，人民自身就不能被看作是立法的。因为在一个这样的共同体中，所有的法则本来都完全是旨在促进行动的**道德性**（这种道德性是某种**内在的东西**，因而不能从属
99 于人类的公共法则），因为恰恰相反，人类的公共法则——这构成

① 这是所有外在律法的原则。

了一个律法的共同体——仅仅旨在那些引起注意的行动的**合法性**，而不是这里唯一谈论的（内在的）道德性。因此，对于一个伦理的共同体来说，能够被称得上是公共立法者的，必定是不同于人民的另一个人物。尽管如此，伦理法则也不能被设想为**原初**纯然从这个上峰的意志出发的（设想为若不是他事先发布命令就会没有约束力的法规），因为那样一来，它们就将不是伦理法则，与它们相符合的义务也将不是自由的德性，而会是强制性的律法义务了。因此，只有这样一个人物，才能被设想为一个伦理共同体的最高立法者，对他来说，所有**真正的义务**，因而也包括伦理的义务，[①]必须**同时**被设想为他的诫命；因此，他也必须是一位知人心者，以便也能够透视每一个人意念中最内在的东西；并且就像在任何共同体中必须的那样，使每一个人得到他的行为所配享的东西。然而，这正是关于作为一个道德上的世界统治者的上帝的概念。因此，一个伦理共同体只有作为一个遵循上帝的诫命的民族，即作为一种**上帝的子民**，并且是遵循**德性法则**的，才是可以思议的。

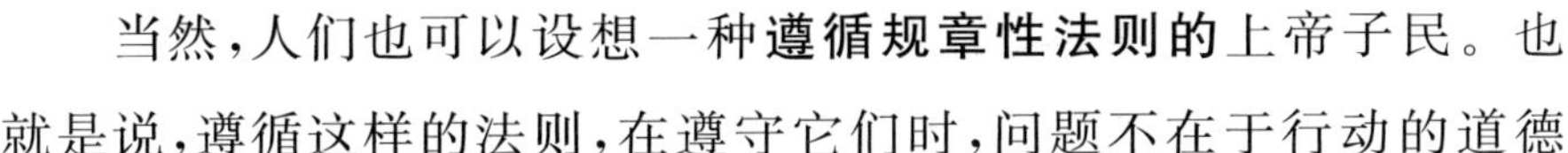

当然，人们也可以设想一种**遵循规章性法则的**上帝子民。也就是说，遵循这样的法则，在遵守它们时，问题不在于行动的道德

① 一旦某种东西被认做义务，即使它是由一个属人的立法者的纯然任性赋予的义务，顺从它也同时就是上帝的诫命。虽然不能把规章性的公民法则称作上帝的诫命，但是，如果它们是合法的，那么，**遵守**这些法则也同时就是上帝的诫命。“顺从上帝，不顺从人，是应当的”，这个命题仅仅意味着，如果人们要求某种自身恶（直接违背道德法则）的东西，那么，就不可以也不应该顺从他们。但是反过来说，如果对于一个政治公民的、自身并非不道德的法则，用一个被视为诫命的上帝的规章性法则去和它对立，那么，就有理由把后者看作强加于人的，因为它同一种明确的义务相抵触。但是，即使它确实是上帝的诫命，也绝对不能凭借经验的特征充分使人相信，以便允许根据它去践踏一种平时已存在的义务。

性，而是仅仅在于其合法性。这样的共同体将是一个律法的共同体，虽然上帝是他的立法者（因而也是神权政治的**制度**），但人作为
100 直接从上帝那里接受他的命令的祭司，却领导着一种贵族政治的**政府**。不过，这样一种其存在和形式都完全建立在历史基础之上的制度，并不是构成在道德上立法的纯粹理性的、我们在这里唯一要着手完成的任务的那种制度；它将在历史部分中被作为遵循政治的公民法则的那种机构来予以考虑。这些法则的立法者虽然是上帝，但却是外在的。而在这里，我们所考虑的仅仅是这样一种制度，其立法纯粹是内在的，它是一个服从于德性法则的共和国，即上帝的一种“热心为善”[1]的子民。

与这样一种上帝的子民相对立，人们可以提出恶的原则的一群**乌合之众**的理念，它是站在恶的一边、以传播恶为目的的人们的联合；这样做的旨趣在于使前一种联合无法实现。即使在这里，那种侵袭德性意念的原则也同样存在于我们自己的心中，而只是形象化地被想象为外在的权力而已。

四、一种上帝子民的理念只能（由人主持而）以一个教会的形式来实行

一个伦理共同体的崇高的、永不能完全实现的理念，在人们的手中大大地贬低了。也就是说贬低成为这样一个机构，它充其量也只能仅仅纯粹地表现这个伦理共同体的形式，至于实现这一整体的手段，就非常局限在人的感性本性的条件之下了。但我们怎

1　参见《提多书》第2章第14节。——译注

能指望用如此弯曲的木头制作出某种笔直的东西呢？

因此，造就一种道德的上帝子民，是一件不能期待由人来完成、而只能指望由上帝来完成的工作。但是，也不能因此就允许人对这件工作无所作为，听天由命，就好像每一个人都可以只致力于他在道德上的私人事务，却把人类（就其道德上的规定性而言）的事务的整体却托付给一个更高的智慧似的。毋宁说，他必须这样 101
行事，就好像所有的一切都取决于他；只有在这个条件下他才可以期望，更高的智慧将使他的善意的努力得到实现。

因此，所有具有善良信念的人的愿望都是："上帝的国降临，他的意志行在地上"；[1]但是，他们此时应该做些什么，才能使自己的这个愿望得以实现呢？

一种遵循上帝的道德立法的伦理共同体是一个**教会**。假如它不是可能的经验的对象，它就叫作**不可见的教会**（即一个关于所有正直的人们在上帝的直接的，但却是道德上的世界统治之下的联合体的纯粹理念，这种世界统治是每一种由人所建立的世界统治的原型）。**可见的**教会是人们现实地联合为一个整体，它与上述理想是一致的。倘若每一个遵循公共的法则的社会，都包含着成员们的隶属关系（就服从这个社会的法则的人与注意维持这些法则的遵循的人之间的关系而言），那么，联合成为那个整体（教会）的人群就是在其上级领导下的**会众**。上级（被称作导师，或者也被称作灵魂的牧人）仅仅管理他们的不可见的最高首脑的事务，并且就这种关系而言，全都是教会的**仆人**。就像在政治共同体中，可见的

1　参见《马太福音》第6章第10节；《路加福音》第11章第2节。——译注

最高首脑虽然眼中没有一个高于自己的人（通常就连人民的整体本身也不行），但有时也称自己为国家的最高仆人一样。真正的（可见的）教会，是就人们所能实现的而言，在地上体现着上帝的（道德的）国的教会。对真正的教会的要求，从而也是它的标志有以下几点：

1. 教会的**普遍性**，从而也是它的量上的**单一性**。为此，它必须在自身中包含着这样的素质，即：尽管它在偶然的意见上是有分歧的、不一致的，但就本质性的目的而言，它是建立在为了普遍的一致必然把它引向一个唯一的教会（因而也就没有教派的分裂）的那些基本原理之上的。

102 2. 教会的**性质**（质）；即**纯粹性**。除**道德的**动机之外，不服从任何其它动机的联合（清除了迷信的愚蠢和狂热的疯癫）。

3. **自由**原则之下的**关系**。无论是其成员们的内部关系，还是教会与政权的外部关系，二者都在一个**自由国家**之中（因而既不是**等级制**，也不是**顿悟派**，即一种凭借特殊的**灵感**的**民主制**，这种灵感根据每一个人的才智，可能与其他人的灵感截然不同）。

4. 教会的**模态**。即就其**宪章**而言的**不变性**。但按照时间和情况起变化的、仅仅涉及教会的**行政管理**的偶然的规章不在此列。为此，它必须也在自身中（在其目的的理念中）先天地包含着可靠的基本原理（因此，是服从原初的、好像是一度由一部法典公开地规定下来的法则，而不是服从任意的象征。后者由于缺乏可靠性而是偶然的、难以避免矛盾的和可变的）。

因此，一个伦理的共同体，作为教会，即作为一个上帝的国的纯然**代表**来看，本来是没有在其基本原理上与政治制度相似的制度。制度在它里面既不是**君主制的**(服从一个教皇或者宗主教),也不是**贵族制的**(服从各位主教和高级教士),也不是**民主制的**(成为宗派主义的顿悟派)。充其量,它可以被比作服从一位共同的、虽然是不可见的、道德上的父亲的家庭合作社(家族)的制度,这个父亲的那个圣子知道他的意志,同时又与这个家庭的所有成员都有血缘关系,在这个家庭中代表着父亲的地位,他向这些成员们更详尽地宣讲父亲的意志,因而这些成员们崇拜这位圣子就是崇拜父亲,并且彼此之间达到一种自愿的、普遍的和持久的心灵联合。

五、每一个教会的宪章都是从一种历史性的(启示)信仰出发的,这种信仰可以称之为教会信仰,它最好是建立在一部《圣经》的基础之上

虽然唯有**纯粹的宗教信仰**才是可以建立一个普遍教会的宗教 103
信仰,因为它是一种可以告知每一个人使他确信的纯然的理性信仰;而一种仅仅建立在事实之上的历史性的信仰,却只能把它的影响扩展到信息与按照时间条件和地点条件判断它们的可信性的能力相联系所能达到的地方。只不过对于那种纯粹的信仰,决不能寄予这样多的期望,以为它能够做到仅仅以自己为基础来建立一个教会。这一点,应该为之负责的是人性的一种特殊的弱点。

意识到自己在认识超感性事物方面无能的人们,虽然使那种信仰(作为这样一种信仰,对于他们来说必然普遍地是令人信服的)受到完全的敬重,但并不容易相信:始终不渝地热心追求一种道德上善的生活方式,就是为了让人们成为在上帝的国中上帝所喜悦的臣民,上帝所要求于人们的一切。他们只能把自己的义务

设想为自己应该向上帝提供的某种**事奉**;在这里,关键不在于行动的内在的道德价值,而毋宁说在于,之所以事奉上帝,乃是为了无论他们自身在道德上怎样千差万别,至少可以凭借被动的顺从来使上帝喜悦。他们不愿去想,他们如果履行自己对人(对自己和对他人)的义务,恰恰由此也就执行了上帝的诫命,从而也就在自己的所有的所作所为中——只要它们与道德有关——**自始至终都处于对上帝的事奉中**,并且绝对不可能以其它方式更近身地事奉上帝了(因为他们以其它方式只能对世俗事物,而不能对上帝发生作用和影响)。由于世界的每一个伟大的主人,都有一个特殊的需要,即为自己的臣民们所**崇敬**和通过臣服关系来被**颂扬**,没有这些东西他就不能期望他的臣民们对他的命令给予他为了能够统治他们所必需的那么多的服从。此外,一个人无论多么有理性,也总是在表示崇敬时感到一种直接的满足。所以,就义务同时是上帝的诫命而言,人们就把义务当做对上帝的,而不是对人的**事务**的推进;由此产生的就是一种**事奉神灵**的宗教的概念,而不是一种纯粹道德的宗教的概念。

由于所有的宗教都在于,我们把上帝看作对我们所有的义务而言都应该普遍受到崇敬的立法者,所以,在规定宗教时,在我们
104 与之相符合的态度方面,取决于我们知道:**上帝愿意如何**被崇敬(和被服从)。——但是,上帝的一种立法意志,或者是通过自身**仅仅是规章性的**法则,或者是通过**纯粹道德上的**法则颁布命令的。就后者而言,每一个人都能够从自身出发,凭借他自己的理性来认识作为他的宗教的基础的上帝意志;因为神明的概念本来就只是出自对这些法则的意识和理性要假定一种力量的需求,这种力量

能够为这些法则带来在一个世界上可能的、又与道德上的终极目的一致的全部效果。一种仅仅按照纯粹道德的法则来规定的上帝的意志的概念，使我们如同只能设想**一个**神一样，也只能设想一种宗教，这种宗教就是纯粹道德的。但是，如果我们假定上帝的规章性法则，并且把宗教设定为我们对这些法则的遵循，那么，对这种宗教的认识就不是凭借我们自己的单纯理性，而是只有凭借启示才是可能的。而启示为了通过传统或者《圣经》在人们中间传播，对于每一个单个的人来说，它无论是秘密地还是公开地给予的，都将是一种**历史性的信仰**，而不是**纯粹理性的信仰**。——但是，即使接受了上帝的规章性法则（它们并不能从自身出发就被认作是有约束力的，而是只有作为上帝的启示了的意志，才能被认作是有约束力的），使上帝的意志最初被写进我们心中的纯粹**道德的立法**，也不仅仅一般地是所有真宗教的不可避免的条件；而且，它还是真正构成真宗教自身的东西，而为此，规章性立法所包含的职能是促进和扩展纯粹道德立法的手段。

因此，如果"上帝愿意如何被崇敬"这个问题，对于每一个**纯然作为人来看的**人来说，应该得到普遍有效的回答，那么毫无疑问的是，对于他的意志的立法不应该仅仅是**道德的**；因为规章性的立法（它以一种启示为前提条件）只能被看作是偶然的。并且作为这样一种并没有也不能涉及每一个人的立法，它也不能被看作对人一般地具有约束力的。因此，"并不是那说'主啊主啊'的人，而是遵行上帝的意志的人"，[1]因而也就是那并非通过赞颂上帝，即凭借

1　参见《马太福音》第7章第21节。——译注

不是每一个人都能拥有的启示出来的概念来赞颂上帝(或者赞颂他那具有神性血统的使者),而是通过善的生活方式——在这方
105 面,每一个人都知道上帝的意志——来试图让上帝喜悦的人,才将是对上帝做出上帝所要求的真崇敬的人。

但是,如果我们自认为有义务不仅是作为人,而且是作为一个尘世的神性国家中的**公民**来行事,并且致力于这样一种以教会名义的联合体的存在,那么,“上帝愿意如何在**教会**(即上帝的所有信徒)中被崇敬”这个问题,似乎就不是通过单纯的理性就能够回答的,而是需要一种规章性的、仅仅通过启示为我们所得知的立法,从而也需要一种历史性的信仰。与纯粹的宗教信仰相反,我们称这种历史性的信仰为教会信仰。因为对于纯粹的宗教信仰来说,问题仅仅在于那构成对上帝的崇敬的质料的东西,即在道德意念中所发生的对作为上帝的诫命的所有义务的遵循;而一个教会,作为许多人在这样的意念下成为一个道德共同体的联合,却需要一种**公共的**义务承诺,即某种以经验条件为基础的教会形式。这种形式自身是偶然的、多种多样的,因而没有上帝的规章性法则也就不能被认作义务。但是,规定这种形式,却并不马上就被看作属神的立法者的工作。毋宁说,我们有理由设想,那上帝的意志就是:我们应该实现的是这样一种共同体的理性理念本身。尽管人们在对一个教会的某些形式进行尝试时,带有不幸的结果,但是,人们却不应该停止,在必要时还应该通过新尝试来尽可能地避免旧尝试的错误,来继续追求这一目的;因为这件工作同时也是人们的义务,它完全被托付给人们自己了。因此,我们没有理由在某一个教

会的建立和形式上，把法则径直看作属神的、**规章性的**，以免除在今后就这些法则的形式作出改善的努力。这是胆大妄为的，甚至是对更高威望的觊觎，以便用教会章程伪装成神圣的权威给群众套上枷锁。但在这方面，如果一个教会就我们所知，与道德的宗教极其一致；此外，如果又无法清楚地认识，在大众对宗教的理解没有相应准备的进步的情况下，教会是怎样可能一下子出现的，那 106
么，完全否认一个教会像那样组织起来的方式也许有可能是上帝的一种特殊安排，这同样也会是一种自负。就“应该由上帝还是应该由人自己创立一个教会”这个问题的可疑性而言，后者的倾向在一种**事奉上帝的宗教**（崇拜）上表现出来，并且由于这种宗教是以任意的规定为基础的，从而在对上帝的规章性法则的信仰上表现出来。这种信仰的前提条件是：在（无论人按照纯粹道德的宗教的规定能够选择何种）最善的生活方式之上，毕竟还必须加上一种理性所不能认识，而需要启示的上帝的立法；凭这一点，这种生活方式才直接地被视为对最高存在者的崇敬（不是借助于理性已为我们规定的对他的诫命的遵循）。这样一来，就出现了一种情况，即人们将永不会把联合成为一个教会，在应该赋予教会的形式上保持一致，以及为促进宗教中的道德因素而举办**公共活动**看作本身就是必要的。如他们所说的，这只是为了通过隆重的庆典、认信启示出来的法则，以及通过遵循属于教会形式（这形式自身却仅仅是手段）的规定，来事奉他们的上帝。尽管所有这些惯例从根本上来说，都是些在道德上无所谓的行动，但正是由于这些行动仅仅据说是为了上帝而做出的，就被认为是使他更加喜悦的。因此，教会信

仰在把人们改造成为一个伦理的共同体方面，以自然的方式♀走在了纯粹宗教信仰的前面，而且庙宇（奉献于公共事奉神灭的建筑）也早于**教会**（用于在道德意念方面进行教导和激励的聚会场所），**祭司**（献身于虔诚习俗的管理者）也早于**神职人员**（纯粹道德的宗教的教师），而且这些祭司多半至今还具有大众所承认的地位和重要性。

因此，一旦下面这种情况是不可改变的，即不是把一种规章性的**教会信仰**附加给纯粹的宗教信仰，作为人们为促进纯粹的宗教信仰而共同联合的载体和手段，那么，我们就必须也承认，对教会
107 信仰的不变的维持、对在它里面所接受的启示的普遍的和千篇一律的传播乃至敬重，很难凭借**传统**，而是只有凭借**《圣经》**，才能得到足够的关照，而《圣经》自身作为对于同时代人和后代来说的启示，又必然是敬重的一个对象。因为要想使人们确信自己的事奉神灵的义务，就要求人们有此需要。一部《圣经》即使在没有读过它、至少未能从中得出有内在联系的宗教概念的人那里（而且恰恰在这些人那里最是如此）也赢得了极大的敬重，而所有的小聪明都挡不住那取消一切异议的绝对裁决：**此处这样写着**。因此，就连书中那些想阐述一个信仰观点的地方，也干脆叫作**箴言**。这样一部经书的某些特定的注释者，也正因为他们这项工作，而本身仿佛也成了圣人。历史也证明，没有哪种建立在经书之上的信仰能够被根除，哪怕是通过最具毁灭性的国家革命。然而，那种建立在传统和古老的公共惯例之上的信仰，在国家的毁灭中，也同时被毁灭

♀　以道德的方式这应该反过来进行。

了。如果这样一部到达人们手上的书，除了它那作为信仰法则的规章之外，同时又完善地包含着最纯粹的道德上的宗教学说，如果这种学说能够与那些规章（作为它的入门的工具）达到极大的和谐，那该多幸运[①]啊！在这种情况下，这本书一方面由于借此所要达到的目的，另一方面也由于很难根据的自然法则，解释人类靠它所产生过的这样一种觉醒的起源，因而能够保持如同一种启示的威望。

※　　　　※　　　　※

这里还要补充几句与启示的信仰这一概念相关的话。

只有**一种**（真正的）**宗教**；但却可能有多种多样的**信仰**。——还可以补充说，在由于其信仰方式不同而彼此分离的各种各样的 108
教会中，却只能找出同一种真正的宗教。

因此，说这个人属于这种或者那种（犹太教的、穆罕默德教的、基督教的、天主教的、路德教的）**信仰**，要比说他属于这种或者那种宗教更为恰当（就像在现实中也运用得更多一样）。平心而论，后一种表述就连在对大众的演说中（在教义问答和布道中）本来也不应该使用。因为它对于大众来说过于学术化和不可理解了，而实际上，近代语言也没有为它提供一个意义相同的词。[1] 一般人在任何时候都把它理解为自己所明白的教会信仰，而并未把它理解为在里面隐藏着的宗教，它取决于道德意念。就大多数人而言，说他们认信这个或者那个宗教，实在是太抬举他们了，因为他们根本不知道

① 幸运是一个表述所有我们既不能预见、也不能凭借我们的追求按照经验规律造成和值得希望的东西的词。因此，如果我们想为它举出一个理由来，那么，除了一种善意的天命之外，我们举不出任何别的理由。

1 宗教（Religion）一词原为拉丁文，近代英、德、法等语言均无对等译法。——译注

也不要求任何宗教。规章性的教会信仰就是他们对这个词所理解的一切。即便是如此频繁地震撼世界、使世界染上血腥的所谓的宗教争端，历来也无非是围绕教会信仰的争吵进行的。受压制者也根本没有抱怨人们阻止他信仰自己的宗教（因为这是任何外在的暴力都做不到的），而是抱怨人们不允许他公开地遵循自己的教会信仰。

如果一个教会像通常发生的那样，冒充自己是唯一的、普遍的教会（尽管它是建立在一种特殊的启示信仰之上的，这种启示信仰作为历史性的东西，再也不能为每一个人所要求），那么，它就会把根本不承认其（特殊的）教会信仰的那种人称作**不信者**，并对他满腹仇恨；把只是部分地（在非本质性问题上）偏离其（特殊的）教会信仰的那种人称作**异端**，并且至少也把他当做传染病人来避开。即使此人最后认信了这个教会，但如果他毕竟在这个教会的信仰的本质性问题（即人们使之成为信仰的东西）上偏离了它，尤其是如果他传播自己的异端思想的话，他就叫作**异教徒**。[①] 他就像一
109 个叛乱者那样，被认为比一个外部的敌人更应该受到惩罚，并且被

① 蒙古人称西藏（据乔治的《藏语词典》，第 11 页）为 Tangut-Chadzer，即住房子的人的土地，以便把这些人与自己这种生活在荒漠上的和帐篷底下的游牧民区别开来，由此产生出 Chadzaren 这个名称，并从这个名称产生出异教徒（Ketzer）这个名称，因为蒙古人忠诚于西藏的那个与摩尼教相一致、也许还是由此起源的信仰（喇嘛教），并在他们入侵时把它传到了欧洲。因此，在很长一段时间里，异教徒（Haeretici）和摩尼教徒（Manichaei）这两个名称是在同等意义上流行的。[1]

1 康德的这一词源学解释肯定是错误的。Ketzer 一词很可能与伦巴第语的 Gazzari、希腊语的 Kathari＝（意为清洁）有关。纯洁派（Die Katharer）是教会在中世纪（尤其是在十二和十三世纪）所必须对付的最重要的（异端教派），但并没有发现该运动中有摩尼教的特色。直到后来，人们才用（纯洁派）来泛指受摩尼教影响而相信善恶二元论的各异端教派。——译者据《康德著作集》（Berlin，1977）和《宗教词典》（上海辞书，1981）注。

教会通过一种**绝罚**开除出去（如同罗马人关于那个违背元老院的意志越过卢比孔河的人[1]所宣布的那样），弃之于魔鬼。一个教会的导师与首领们在教会信仰的要点上自称独一无二的正确信仰叫作**正教**。它又可以分为**专制的**（横蛮的）正教和**自由的**正教。如果一个教会把自己的教会信仰冒充为有普遍约束力的，它被称作一个**普世的**教会，而那个对其它教会的这种要求提出抗议（尽管它自己在力所能及的时候也经常乐意行使这种要求）的教会被称作一个**抗议宗的**教会，[2]那么，一个留心的观察者就会遇到许多抗议性的普世教徒的可嘉实例，反过来也会遇到更多极端普世性的抗议宗教徒的可耻实例。前一种人具有一种**自我扩展**的思维方式（尽管他们的教会的思维方式并非如此），与此形成鲜明对比的是，后一种人具有非常**狭隘**的思维方式，但绝不是具有优越性。

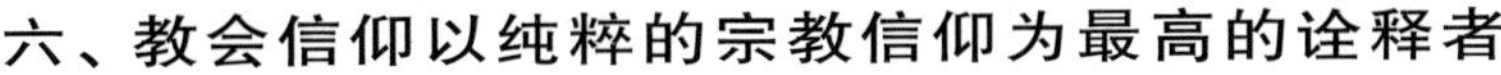

六、教会信仰以纯粹的宗教信仰为最高的诠释者

我们已经指出，虽然一个教会，如果它是建立在一种启示信仰之上，而这种启示信仰作为历史性的（尽管是借助于《圣经》得到广泛传播的、保证能传到最遥远的后代的）信仰，却不能得到普遍有说服力的传达，那它就缺乏其真理性中最重要的特征，即对普遍性的一种合法要求的特征。尽管如此，由于一切人的自然需要，即对于最高的理性概念和根据总是要求**某种能够以感性方式把握的东西**，即任何一种经验证明以及诸如此类的东西（当目的是普遍地引入一种信仰的时候，人们确实也必须也考虑到这一点），因而还必须利用某种历

1　指罗马统帅 Gajus Julius Caesar。——译注

2　指罗马公教会。——译注

史性的教会信仰，这种教会信仰人们通常也已经亲眼看到了。

110 但是，为了把一种道德上的信仰的基础与看起来是由一种偶然性故意使之落入到我们手中的这样一种经验性信仰（无论它是作为目的，还是仅仅作为辅助手段）统一起来，就要求对我们已经得到的启示做出一种诠释，即把它彻底地解释为一种与纯粹的理性宗教的普遍的、实践的规则一致的意义。因为如果教会信仰的理论因素不是致力于履行所有作为上帝的诫命的人类义务（这构成了一切宗教的本质）的话，我们也就不会在道德上对它感兴趣。这种诠释可能在我们看来甚至就文本（启示的文本）而言也常常显得是牵强的，并且实际上也常常是这样的，然而，只要文本有可能接受这种诠释，这种诠释就必然比一种逐字逐句的诠释更受欢迎。或者要么自身根本不包含任何有益于道德性的东西，要么干脆就是与道德性的动机背道而驰的。♀——我们还将发现，这与部分地

♀ 举例来说，在《诗篇》第 59 篇第 11-16 节中，就可以发现对过分得令人吃惊的**复仇的祈祷**。米夏埃利斯（《论道德》，第 2 部分，第 202 页）赞同这种祈祷，并且补充说："《诗篇》是富有灵感的。既然在《诗篇》中为一种惩罚而祈祷，那么，它就不可能是不公正的；而我们**除了《圣经》之外，也不应该有任何更圣洁的道德**"。在此，我抓住后一句话提问，是必须按照《圣经》来解释道德，还是必须按照道德来解释《圣经》？——我且不考虑《新约》中那段话："有吩咐古人的话说……只是我告诉你们，要爱你们的仇敌，为那逼迫你们的祷告"，不论这段话多么富有灵感，与《诗篇》多么能够一致，我都将试图或者使它们符合我的那些独立存在的道德基本原理（这里所说的不是肉体的仇敌，而是肉体的仇敌所象征的、对我们来说更为有害的、不可见的仇敌，即我们必须期望彻底踩在脚下的恶的偏好）；或者如果我不想涉及这一点，那么，我将宁可假设，这段话根本不能在道德的意义上来理解，而是必须在犹太人把上帝看作自己的政治君主的那种关系中来理解，就像《圣经》的另一段话一样。那段话说："主说，伸冤在我，我必报应。"通常，人们把这段话解释为对自行复仇的道德上的警告，尽管它很可能仅仅暗示着在任何国家都通用的那个法则，即由于受到伤害而在最高首领的法庭上寻求补偿。在那里，当法官允许原告提出像他自己所希望的那样严厉的惩罚时，他的复仇欲根本不可以被视为得到认可的。

被写进各种圣书的古代的和近代的所有信仰方式在任何时候都如此合拍，有理性、有头脑的民众教师如此之久地解释这些书，直到 111
使它们在其本质性内容上真正与普遍的道德的信条一致。**希腊人**中的以及后来**罗马人**中的道德哲学家，正是如此地道地对待他们那神话性的多神学说的。不过，他们最终懂得了把极粗糙的多神论解释为唯一神性存在者的属性的纯然象征性的观念，并且给各种各样的放荡行为，或者还有诗人们那些粗野的，但却是美丽的梦幻加上一种神秘的意义。这种意义使民众信仰（根除这种民众信仰甚至是不可取的，因为由此也许会产生出一种对国家来说更为危险的无神论）接近了一种所有人都能够理解的、唯一有益的道德学说。晚期的**犹太教**，甚至还有基督教，都是由这样的、部分地来说很牵强的解释构成的，但二者都是为了无可置疑地是善的、对于所有人来说都是必要的目的。**穆罕默德教教徒**（如同**雷兰德**所指出的那样）很懂得给他们关于供奉着一切感性的天堂的描述加上一种精神的意义，而**印度人**也正是这样诠释他们的《**吠陀**》的，至少就他们之中经过启蒙的那部分人民来说是这样。——但人们之所以可以这样做，又不致总是与民众信仰的字面意义相抵触，乃是因为早在这种民众信仰产生之前很久，道德宗教的禀赋就已经蕴藏在人的理性之中了；虽然它最初的粗糙的表现只不过是旨在事奉神灵上的运用，并且为此目的而本身导致了那种所谓的启示，但由此也把它的超感性起源自身的特性放进了这种虚构之中，尽管这并不是有意的。——假如人们不愿意断言，我们赋予民众信仰的象征或者各种圣书的那种意义，也绝对就是它们本来要说的意思，相反是把这一点暂且搁置一旁，而仅仅假定如此理解它们的作者

的**可能性**，那么，人们也不能指摘这样一种诠释不诚实。因为就连读这些圣书或者了解它们的内容，也是以造就更善的人为最终目的的。但是，对此毫无裨益的历史性因素，是某种自身完全无足轻重的东西。人们愿意怎样对待它，就可以怎样对待它。——（历史性的信仰是“自身已死的”，[1] 即，就其自身而言，作为教义来看，它不包含也不引向任何对我们来说具有一种道德价值的东西。）

112 因此，即使一部经书被认作是上帝的启示，它作为这样一种启示的最高标准却是：“《圣经》都是上帝所默示的，于教训、督责、使人归正等等，都是有益的。”[2] 而由于后者，即人在道德上的归正，构成了所有理性宗教的真正目的，所以，这种归正也包含着所有经书诠释的最高原则。这种宗教是“上帝的灵，它引导我们进入一切真理”。[3] 但是，这个灵也就是通过**教导**我们同时也借助行动的各种基本原则**赋予我们生命**的那个灵，它把《圣经》对于历史性的信仰可能还包含的一切，都完全与纯粹的道德信仰的规则和动机联系起来。而唯有纯粹的道德信仰，才在每一种教会信仰之中构成了在它里面是真正的宗教的东西。对《圣经》的所有研究和诠释，都必须从在里面寻找这个灵这条原则出发，而“只直当它证明了这一原则时，人们才能在其中找到永生”。[4]

除了这种圣经诠释者之外，还有另一种圣经诠释者，即**圣经学**

1 参见《雅各书》第 2 章第 17 节。——译注

2 参见《提摩太后书》第 3 章第 16 节。——译注

3 参见《约翰福音》第 16 章第 13 节。——译注

4 参见《约翰福音》第 5 章第 39 节。——译注

者，但他们是附属于前者的。《圣经》作为把一切人联合在一个教会之中的最有价值的、现今在经过启蒙的地方是独一无二的工具，其威望构成了教会信仰。而教会信仰作为民众信仰是不可忽视的，因为对于民众而言，似乎没有任何建立在纯粹的理性之上的学说适宜于成为一种不变的规范。它要求有上帝的启示，从而也要求通过其起源的演绎来历史地证明其威望。由于人的技艺和智慧不能够一直上升到天堂，以便察看那派遣第一位导师的全权证书，而是不得不满足于除了内容之外，还可以从如何引入这样一种信仰的方式得出的征兆，即满足于人类的各种信息。这种信息终归必须在很古老的时代和现在已经死亡了的语言中去寻找，以便根据其历史的可信性来评价它们。所以，为了维护一个建立在《圣经》之上的教会的威望，而不是维护一种宗教的威望（因为宗教为了成为普遍的，就必须任何时候都建立在纯粹的理性之上），就要求有一种**《圣经》的博学**。尽管这种博学没有带来任何东西，而只有使《圣经》在其起源中不包含任何使它不可能被当做直接的神性的启示来接受的东西。而这就足以不妨碍那些人认为，在这个理念中感到对他们的道德信仰有特别的增强，并由此而乐意接受它 113
了。——但是，不仅是《圣经》的**考证**，而且还有它的**诠释**，也都由于同样的理由而需要博学。因为只能借助翻译来阅读《圣经》的无知者，如何会确知它的意义呢？所以，哪怕是掌握了其基础语言的诠释者，也必须拥有广博的历史知识和批判，以便从当时的状况、风俗和意见（民众信仰）中，获得能够用来向教会共同体揭示其理解的手段。

因此，理性宗教和对《圣经》的博学，是一份神圣文献的真正

的、有资格的诠释者和托管者。显而易见，决不能让世俗的权力妨碍它们在这一领域公开地使用它们的洞见和发现，并且把它们束缚在某些信条之上，因为若不然，**平信徒**就会逼迫**神职人员**赞同他们的意见，而他们又只有从神职人员的教诲中，才能获得这种意见。只要国家只是关心不要缺少学者和就其道德性而言有好名声的、管理全部教会事务的人们，国家把这种管理托付给他们的良知，那么，国家就做到了自己的义务和权限所包括的一切。但是，把这些义务和权限引入学院，从事学院的争论（只要这些争论不从大学讲坛引出来，就丝毫也不会干扰教会会众的平静），则是大众可能曾不无冒昧地向立法者提出的过分要求，因为这种要求有损于他的尊严。

但是，对于一个诠释者的席位，还出现了第三个竞争者。它为了认识《圣经》的真正意义以及其神性起源，既不需要理性，也不需要博学，而是只需要一种内在的**情感**。当然，我们不能否认，"人若立志遵着他的旨意行，就必晓得这教训是出于上帝"。[1] 而且也不可否认，甚至阅读《圣经》或者倾听朗诵《圣经》的人，必定都感觉得到的那种趋向善行、趋向正派的生活方式的冲动，也必然会在他身上证明《圣经》的属神性，因为这冲动无非就是使人充满内在的敬
114 重的道德法则的作用，而这法则由此也理应被看作是上帝的诫命。但是，就像很少能够从一种情感推论和查出对法则的认识以及法则是道德的那样，也很少能够，甚至更难以凭借一种情感而推论和查出一种直接的神性的影响的可靠征兆。因为要产生这一结果，

1　参见《约翰福音》第 7 章第 17 节。——译注

可能有不止一种原因。而在这一场合，只有通过理性认识到的法则（和教诲）的道德性，才是那种结果的原因。甚至就在这种起源只有可能性的场合里，只要人们不想为全部狂热敞开大门，不想让明确无误的道德情感由于同其它任何一种幻想的情感类似而丧失其尊严，那么，对这种起源做出后一种解释，就是一种义务。如果情感是从法则中，或者也是按照法则得出来的，而法则在这之前是已知的，那么，每一个人的情感都只是自己的，他也不能强求其他人有这种情感，从而也不能把情感抬高为某种启示的纯正性的标准。因为它根本不说明任何东西，而是仅仅包含了主体在自己的愉快和不快方面被刺激的方式而已，在这上面不能建立起任何知识。

因此，除了《圣经》之外，不存在教会信仰的任何一种规范。除了纯粹的**理性宗教**和**《圣经》的博学**之外，也不存在教会信仰的其他任何诠释者。而在纯粹的理性宗教和《圣经》的博学中，唯有前者才是**确实可靠的**，并且对整个世界都有效的；后者则只是**教义性的**，只是为了把教会信仰对于某个民族在某个时代转化为一个确定的、能够一直保存下来的体系。但是，就教会信仰而言，历史性的信仰没有最终成为一种纯然对《圣经》学者及其洞见的信仰，这是不可改变的。当然，这种情况并没有特别地给人的本性带来荣誉，但却通过公开的思想自由使自己重新变善。由于只有通过学者让自己的诠释经受每一个人的检验，自己却同时对更好的见解始终仍保持开放和欢迎，他们才能指望共同体对他们的裁决的信赖，这种公开的思想自由就更为有道理了。

七、教会信仰逐渐地过渡到纯粹的宗教信仰的独自统治，就是接近上帝的国

115

真正的教会的标志就是它的**普遍性**，但是这种普遍性的征兆又是它的必然性和它的仅仅以唯一的一种方式才可能的规定性。这样，历史性的信仰（它建立在作为经验的启示之上）只有局部的有效性，即对于作为这种信仰之基础的历史所能及的那些人才有效。而且，就像所有的经验认识一样，它并不包含这样的意识，即所信仰的对象**必然**是这个样子而不是别的样子，而是只包含这样的意识，即这对象就是这个样子；从而也就同时包含着对这对象的偶然性的意识。因此，虽然它能够成为一种教会信仰（教会信仰可以有许多种），但是，只有完全建立在理性的基础之上的纯粹的宗教信仰，才能被视为必然的，从而被视为唯一标志着**真正的**教会的信仰。因此，尽管（根据人的理性的不可避免的局限性）一种历史性的信仰作为引导性的手段，刺激了纯粹的宗教，但却是借助于这样的意识，即它仅仅是这样一种引导性的手段。而历史性的信仰作为教会信仰包含着一种原则，即不断地迫近纯粹的宗教信仰，以便最终能够省去那种引导性的手段。于是，一个这样的教会就还是可以叫作**真正的**教会；但是由于永远不能避免关于历史性的教义的争论，它又只能被称作**有争议的**教会。不过展望未来，它最终会发展成为不变的、全体一致的、**凯旋行进的**教会！每一个对于享受永恒的幸福具有道德上的接受能力（资格）的个人，他的信仰我们称之为**造福于人**的信仰。因此，这种信仰也只能是唯一的一种信仰，并且无论教会信仰如何不同，它都能在每一个人身上发现。

在每一个人身上，与其目的即纯粹的宗教信仰相联系，它都是实际存在的。相反，一种事奉神灵的宗教，它的信仰是一种**奴役性的**信仰和**有报酬的**信仰（报德的、奴性的信仰［fides mercenaria, servilis］），并且不能被看作造福于人的信仰，因为它不是道德的。造福于人的信仰，必须是一种自由的、建立在纯粹的心灵意念之上的信仰（高尚的信仰［fides ingenua］）。教会信仰误以为通过（尽管是费力的）自身却毫无道德价值的行动（崇拜的［des cultus ］行 116
动），从而也就是凭借恐惧和希望强制的、哪怕是一个恶人也能够做出的行动，就能够让上帝所喜悦。相反，造福于人的信仰则为了做到这一点，预设一种道德上善的意念为必要的前提。

造福于人的信仰包含着人对永福的希望的两个条件：一个是就人不能够做的事情而言的，也就是说，使他的已经做出的行动在律法上（在一位属神的法官面前）成为没有发生的；另一个是就人自己能够做并且应该做的事情而言的，也就是说，步入一种新的、符合其义务的人生。前一种信仰是对一种救赎的信仰（偿还其罪债、解脱、与上帝和解），后一种信仰是对自己能够在一种今后奉行的善的生活方式中让上帝喜悦的信仰。——两个条件只构成了一种信仰，并且必然休戚相关。但是，结合的这一必然性只能这样来看：如果我们假设一个条件可以从另一个条件中派生出来，那么，要么是对赦免我们负上的罪债抱有信仰而产生出善的生活方式，要么是对一种在任何时候都要奉行的生活方式的真实的、积极的意念，按照道德上的作用因的法则而产生出对那种赦免的信仰。

在这里就表现出人的理性与自身的一种值得注意的二论背反。要使这种二论背反得到解决，或者假如这种解决是不可能的，则至少是得到调和。只能要么是一种历史性的（教会的）信仰，必须在任何时候都作为造福于人的信仰的本质性部分，附加在纯粹的宗教信仰之上；要么是它作为纯然的引导性手段，能够最终过渡为纯粹的宗教信仰，无论那未来是多么遥远。

（一）假定对于人的罪出现了一种救赎，那么，虽然完全可以理解，每一个罪人都会多么惬意地把这种救赎与自己联系起来，并且因此如果问题仅仅在于**信仰**的话（这种信仰也就意味着宣布，他希望这救赎也发生在他身上），他将会没有一刻犹豫。然而根本无法看出，一个知道自己该受惩罚的理性的人，怎么会认真地以为，他只需要相信关于一种为他所提供的救赎的福音，并且（就像法学家所说的那样）有效地（utiliter）接受它，就把自己的罪看作是涤除了的，而且如此彻底（甚至连根拔掉），以致哪怕对于将来，一种他
117 迄今为止根本没有为之付出丝毫努力的善的生活方式，也会成为由这种信仰和对提供给他的善行的接受所带来的一个必然的结果。没有一个深思熟虑的人会使自己怀有这样的信仰，无论自爱怎样常常把一种人们为之什么也没做也不能做的善的纯然愿望转化为一种希望，就好像他的对象将被纯粹的渴望所吸引而自动来临并在自身中完成似的。只能把这种情况设想为，人把这种信仰本身看作上天给予他的东西，因而看作某种他不必向自己的理性做出进一步解释的东西。如果他不能做到这一点，或者还过于正直，不会在自己心中装出这样一种信赖，只是作为阿谀奉承的手段，那么，他无论怎样敬重这样一种热切的救赎，无论怎样期望这样一种救赎也能够向他敞开，都不得不把这种救赎仅仅看作有条件的，即他的生活方式必须首先做出力所能及的改善，以便拿出哪

怕极微小的理由，来希望这样一种更高的功德能够给他带来好处。——因此，如果对这种功德的历史知识属于教会信仰，而生活方式则属于纯粹的道德信仰，那么，**后者作为条件就必须先行于前者**。

（二）但倘若人天生就是堕落了的，那么，如果他——虽然意识到自己迄今为止所犯下的过失，但却——依然处于恶的原则的支配之下，并且在自身中没有发现足够的能力在今后做出改善，则无论他如何做出努力，他又怎能相信能使自己成为一个新的、让上帝喜悦的人呢？如果他不能把他自己针对自己而激发起来的正义感看作凭借外来的救赎得到了和解的，而把自己看作通过这种信仰仿佛得到了新生的，并且首先开始了一种新的、将会成为与之结合在一起的善的原则之结果的生活方式，那么，他将在哪里建立起使自己成为一个上帝所喜悦的人的希望呢？——因此，对一种并非他自己的、且使他与上帝和解的功德的信仰必须先行于对善功的一切追求。但这与前一个命题是相冲突的。这种争端是不能通过对人类本质的自由的因果规定，即对那些使一个人变善或者变恶的原因的因果规定的洞见来达到平衡的，从而也不能在理论上达到平衡；因为这个问题超越了我们的理性的全部思辨能力。但 118
是对于实践的东西而言，问题不是对于我们的自由任性的运用而言什么在物理上是第一性的，而是：什么在道德上是第一性的？即我们应该从哪里开始？是从对上帝为我们所做的事情的信仰开始，还是从我们为了配享这些事情（无论它存在于什么地方）而应该做的事情开始？此时，选择后者就是毫无疑问的了。

这是因为，对造福的第一个必要条件的假定，即对一种替代性

的救赎的信仰的假定，充其量也只是对于理论的概念是必要的；我们不可能以其它方式来**理解**赎罪。相反，第二个原则的必要性是实践的，并且是纯粹道德的。我们肯定不能以其它方式来希望分有一种外来的救赎性的功德，并从而分享永福。我们只能凭借自己在遵循每一种人类义务方面的努力，来取得这种分享的资格，而这种遵循必须是我们的自我改造的结果，更不能是一种我们被动地接受的外来的影响。这是因为，由于这后一种诫命是无条件的，所以，一个人也必然会把它当做准则加在信仰上。也就是说，他会从改善人生开始，这是一种造福于人的信仰可能出现的唯一最高条件。

教会信仰作为一种历史性的信仰，有理由以对救赎的信仰开始；但是，由于它仅仅包含着纯粹的宗教信仰的载体（在宗教信仰中蕴涵着真正的目的），所以，在作为一种实践的信仰的宗教信仰中成为条件的东西，即**行动**的准则，必须造成开端；而**认知**或者理论信仰的准则只是起一种加固和完成前者的作用。

在此还需要说明的是，按照第一种原则，信仰（即对一种替代性的救赎的信仰）被当做人的义务。相反，善的生活方式的信仰，作为由更高的影响所造成的，则被当做对人的神恩。但是，按照第二种原则，情况则恰恰相反。因为按照这一原则，作为神恩最高条件的善的**生活方式**，是无条件的**义务**；相反，更高的救赎只是**神恩的事情**。人们（常常并不是没有道理的）指摘第一种原则是事奉神灵的**迷信**，但它毕竟懂得把一种应受惩罚的生活方式与宗教结合在一起；而指摘后者是**自然主义的无信仰**，这种无信仰兼有对一种
119 通常也许是可仿效的生活方式的无所谓态度，甚至对所有启示的对抗态度。但是，这并不是（在理论上）解开了绳结，而是（凭借一

个实践的准则）斩开了绳结，当然，这在宗教问题中也是允许的。为了满足在理论上解开这一绳结的要求，下面的东西可能是有用的。对上帝所喜悦的人性的原型（上帝之子）的活生生的信仰，**就其自身而言**，是与一种道德的理性理念相关的，只要这种理念不仅被当做我们的准绳，而且还被当做我们的动机。所以，无论我是从这种作为**理性信仰**的信仰开始，还是从善的生活方式的原则开始，都是一回事。相反，对**显象中的**同一个原型（对神人合一者）的信仰，作为**经验性的**（历史性的）信仰，却与善的生活方式的原则（这原则必须是完全理性的）不是一回事；要从这样一种信仰♀开始和要从它里面派生出一种善的生活方式，这是截然不同的东西。这正是上述两个命题的冲突所在。然而，在神人合一者的显象中，所包含的并不是他能够被感知，或者凭借经验认识的东西，而是我们加给神人合一者的那种蕴涵在我们的理性中的原型（因为就他的榜样可感知而言，可以根据那原型来判断他），其实就是造福于人的信仰的客体；而这样一种信仰与一种上帝所喜悦的生活方式是一回事。

因此，这里并没有两种自身有别的原则，似乎从它们的一个或者另一个开始，就是选择了截然相反的道路。相反，这里只有同一个实践的理念；我们由它出发，在一种情况下是由于它把原型表现为存在于上帝之中并从上帝出发，在另一种情况下是由于它把原型表现为存在于我们之中，但在这两种情况下，都是由于它把原型表现为我们的生活方式的圭臬；所以，二论背反只是表面上的，因

♀　这种信仰必须把这样一个人格的存在建立在历史的全部证据上面。

为它只不过是把在不同的关系之中被看待的同一个实践的理念，通过一种误解而视为两种不同的原则。

但是，如果有人要把对这样一个一度在世界上出现过的现象
120 的现实性的历史信仰，当做唯一能造福于人的信仰的条件，那么，就当然会有两种截然不同的原则（一个是经验性的，另一个则是理性的）。无论人们必须从这一个还是从另一个出发和开始，关于它们都将会产生一种真正的准则之争，而这种准则之争是任何理性都将无法平息的。说我们必须相信曾经有过一个人，他通过自己的圣洁性和功德，不仅为他自己（就他的义务而言），而且也为其他所有人（为他们在义务方面的匮乏）作了救赎（对此理性没有告诉我们任何东西），以便希望我们自己在一种善的生活方式中，最终仅仅借助于那种信仰就能够得到永福。这样一句话所说的，完全不同于下面这句话：我们必须竭尽全力追求一种上帝所喜悦的生活方式的圣洁理念，以便能够相信，只要人类尽其所能，竭力仿效上帝的意志，上帝（已经由理性向我们保证了的）对人类的爱就将顾及这种诚挚的意念而弥补行为的缺陷，无论这种弥补是以什么方式进行的。

但是，前一种信仰并不在每一个人的（包括无教养的人的）能力范围之内。历史表明，在所有的宗教形式中都流行着两种信仰原则的这种争执；因为所有的宗教都有救赎说，不管它们把这种救赎说建立在什么地方。但是，每一个人身上的道德禀赋在自己这方面都免不了要让人听从自己的要求的。不过，在所有的时代，祭司都比道德主义者有更多的抱怨；也就是说，祭司们大声疾呼地（并且要求当局遏制这种胡作非为）抱怨忽视了对神灵的事奉。倡

导这种事奉乃是为了使民众与天国和解，并使国家避免不幸。道德主义者则抱怨世风日下，极力把这归罪于那种赎罪手段，凭借那种赎罪手段，祭司使每一个人虽然犯有最严重的罪行，也可以轻而易举地与神明和解。事实上，如果现存有一笔取之不尽的财富，供偿付已经犯下的和还可能要犯的罪债，由于人们只需举手之劳（不管良知提出什么要求，也毫无疑问首先要伸手）就可以使自己洗清罪债，而善的生活方式的决心却可以被推迟到他首先结清了那些罪债的时候，这样，就不易设想，这样一种信仰会有别的什么结果了。但是，如果这种信仰甚至被描绘成这个样子，就好像它真有一种如此独特的力量和这样一种神秘的（或者魔法的）影响，以至虽然就我们所知，它应该被视为纯然历史的，但只要人们沉浸在它和 121
与它相联结的情感之中，它就有能力从根本上改善整个人（从他造就出一个新人），那么，这种信仰本身就必然被看作是直接由天国（与历史性的信仰一起，并在此之下）授予和唤醒的。在这种情况下，所有的一切，连同人的道德属性，最终都导致了上帝的一种无条件的旨意："上帝要**怜悯**谁，就怜悯谁，**要叫**谁**刚硬**，就叫谁刚硬。"[①]

① 这段话可以这样解释：没有一个人能够确定无疑地说，这个人是因何成为一个善的人，那个人是因何成为一个恶的人（二者都是比较而言的）。因为似乎早在出生时就常常已经可以发现这种区别的禀赋；甚至没有人能够预见的人生的偶然性，有时也在这方面起了一种决定性的作用。同样，也不能确定无疑地说，一个人会成为什么样的人。因此，我们必须听凭那全知者对此做出判断。而这一点在此被表述为，好像在人们出生之前，上帝关于人的旨意就明确地规定了每一个人今后应该扮演的角色。在显象的序列中，对于创世主来说，如果在这方面以神人同形同性论的方式来思考他，则**预见**同时也就是**预定**。但是，在按照自由律的事物的超感性的序列中去掉了时间，预见就仅仅是一种**全知的知识**，它不能说明为什么这个人如此行事，而另一个人则按照相反的基本原则行事，但它毕竟也能同时与意志的自由结合在一起。

从字面上来看，这就是人的理性的致命的跳跃(salto mortale)。

因此，我们身上的自然禀赋、同时还有道德禀赋——后者既是所有宗教的基础，又是它们的诠释者——的一个必然结果是，宗教最终将逐渐地摆脱所有经验性的规定根据，摆脱所有以历史为基础的、借助于一种教会信仰暂时地为促进善而把人们联合起来的规章。这样，纯粹的宗教信仰最终将统治所有的人，“以便上帝就是一切中的一切”。[1] 如果一个人应该襟怀坦白，就必须脱去那层当初胚胎借以形成为人的外壳。圣洁的传说及其附属物、规章和诫命的襻带，在当时曾作出过杰出的贡献，但逐渐地成为多余的。最终，当人进入青年时代时，它就成了桎梏。只要他(人类)还“是孩子，其聪慧就如同孩子”，并且知道把无须他的参与就为他规定

122 了的规章制度很好地与博学，甚至与一种能够为教会服务的哲学结合起来。“而既然他长大成人，就丢弃了孩子气的事情”。[2] **平信徒与教士**之间的令人屈辱的区别终结了，从真正的自由中产生了平等。但并没有无政府状态，因为虽然每一个人服从的都是他自己为他自己规定的(不是规章性的)法则，但他同时也必须把这法则看作通过理性为他启示的世界统治者的意志。这意志在一个不可见的共同政府之下，把所有的人都联结在一个国中。而在这之前，这个国就通过一个可见的教会得到了不充分的演示和准备。所有这一切，并不能期待由一场外部的革命来实现，这种革命以迅猛的、暴力的方式，造成它的非常依赖于幸运的结果。在其中，凡

1 参见《哥林多前书》第15章第28节。——译注

2 参见《哥林多前书》第13章第11节。——译注

是在建立一种新制度时一度被忽略了的东西，都被令人遗憾地保存下来达数世纪之久，因为这种东西是无法再改变了，至少除了通过一场新的（在任何时候都是充满危险的）革命之外，不能再改变了。——纯粹的理性宗教，作为对所有的人都不断地发生的神性的（尽管不是经验性的）启示，在其原则中必然蕴涵着向事物的那种新秩序过渡的根据。这种根据一旦从成熟的反思出发来把握，就会借助于逐步向前的改革付诸实现，即在它是人的工作的范围内实现。因为就革命来说，虽然它能够缩短这种进步，但却仍然是听凭天意的，并且不能按计划地、在不损害自由的情况下进行。

不过，即使只有教会信仰向普遍的理性宗教、并且进而向地上的一种（神性的）伦理国家的逐步过渡的原则，普遍地、在有些地方甚至**在公众中**扎下了根，我们也仍然可以有根据地说："上帝的国已经降临到我们这里了"，[1] 尽管现实地建立上帝的国，对我们来说还是距离无限遥远的事情。这是因为，由于这个原则包含着向这种完善的不断迫近的根据，作为一颗自己发芽生长、之后又重新结果的种子，在它里面蕴涵着有朝一日将照耀和统治世界的那个不可见的整体。但是，在每一个人的自然禀赋中，都不仅蕴涵着认识真和善的根据，而且也蕴涵着心灵分有真和善的根据。真和善
一旦成为公共的，就不免要借助于它们与理性存在者的道德禀赋 123
的自然亲和性，普遍地传播开来。它们的传播有时可能会遇到的出自政治的、公民社会的原因的阻碍，宁可说有助于使人们的心灵向善（人们的心灵一见到善，善就再也不会离开他们的思想了）的

1　参见《马太福音》第 12 章第 28 节。——译注

联合更为密切。[①]

※　　　　※　　　　※

124 因此，善的原则的不能为人的眼睛觉察的，但却是不断向前的工作就是：把人类作为一个遵循德性法则的共同体，在它里面建立一种力量和一个国度，它将宣布对恶的原则的胜利，并且在它对世界的统治下保证一种永恒的和平。

① 对于教会信仰来说，只要人们既不放弃对它的事奉也不攻击它，就可以保持它作为一种工具的有利影响，尽管如此又取消它作为一种关于事奉神灵义务的妄想，而对真正的（即道德的）宗教的概念的一切影响。这样，虽然规章性的信仰方式各不相同，却可以凭借统一的理性宗教的基本原则来确立各种信仰方式的信徒们彼此之间的互相宽容。在这种统一的理性宗教中，教师可以解释所有那些规章制度和诫命的目的，直到能够随着时间的进展，借助于越来越被接受的真正的启蒙（一种从道德的自由产生的合法则性），在每一个人都同意的情况下，把一种令人屈辱的强制手段的形式，更换为一种符合道德宗教的尊严的教会形式，即更换为一种自由信仰的形式。——把教会的信仰统一和信仰事务上的自由结合起来，这是理性宗教的客观统一性理念，通过我们对它在道德上的兴趣而不断追求解决的一个问题。但是，要在一个可见的教会中实现这一点，如果我们就此求教于人的本性，则希望甚微。理性的理念不可能在一个符合它的直观中对我们展现出来，但它作为实践的范导性原则，为了对纯粹理性宗教的统一这种目的发生作用，却毕竟具有客观的实在性。这里的情况和一部国家法的政治理念一样，如果国家法同时与一种普遍的、具有权力的国际法相联系的话。经验剥夺了我们在这方面的一切希望。在人类中似乎被（也许是有意的）植入了一种倾向，即每一个国家，如果事情按照它的愿望发展的话，都追求征服其它每一个国家，并且建立一个世界帝国。但是，在它达到了某种规模后，就又自己分裂为几个小国家。同样，每一个教会都怀有那傲慢的要求，即成为普遍的教会。但是，一旦它得到扩展，成为占统治地位的，就马上出现了解体和分裂为各种不同的教派的原则。[♀]

♀ 把各国过早地融合为一体是有害的（倒不如在人们在道德上变得更好之后再这样），这种融合——如果允许我们在这里假定天意的一种意图的话——主要受到两个强有力的原因的阻碍，即语言的不同和宗教的不同。

第二章　关于在地上逐步建立善的原则的统治的历史观念

我们不能要求地上的宗教（在这个词的最狭隘的意义上）有一部人类的**普遍历史**；因为它如果是建立在纯粹的道德信仰之上的，就不是公共的状态，而是每一个人都只能独自地意识到他在纯粹的道德信仰方面取得的进步。唯有对于教会信仰来说，我们才能通过按照它的各种不同的、变幻不定的形式，把它与独一无二的、不变的、纯粹的宗教信仰进行比较，从而期望一种普遍的、历史的描述。从教会信仰公开承认依赖于宗教信仰的限制性条件和与它一致的必然性出发，**普遍的教会**开始把自己塑造为上帝的一个伦理的国度，并且按照一个对所有的人和所有的时代都保持同一的坚定不移的原则，向这个国度的实现进步。可以预见，这一历史将无非是对事奉神灵的宗教信仰和道德的宗教信仰之间的不断斗争的叙述；在这二者中，人总是倾向于把作为历史性的信仰的前者置于首位，而后者作为唯一能改善灵魂的信仰，却从未放弃对属于它的优先权的要求，并将最终确凿无疑地宣布这种优先权。

但是，只有当这一历史仅仅被局限在人类的那样一个部分的时候，它才可能具有统一性；在这部分人类那里，趋向普遍的教会的统一的那种禀赋，如今已经接近于它的发展。凭借这种禀赋，至少理性的信仰与历史性的信仰之间的区别问题已经公开提出，并
且其解决已经成为最重要的道德事务；因为各个不同的、其信仰彼 125
此之间毫无关联的民族，其规章制度的历史，通常并不提供一种教

会的统一。但是，在同一个民族中出现某种与先前占统治地位的信仰明显不同的新信仰，这并不能算是教会的统一，哪怕先前占统治地位的信仰，在自身中具有产生新信仰的**诱发性**原因。因为如果人们把各种不同信仰方式前后相继的序列，算做同一个教会的各种变体的话，则统一就必须是原则的统一。而这部教会的历史就是我们现在反正要研究的东西。

因此，在这一意图中，我们只能讨论这样一种教会的历史，这种教会从它的最初的开端，就包含着趋向真正的、**普遍的**宗教信仰的客观统一的种子和原则，它在逐步地接近这样的宗教信仰。这里首先表明，**犹太教**的信仰与我们要考察其历史的这种教会信仰毫无本质性的联系，也就是说毫无概念上的统一，虽然前者是直接地先行的，并且为后一种（基督教的）教会的建立提供了自然的诱因。

就其最初的建立来说，**犹太教的信仰**只不过是规章性法则的一个总和，在这个总和之上建立起一种国家的制度。因为无论在当时还是在后来给它**附加上**什么样的道德添加剂，这些东西都绝对不属于犹太教这样一种宗教本身。犹太教严格来说，根本不是一种宗教，而只是一群人的联合。由于共属于一个特殊的民族，这群人形成了一个服从纯然政治的法则的共同体，从而也就没有形成一个教会；毋宁说，它本应该是一个纯然世俗的国家，以致即使这个国家被不利的偶然情况所粉碎，也总是还给它留下一种（本质上属于它的）政治信仰，即（在弥赛亚来临时）有朝一日重建这个国家。这个国家的制度以神权政治为基础（显然是一种自诩直接从上帝获得指示的祭司或者领袖的贵族政体），从而上帝的名字也并没有使它的制度成为一种宗教制度，因为上帝在这里完全只是作为一个世俗君主受到敬重的，他关于和对于良知根本不提出任何要求。它本来不应该成为这样一种制度，这一点的证据是显而易见的。**首先**，所有的诫命都具有这样的品性，即使一种政治的制度也可以遵守它们，并且把它们当做强制性的法则让人承担，因为它 126
们只涉及外在的行动。虽然十诫即使不是被官方提出来的，在理性看来也已经是伦理的诫命，然而，在那次立法中，它们根本不是伴随在遵循它们时的**道德意念**（后来，基督教把它的主要工作就建立在这里）的要求一起被给予的，而是绝对地仅仅着眼于外在的遵守。这一点还可以从以下这点得到说明，即：**其次**，从对这些诫命的履行或者触犯所产生的一切后果、任何奖赏或者惩罚，都仅仅局限于那些在这个世界上每一个人都可能有份的奖赏或者惩罚；甚至就连这些奖赏或者惩罚也根本不是依据伦理概念的，因为二者据说也及于在实际上根本没有参与他们的业绩或者罪行的后代。这在一个政治制度中虽然也可能是一种造成服从的聪明办法，但在一个伦理制度中，却是违背一切公正性的。由于如果没有对来世的信仰，任何宗教就都是不可思议的，所以，犹太教本身就其纯粹性而言，根本不包含任何宗教信仰。这一点将通过以下的说明得到进一步的加强。也就是说，犹太人和其它民族，甚至最原始的民族一样，也应当有过对来世、从而对自己的天国和地狱的信仰，这几乎是不可怀疑的。因为这种信仰由于人的本性中的普遍的道德禀赋，对于每一个人来说都是自发地产生的。因此，这个民族的立法者尽管被设想为上帝自身，却对来世**不愿**给予丝毫的注意，这肯定是**有意地**造成的。它表明，这个立法者想建立的只是一个政

治共同体，而不是一个伦理共同体。但是，在政治共同体中谈论在此生中不可见的奖赏和惩罚，鉴于那个前提条件，会是一种完全不合逻辑的、不适当的办法。即使不能怀疑犹太人在后来，每一个人都独自地为自己造成某种与他们的规章性信仰的信条混在一起的宗教信仰，它也毕竟从来没有构成一个属于犹太教立法的部分。**最后**，说犹太教构成了属于**普遍的教会**状态的一个阶段，或者甚至
127 说，它在它那个时代就构成了这个普遍的教会，这种说法是如此错误，以致还不如说，它作为一个由耶和华特别为自己选中的、敌视其它所有民族并由此也被每一个民族敌视的民族，把整个人类都从其社会中排斥了出去。至于这个民族为自己规定了一个唯一的、不能凭借任何可见的形象来想象的上帝作为普遍的世界统治者，这一点在此也不能评价过高。因为我们在大多数其它民族那里都能发现，它们的教义也同样是通向那里的，并且仅仅由于**崇敬**某些隶属于那个普遍的世界统治者之下的、有力量的低级神，而招致了多神论的嫌疑。因为一个仅仅希望人们遵循那些诫命、为此却根本不要求一种改善了的道德意念的神，本来就不是我们在一种宗教上必需其概念的那种道德存在者。与其说，宗教是在信仰仅仅被奉献给一个唯一的存在者，但这个存在者却使机械的崇拜成为主要的事情的情况下产生的。倒不如说，宗教还可能产生自对多个这样的强而有力的、不可见的存在者的信仰，只要一个民族是这样思维这些存在者的，即他们虽然职司各异，但却全体一致地把自己的喜悦仅仅赋予最配享的人，即全心全意地追求德性的人。

因此，如果普遍的教会历史理应构成一个体系，那么，我们也就只能从基督教的起源来开始这种历史；基督教作为对它所由以

产生的犹太教的一种完全抛弃，是建立在一个崭新的原则之上的，它在教义中造成了一场彻底的革命。基督教的导师尽可能作出，或者在一开始就尽可能作出过努力，要从这两种宗教里编织出一条相互联系的线索来，于是就想学会把新的信仰看作旧的信仰的一种延续，认为旧的信仰以原型的方式包含了新的信仰的一切事件。这种努力极为清楚地表明，他们在这里所关心的也许或曾经只是用最适当的手段**引入**一种纯粹的道德宗教，来取代一种旧的、民众的习惯过于强大的崇拜，而又不直接与民众的成见相冲突。随之而来的废除形体描绘，促使那个民族与其它民族完全分离开来，单凭这点就可以让人做出判断，这种不受旧信仰的规章束缚，甚至不受任何规章束缚的新信仰，已经必然包含着一种对世界，而不是仅仅对一个唯一的民族有效的宗教了。

所以，基督教是从犹太教中突然地、但并非毫无准备地兴起的。不过，这里所说的犹太教，不再是族长制的、无混杂的、仅仅建立在自己的政治制度（即使它已经支离破碎了）之上的犹太教，而 128
是已经通过逐渐地在这方面公共化了的道德学说，同一种宗教信仰混合了的犹太教，在这样一种状态中，这个过去无知的民族已经获得了许多外来的（希腊人的）智慧，这些智慧也许有助于借助德性概念对这个民族进行启蒙。并且尽管它有其规章性信仰的沉重负担，一旦有机会通过使祭司们听命于一个以无所谓的态度看待所有外来的民族信仰的民众的决定权，而削弱他们的权势，就为革命做好准备。福音的导师宣称自己是由天国派来的导师，同时，作为一个不辜负这一派遣的人，他宣布强制的信仰（对事奉神灵的日子、信条和习俗的信仰）是毫无价值的，相反，道德的信仰是唯一能

够造福于人的信仰，唯有它才能够使人们圣洁，“就像你们的父在天国是圣洁的一样”。[1] 他还凭借善的生活方式证明自己的纯正性。但在他通过教诲和受难乃至无辜的、同时又是值得称颂的
129 死，①在自己的人格上提供了一个符合那唯一让上帝所喜悦的人性原型的榜样之后，他被设想为重新回到了他所来自的天国，因为他口头上留下了他最后的意志（如同在一个遗嘱中那样）。并且就追忆他的功绩、教诲和榜样而言，他能够说，“他（上帝所喜悦的人

1　参见《利未记》第 11 章第 44 节；《彼得前书》第 1 章第 16 节。——译注

①　随着他的死，他的公开的历史（他的历史由此也普遍地被当做仿效的榜样）也就结束了。作为补充而附加上的比较隐秘的、仅仅为他的至交所目睹的、他的**复活**和**升天**（如果我们把它们仅仅作为理性理念来接受，那么，它们将意味着另一种生活的开端，意味着进入永福之地，即意味着与一切善的结合）的历史，却不能无损于它们的历史评价而被用于单纯理性界限内的宗教。这并不是因为它是历史叙述（因为这也是先行的历史叙述），而是因为就字面上来看，它假定了一个虽然很适合人的感性表象方式，但就其对未来的信仰来说却是理性的累赘的概念，即所有世间存在者的物质性的概念。也就是说，它不仅假定了人的只有在那个**肉体**条件下才发生的**人格**的**唯物论**（心理学的唯物论），而且还假定了一般在一个尘世中的**临在**的**唯物论**（宇宙论的唯物论），按照这个原则，这种临在只能是**空间上**的。与此相反，有理性的世间存在者的唯灵论的假设认为，肉体在地上固然是死的，但他的人格却是活着的。同样，人在精神上（就其非感性的质而言）能够达到永福之地，不会被置于环绕着地球的无限空间（我们也称之为天）的任何一个地方；这种假设对于理性来说是更为有利的。这不仅是由于一种能够思维的物质是无法理解的，而且特别是由于我们在死后的存在所遭逢到的那种偶然性，因为这种存在据说只不过是建立在某一团物质以某种形式的黏结之上的。相反，这种假设却要把一个单纯的实体的持久存在，设想为建立在它自己的本性之上的。——但是，在后一种前提条件（唯灵论的前提条件）下，理性既不会有兴趣永恒地拖曳着一个肉体，这个肉体无论怎么纯粹化，都（如果人格是建立在与肉体的同一性之上的）总还是必须由构成其肉体组织的基础的同样材料组成，而肉体本身在生活中却从未随心所欲地取得过这种材料。理性也无法使自己理解，构成了肉体的这种黏土在天上，即在另一个世界领域里应该是什么，恐怕在那里是另一种物质来构成生物存在与维持的条件吧。

性的理想）仍然与自己的门徒同在，直到世界的末日”。[1] ——在人们由于他的人格的起源和其也许是超尘世的等级而可能会对一种**历史性的信仰**感兴趣的时候，这种教诲就会是需要由奇迹来证实了。但是，奇迹作为纯然属于道德上的、能改善灵魂的信仰的东西，却可能缺乏所有这样的证明其真实性的证据。这种教诲在一部《圣经》中还加进了奇迹和奥秘，而奇迹和奥秘的宣示本身又是一种奇迹，并且要求一种只能通过博学才能不仅加以证实，而且在其重要性和意义上加以保证的历史性的信仰。

但是，任何一种作为历史性的信仰而建立在经书之上的信仰，都必须有一个**有教养的**公众来作为自己的担保。在这样的公众中，这种信仰可以通过作为同代人的文献作家仿佛能够得到检验。这些作家不会被怀疑与这种信仰的第一批传播者有一种特别的约定，他们与我们今日的著作界有着不间断的联系。与此相反，纯粹的理性信仰并不需要这样一种证实，而是自己证明自己。在那场革命的时代，统治犹太人并散布在犹太人自己的居住地上的民族（罗马民族）中，就已经有一批有教养的公众，从他们那里，甚至当时的历史就政治制度中所发生的事件而言，也通过一系列作家流
传给我们了。尽管这个民族很少关心它的非罗马臣民的宗教信 130
仰，但毕竟从据说在他们中间公开发生的奇迹来看，这个民族绝不是无信仰的。然而，作为同时代人，他们却不仅根本没有提到这些奇迹，也根本没有提到这些奇迹在臣服于他们的那个民族中（在宗教方面）所导致的那场虽然是公开地进行的革命。只是到了后来，

1　参见《马太福音》第 28 章第 20 节。——译注

在经过了一代人有余之后，他们才着手研究这场对他们来说迄今为止尚属未知的信仰变化的性质（这场信仰变化的进行并不是没有公开的活动的），但却没有研究这场变化最初的历史，以至在他们的编年史中，根本找不到这段历史。因此，从这个时候直到基督教为自己造就了一个有教养的公众的时代，基督教的历史是模糊不清的。于是，我们也就始终不知道，基督教的学说对他的教徒的道德性造成了什么样的影响，最初的基督徒是确实在道德上改善了的人，还是依然为普普通通的人。但是，自从基督教自己成为一个有教养的公众，或者至少是进入广大有教养的公众之中以来，就人们有理由期待一种道德宗教可以发挥的慈善作用而言，基督教的历史对公众来说决没有什么好印象。——隐士生活和僧侣生活中的神秘主义狂热，和对独身阶层的圣洁性的歌功颂德，是怎样使一大批人对世界变得毫无用处；与此相联系的所谓的奇迹，如此用沉重的枷锁把人民压制在一种盲目的迷信之下；借助一种压迫自由的人们的教阶制，**正统信仰**的可怕声音如此从自封的、唯一钦定的《圣经》诠释者的口中发出，以及基督教世界由于信仰的意见（如果人们不把纯粹的理性宣布为诠释者，就绝不能给信仰的意见带来任何普遍的一致）如此而分裂成激烈对抗的派别；在东方，国家以一种可笑的方式插手祭司和僧侣阶层的信仰规章，而不是把它们控制在只是学者阶层的狭小圈子内（这些规章在任何时候都热衷于把学者阶层转化为一个统治阶层）。我要说的是，这种国家是如此终于不可避免地必然成为最终结束了它的占统治地位的信仰的那些外来敌人的猎物。在西方，信仰获得了它自己的、不依赖于
131 世俗权势而建立的宝座，而公民秩序连同（维护这种秩序的）各门

科学，却如此被一个自封的上帝钦差破坏和弄得衰弱不堪。这两个基督教地区[1]如此受到野蛮人的侵袭，就像由于生病而临近解体的植物和动物招引来毁灭性的昆虫以完成这种解体一样。在西方，那个精神上的领袖[2]如此凭借他那威胁要实行绝罚的魔杖，像对待小孩一样统治和惩罚各个国王，煽动他们去进行灭绝另一地区人口的对外战争（十字军战争），去彼此攻杀，并激怒臣民们反抗自己的政府，去残忍地仇视自己那持有与一个普遍的所谓基督教不同想法的同道。这种即使如今也只是由于政治利益才免于激烈爆发的不和，如此隐秘地植根于一种专制地规定的教会信仰的基本原则之中，并一直还令人担忧发生类似的事件。——如果不是基督教的建立一直足够清楚地表明，它真正的初始意图无非是引入一种纯粹的、不可能存在意见争端的宗教信仰，而所有那些曾损害人类，并还在使人类分裂的骚乱之所以产生，完全是因为，由于人的本性的一种恶劣的倾向，那应该在一开始用于引进纯粹的宗教信仰的东西，即把那些习惯于旧的历史性信仰的民族，借助于其成见争取到新的信仰方面，结果却被当做了一种普遍的世界宗教的基础，那么，只要我们把基督教的这一历史（就基督教本来想要建立在一种历史性信仰的基础之上而言，这一历史也就不会有别的结果）看作一幅全景画，它就会证明那一声惊呼是多么地正确：宗教竟会诱发如此多的恶（tantum religio poruit suadere malorum。）[3]

1　指信仰天主教的西罗马帝国地区（西方拉丁世界）和信仰东亚教的东罗马帝国（拜占庭帝国）地区。——译注

2　指罗马教皇。——译注

3　Lucretius，《物性论》，V，101。——译注

如果有人问，迄今为止已知的全部教会历史的哪个时代是最好的时代，那么，我毫不犹豫地要说，**就是现在这个时代**。也就是说，人们可以让真正的宗教信仰的种子，如同它现今在基督教界虽然只是由一些人播种，但毕竟已经公开地播了种一样，完全不受阻碍地日益萌发起来，以便由此期待不断地接近那个把所有的人永远联合起来的那个教会，它构成上帝不可见的国在地上可见的体
132 现（图型）。——在依照其本性应该是道德的和改善灵魂的那些事务上，理性使自己摆脱了一种总是听凭诠释者任性摆布的信仰的重负。这种理性在我们这部分世界的所有国家里，在真正的崇信宗教者中间，**首先**普遍地（即使不是处处都公开地）接受了在谈论所有叫作启示的事务时公允**谦逊**的基本原理：由于没有任何人能够否认，一部就其实践性内容而言，所包含的纯为神性事物的经书的**可能性**，它可能（即鉴于它在历史上所包含的东西）也确实被视为上帝的启示。此外，人们在一个宗教上的联合，若是没有一部《圣经》和一种建立在《圣经》之上的教会信仰，也就没有什么理由能够实现出来并坚持下来。又由于，正如人的洞察力的目前状况那样，的确很难有某个人会去期待一种由新的奇迹引入的新的启示。——因此，最合理和最公正的就是，把这部已经存在的《圣经》继续用做教会课程的基础，不借助毫无用处的、恶意的攻击来削弱它的价值，但也不把对它的信仰当做达到永福所要求的而强加给任何一个人。**第二个**基本原则是：由于纯然是为了教会信仰的目的而编制的《圣经》故事，其自身对于采纳道德准则绝对不能也不应该有任何影响，它仅仅是为了生动地展现道德准则的真正客体（追求圣洁性的德性）而被赋予教会信仰的。所以，《圣经》故事在

任何时候都必须被讲授和解释为以道德的东西为目的的。但与此同时还必须小心地和(因为尤其是普通的人在自身中有一种犯被动[①]信仰毛病的固定倾向)不断重复地提醒,不能把真正的宗教设 133
定在对上帝为我们获得永福正在做或者已经做了的事情的认识和信奉之中,而是应该把它设定在我们为了配享那些东西必须做的事情中,这种事情在任何时候都只是某种自身就具有无可置疑的、**无条件**的价值的东西,因而也只有它才能使我们让上帝喜悦。同时,每一个人都不需要任何《圣经》的博学就可以肯定它的必要性。——不妨碍这些基本原理,以便让它们成为公开的,这是君王们的义务;与此相反,在这方面干预神明天意的进程,为了讨好某些充其量也只是具有一种必须由学者们发现的或然性的历史性教会学说,而通过提供或者拒绝某些市民社会的、通常对每一个人开放的利益来诱惑臣民们的良知,这是非常冒险的,是要后果自负的。[②] 且不说由此对在这种场合的圣洁自由所造成的损害,它也很 134

① 这种倾向的原因之一在于安全原则,即我在一种宗教中出生和接受教育,它的教导不取决于我的选择,在其中我凭借自己的玄想不能够改变任何东西,因而这种宗教的错误也不应由我负责,而是应由我的教育者或者官方为此确定的教师负责,这也是人们不容易赞许一个人公开改宗的原因。此外,当然还有另一个更为深刻的原因,即由于每个人在自身中感到无法确定(在种种历史性的信仰中)哪一种信仰是正确的信仰,而道德的信仰到处都是同样的信仰,所以,人们也就把引起对此的注意看作毫无必要的。

② 如果一个政府愿意懂得,它仅仅禁止**公开地说出**自己的宗教意见,而并不阻挠任何人私下里**思考**他认为好的东西,这就不会被视为对良知的压制,那么,人们对此通常会付之一笑,并且说,这根本不是什么由它所赐予的自由;因为它根本就不能阻挠人们的思维。然而,世俗的最高权力做不到的事情,宗教的权力却能够做到,也就是说,甚至能禁止并且事实上也阻挠思维,以至于它还能够把这种强制施加于它的有权势的世俗上司,即禁止哪怕仅仅是思考与它所规定的不同的东西。这是因为, (续下页注)

难为国家造就好的公民。那些自愿去阻碍神性禀赋趋向尘世的至善这样一种自由的发展，或者甚至还建议别人去阻碍它的人，只要求教于良知对此反思一下，在他们中间还有谁，愿意为所有的人担保可能从这样的粗暴干预中产生的恶呢？这种恶也许会使世界统治者所计划的、在善上的进步长期受到阻碍，甚至还会使它退步，尽管不会有一种人类的力量和机构能够在某个时候完全取消这种进步。

在这段故事中，就天意的指导而言，天国最终也被设想为不仅是处于一种虽然在某些时候停留一下，但却永远不会完全中断的接近程序中，而且也是处于降临之中。当这种历史叙述（在《启示录》中）还被附加上一种预言（如在《西彼拉预言集》[1] 中那样），预示

（续上页注） 由于人们有趋于事奉神灵的强制性信仰的倾向，他们自发地趋向于不仅赋予这种信仰以先于道德信仰（借助遵守自己的一般义务来事奉上帝）的最大的重要性，而且赋予它唯一的、能弥补其它所有缺陷的重要性，所以，正统信仰的维护者们作为灵魂的牧者，随时都可以轻而易举地引起他们的牧群虔诚地惧怕对某些建立在历史基础之上的信条的极小的偏离，甚至是惧怕对这些信条的任何研究，以至于他们不敢哪怕是仅仅在思想中让自己产生对强加给自己的信条的怀疑，因为这已经是在听从恶的精灵了。的确，为了摆脱这种强制，人们只可以有**愿望**（对于君王们在官方信仰方面的强制来说，就不是这么回事了），但这种愿望也正是在内心中受到阻挠的东西。不过，这种真正的对良知的压制，虽然已经够糟糕了（因为它诱导出内心的虚伪），但还不像阻碍外在的信仰自由那么糟糕。因为前者通过道德洞察力的进步，和对自己的自由——对义务的真正敬重只能从自由中产生——的意识，必然逐渐地自行消失，而后一种外在的强制则相反，它阻碍那构成了真正教会的本质的、信徒们的伦理共同体中的任何自愿的进步，并且使教会的形式也完全服从政治的规定。

1 西彼拉（sibylle）原是古希腊女预言家的称谓。古罗马一女预言家所撰写的《西彼拉预言集》，与后来的先知预言相混合，曾对罗马帝国的政治生活产生过重大影响。基督教胜利后，《西彼拉预言集》并没有失去作用。保存下来的《西彼拉预言集》（十二册）是古希腊罗马的、犹太教的和基督教的观点和信条的一种混合物。——译注

这一伟大的世界转变在一个地上的可见的上帝之国的画卷中（在他的崇信降临的代理人和授权者的统治下）的实现；预示在他的领导下，在脱离和排除了再次试图对抗他的叛逆者之后在这尘世应该享有的幸福；还预示对这些叛逆者及其首领的彻底根除，从而是**世界的末日**构成了历史的结束时，人们就可以把天国解释为一种不过是为了更有力地鼓动起人们的希望、勇气和对天国的追求的象征性表象。福音的导师仅仅从庄重的、使灵魂升华的、道德的方面，即配得上成为一个上帝之国的公民的方面，向自己的门徒指明了上帝在地上的国，并且指示他们该做什么，不仅为了自己做到这一点，而且还为了与其他志同道合的人，并且尽可能与整个人类联合起来去做。但是，就构成了人的另一部分不可避免的愿望的幸福而言，他向自己的门徒预言，他们在自己的尘世生活中不能指望得到幸福。毋宁说，他让他们做好承受极大的悲痛和牺牲的准备；不过，他（由于人只要生存着，就不能苛求他完全放弃幸福的自然因素）又补充说："应当欢喜快乐，因为你们在天上的赏赐是大的。"[1] 上面引用的对教会历史的附加部分，在涉及人们未来的和最终的命运时，把人们设想为最终是**胜利凯旋的**，即在克服了所有的障碍之后，在尘世也达到了幸福的巅峰。——在教会向其完善性进步期间，善人与恶人的区分对这一目的不会有所助益（因为二者彼此之间的混合恰好是为此目的所必需的，这部分是为了磨砺善人的德性，部分是为了用善人的榜样把恶人从恶引开），这种区分被设想在完成了上帝之国的建立之后，是这种建立的最终结果。在这里，还加上了对这个国作为一种政权来看的坚固性的终极证

135

1　参见《马太福音》第5章第12节。——译注

明，加上它对同样也被看作在一个国（炼狱之国）中的所有外部敌人的胜利。这样就使得所有的尘世生活有了一个结束，因为“尽末了毁灭的（善人们的）仇敌，就是死”，[1] 双方都开始了不朽，一方是得救，另一方则是沉沦。一种教会的形式也就解体了；地上的授权者也就与作为天国的公民、上升到他那里的人们进入同一个等级，于是，上帝也就是一切中的一切了。①

对自身并非历史的来世作一种历史叙述，这种表象是一个美好的理想，即通过引入真正的普遍宗教造成道德上的、在信仰中**预**
136 **见到的**世界新纪元，直到其实现。我们不能把这一实现作为经验性的实现来**预期**，而是只能在持续不断的进步中和向尘世可能的至善的迫近中（这里没有任何神秘的东西，所有的一切都是以道德的方式自然而然地进行的）来**期望**这一实现，即为这一实现做好准备。反基督者的出现、千禧年、关于世界末日临近的宣告，都可以在理性面前得到其好的、象征性的意义。而关于世界末日临近的宣告，被设想为一个（就像人生的终点或远或近一样）不可预见的事件，很恰当地表达了任何时候都为此做好准备、但在事实上（如果我们赋予这一象征以理知的意义）任何时候都把我们自己现实

1　参见《哥林多前书》第 15 章第 26 节。括号内的文字是康德所加。——译注

①　这一表述可以（如果我们排除那些秘奥的、超出了可能经验的所有界限的、纯然属于人们的**圣洁**历史的、从而与我们在实践上毫不相干的东西）这样来理解，即历史性信仰作为教会信仰，需要一部《圣经》来当做人们的襻带，但正因如此也妨碍了教会的统一和普遍性。这种历史性信仰将自行终结♀并转化为一种纯粹的、对整个世界都明白易懂的宗教信仰。因此，我们今天就已经勤奋地为此工作，通过坚持不懈地使纯粹的理性宗教脱去那层目前尚不可缺少的外壳而发展起来。

♀　不是说这种历史性信仰正在终结，而是说它可能终结（因为它作为一种载体，也许总会是有用的和必要的）。这里指的仅仅是纯粹的道德信仰的内在坚固性。

地看作一个上帝之国的合格公民的必要性。“上帝的国几时来到？”——“上帝的国来到，不是眼所能见的。人也不得说，看哪，在这里。看哪，在那里。**因为上帝的国就在你们的心里！**”（《路加福音》，第 17 章，第 21-22 节）。♀

♀　这里所说的不是一个根据一种特殊盟约的上帝之国（不是弥赛亚的国），而是一个**道德的**（单凭理性便可以认识的）国。前者（缔约者的神圣国度[regnum divinum pactitium]）必须从历史中获取它的证明；于是它被划分为根据**旧**约的弥赛亚的国和根据**新**约的弥赛亚的国。值得注意的是，前者的崇敬者（犹太人）虽然四散在全世界，但仍然保持为这样的崇敬者，而其他宗教同道的信仰，通常却与他们散布在其中的民族的信仰融合在一起了。这一现象使许多人觉得如此奇异，以至他们认为，这按照自然的进程是不可能的，而认为它乃是为了上帝的一个特殊的意图而做出的非常的安排。不过，一个具有自己的写下的宗教（《圣经》）的民族，是绝不会与另一个没有这样写下的宗教、而是只有习俗的民族（如罗马帝国——当时是整个文明世界）融合进一种信仰的；毋宁说，它或迟或早地造就了一批认信者。因此，即使是犹太人，在巴比伦之囚以后——他们的《圣经》似乎最早是在那之后成为公开的读本的——也不再由于他们追随外来神灵的倾向而受到指摘了。尤其是肯定也影响过他们的亚历山大里亚文化，可能曾有利于他们赋予那些外来神灵一个体系化的形式。同样，琐罗亚斯德教的信徒波斯人，虽然居住分散，也把他们的信仰保存到了今天；因为他们的大祭司拥有《阿维斯陀注释》。相反，使用茨冈人这个名称散布各地的印度人，由于他们乃是出自这个民族 137 *141*
的渣滓（贱民），他们甚至被禁止阅读自己的《圣经》，因而也就难免与外来信仰混合了。不过，尽管犹太人如此未能单独为自己造成的东西，基督教和后来的穆罕默德教，尤其是基督教却做到了。因为它们是以犹太人的信仰和属于这一信仰的《圣经》为前提条件的（尽管穆罕默德教宣称这些《圣经》是伪造的）。而犹太人尽管在迁徙中很大程度上失去了阅读自己的古老文献的能力，从而也失去了占有它们的兴趣，只剩下了他们从前曾经拥有过这些文献的回忆，但他们总还是能够在从他们那里出发的基督徒那里重新找到这些文献。因此，如果把马拉巴尔海岸的少数犹太人和中国可能有的一个犹太村落（其中前者可能与他们在阿拉伯的信友有着持续不断的商业来往）除开，那么，在上面提到的各国之外，人们也没有发现犹太人，尽管无可置疑的是，他们不会不也散布到那些富裕的国家中去。但由于他们的信仰缺乏与当地的信仰方式的任何类似性，他们完全遗忘了自己的信仰。但是，把令人满意的考察建立在犹太民族及其宗教在对他们来说如此不利的情况下得以如此保存下来的基础之上，是很糟糕的，因为两种意见的每一方都相信可以在这里找到自己的解释。一方把自己所属的民族得以保存，以及自己的尽管散布在如此众多的民族之中却依然纯洁的古老信仰得以保存，看作要为一个未来的地上王国保存这个民族的某种特别的、仁慈的天意的证明。另一方则把它看做不过是一个被摧毁的、抗拒临近的天国的国家的鉴戒性废墟。一个特别的天意之所以还一直保存这废墟，部分是为了使关于一个出自这个民族的弥赛亚的古老预言保存在人们的怀念中，部分是为了在它上面树立一个公正惩罚的榜样，因为这个民族冥顽不化地要从政治上理解弥赛亚，而不是在道德上理解弥赛亚。

总的附释

在所有与宗教相联系的信仰方式中，研究活动在其内在属性的背后，都不可避免地遇到一种**奥秘**，即遇到某种**神圣的东西**，它虽然可以为每一个单个的人所**知道**，但却不能成为**众所周知的**，即不能被普遍地传达出来。作为某种**神圣的东西**，它必然是一个道德的对象，从而也就是理性的一个对象，并且可以被内在地认作对于实践的运用来说是充足的；但是作为某种**奥秘的东西**，它对于理论的运用来说却不是充足的，因为它在这种情况下必须对每一个人来说都是可传达的，从而也可以成为外在的和众所周知的。

138 信仰某种我们同时应看作是神圣的奥秘的东西，这可以或者被看作一种**神圣启示的信仰**，或者被看作一种**纯粹理性的信仰**。如果没有极大的迫切需要迫使我们接受前者，那么，我们将立足于后者作为我们的准则。情感并不是认识，因而也不说明任何奥秘。而且既然奥秘是与理性相关的，但又不能被普遍地传达，所以，（如果在任何时候有这样一种东西的话）每一个人都将只能在他自己的理性中寻找它。

先天地、客观地澄清是否存在这样的**奥秘**，这是不可能的。因此，我们将不得不直接在内心中、在我们道德禀赋的主观因素中去搜索，以便看一看在我们心中是否存有诸如此类的东西。道德事务虽然是可以公开传达的，但我们却不能给出其原因，而是只能给出供我们认识、但却不能公开传达的东西。然而，我们并不可以把道德事务的对于我们来说无法探明的**根据**算做神圣的奥秘。例如自由，它是人根据自己的任性可以受无条件道德的法则所决定而得知的一种属性,但它不是奥秘,因为对它的认识对每一个人来说都是**可传达的**。但是,这种属性的对于我们来说无法探明的根据是一个奥秘;因为它并**没有被给予**我们供我们认识。但恰恰唯有这种自由,才是那种当它被运用于实践理性的最终客体、即道德终极目的的理念的实现时,就不可避免地把我们引导到神圣的奥秘的东西。①

由于人尽管不能自己实现与纯粹的道德意念不可分割地结合 139
在一起的至善理念(不仅是从隶属于它的幸福方面来说,而且还从人们为整个目的的必然联合方面来说),但仍在自身中发现了必须致力于此的义务,所以,人发现自己被引向了对一个道德的世界统治者所做的协助或者安排的信仰,只有借助他的协助和安排,这一目的才是可能的;于是,关于上帝在这方面会做什么,是否可以一般地把**某种东西**归之于他,以及可以把**什么**特别地归之于他(上

① 例如,世界上所有物质普遍具有重力的原因是我们所不知道的,以至我们甚至可以认为,它绝不会为我们所知:因为单是它的概念就已经以一种无条件地包含在它本身中的第一推动力为前提了。然而,它并不是一种奥秘,而是可以向每一个人说明的,因为它的法则是被充分认识到的。当**牛顿**把第一推动力设想为仿佛是上帝在显象界无所不在(作为现象的无所不在[omnipraesentia phaenomenon])时,这不是试图去解释它(因为上帝在空间中的存在包含着一种矛盾),但却是一个庄严的比喻,它仅仅着眼于通过赋予有形的存在者一个无形的原因,而把有形的存在者结合成为一个世界整体的问题。同样的情况似乎也发生在试图去洞察把有理性的世俗存在者联合为一个伦理国家的独立原则、并由此出发解释这种联合的场合。我们只知道使我们如此的义务;即使我们服从义务,预期的结果的可能性也超出了我们的所有洞察力的界限之外。——存在着自然界的奥秘、隐秘(玄秘的事物[arcana]),也可能存在着政治的奥秘(保守秘密,机密[secreta]),它们不应该成为众所周知的。但是,由于二者都是以经验性的原因为基础的,它们都是**能够**为我们所知的。就人们普遍有义务认识的东西(即道德事务)而言,不可能存在有任何奥秘。但就只有上帝才能做到的事情而言,参与其事超出了我们的能力,因而也超出了我们的义务,只有这时才会存在真正的奥秘,即宗教的神圣奥秘(mysterium)。关于它们,对于我们有用的只是知道并且理解到有这样的东西存在,而不是去洞察它。

帝），在人面前就呈现出一个奥秘的深渊。不过，人在每一种义务中所认识的，无非是为了能够配享那种不为他所知、至少不为他所理解的襄助，他自己应该做些什么。

一个道德的世界统治者的这一理念，是我们的实践理性的一个课题。我们感兴趣的并不是知道上帝就其自身而言（就其本性而言）是什么，而是知道他对于作为理性存在者的我们而言是什么。虽然我们为了这一关联必须这样思考和设想上帝的那个本然属性，即对于这种关系来说，在为贯彻他的意志所要求的完善性中是必要的（例如作为一个不变的、全知的、全能的存在者等等），而且离开这一关联，我们在他那里就不能认识任何东西。

根据实践理性的这种需求，普遍的真正的宗教信仰也就是信仰上帝：（1）他是天地的全能的创造者，即在道德上是**圣洁的**立法者；（2）他是人类的维护者，是人类的**慈善**的统治者和道德上的照料者；（3）他是他自己的神圣法则的主管者，即**公正的**法官。

140 这种信仰本来不包含任何奥秘，因为它仅仅表示了上帝与人类在道德上的关系。它也自发地呈现在所有的人类理性面前，因而我们在大多数文明民族的宗教中，都可以发现这种信仰。[①] 它

---

① 在关于末世的神圣预言故事中，**世界审判者**（真正说来是这样一个身旁者，他把属于善的原则之国的人们作为自己人，置于他的统治之下，并把他们拣选出来）不是被设想和称作上帝，而是被设想和称作人子。这似乎表明，**人类自己**由于意识到自己的局限性和脆弱，将在这一拣选中判决**自己**。这是一种仁慈，但并不损害正义。——与此相反，如果人们的审判者表现在他的神性中，就像他按照为我们所承认的神圣法则和我们自己的责任对我们的良知讲话那样（圣灵），那么，他只能被设想为按照法则的严峻性作审判，因为我们自己根本不知道，要怎样归咎于我们的脆弱才能对我们有利，而只不过清楚地知道在意识到我们的自由的情况下所做出的逾越行为，知道完全可以归咎于我们的对义务的损害，从而也就没有理由在审判者关于我们的判决中假定仁慈。

蕴涵在一个作为共同体的民族的概念之中，在一个这样的民族中，任何时候都必须考虑这样一种三重的高层权力（pouvoir），只不过它在此被设想为伦理的罢了。因此，人类的道德元首的这种三重性质，可以被设想为在同一个存在者中结合在一起。而它们在一个律法的公民国家中，则必须被分配在三个不同的主体之下。♀

但是，由于这种为了一般宗教而使人与最高存在者的道德关 141
系脱除了有害的神人同形同性论因素、并使之符合一个上帝子民的真正品德的信仰，是首先在一种（基督教的）教义中提出，并且仅仅在这一教义中才向世界公开提出的，所以，我们倒是可以把颁布这种信仰称作迄今为止，由于人们自己的罪过而对人们仍是奥秘的东西的启示。

这一教义宣称：**首先**，我们既不应该把最高的立法者本身设想为**仁慈的**，从而对人们的弱点也就是**宽容的**（容忍的），也不应该把他设想为**专制的**，仅仅根据他的无限制的权力颁布命令的；也不应

♀　我们找不出理由来说明，为什么如此多的古老民族在这个理念上是一致的。除非理由在于，当我们要设想一个民族政府，并且（根据与一个民族政府的类比）设想一个世界政府的时候，这个理念就蕴涵在普遍的人类理性之中。**琐罗亚斯德教**有这三个神的位格：奥尔穆兹德、密特拉和阿里曼；**印度教**有梵天、毗湿奴和湿婆（区别仅仅在于，前者不仅把第三个位格，就其是惩罚而言设想为灾祸的始作俑者，而且甚至于设想为使人遭受惩罚的道德上的恶；而后者则仅仅把它设想为进行审判和惩罚的）。**埃及人的**宗教有卜塔、克奈夫和内特，其中，就来自这个民族远古时代的信息的模糊性使人能够猜测而言，应该是第一个原则体现与物质有别的精神，它是**世界的创造者**，第二个原则体现起维护和**治理**作用的仁慈，第三个原则体现限制仁慈的智慧，即**正义**。**哥特人**的宗教崇敬奥丁（万有之父）、弗莱亚（仁慈）和托尔，即从事审判（惩罚）的神。甚至犹太人似乎在其等级制度的最后时代也追随过这些理念。因为在法利赛人关于基督被称作上帝之子的指控中，他们的指控似乎并没有特别强调认为上帝有一个儿子的学说，而是仅仅强调基督自称是上帝的这一儿子。

该把他的法则设想为任意的，与我们的道德概念一点也不相似的，而应该将这法则设想为与人们的圣洁性相关的法则。**其次**，我们不得把他的仁慈设定在对他的造物的一种无条件的**宠爱**之中，而是必须设定在这一点之中，即他首先关注这些造物借以能够使他**喜悦**的那些道德品性，只是在此之后才来弥补他们在由自己来满足这一条件方面的无能。**再次**，他的公正不能被设想为**仁慈的**和**软心肠的**（这包含着自相矛盾），更不能被设想为以立法者的**圣洁性**的品质（面对这种品质，没有一个人是公正的）实施，而是只能被设想为把仁慈限制在这样的条件下，即人们就作为**人的子女**能够符合神圣法则的要求而言，与这种法则保持一致。一言以蔽之：上帝要人们以一种三重的、类别不同的道德品质来事奉，对于这样一种品质来说，同一存在者的不同人格（不是自然方面不同，而是道德方面不同）的这种命名，并不是什么不合适的表述。信仰的这种象征同时表达出了整个纯粹的道德宗教。否则，没有这种区别，按
142 照人把神明设想得和一个人类元首一样（因为人类元首在其统治中通常不是把这三重的品质彼此分开，而是经常把它们掺杂或者混淆起来）的倾向，纯粹的道德宗教就会面临蜕化为一种神人同形同性论的强制信仰的危险。

但是，如果这种（对上帝的三位一体的）信仰不是仅仅被视为一个实践理念的表象，而是被视为一种应当表现上帝本身是什么的信仰，那么，它就会是一种超越了人的所有概念的、从而不能启示给人的理解力的奥秘，并且可以从这种角度被宣布为这样一种奥秘。对这种奥秘的信仰，作为对人关于上帝的本性的理论认识的扩展，只会是对一种完全不为人所理解的，即使人们能够理解，

也是教会信仰的神人同形同性论象征的信奉，这对道德上的改善没有丝毫帮助。——只有我们在实践关联中能够很好理解和洞察，但在理论方面（为了规定客体自身的本性）却超越了我们的所有概念的东西，才是（在一种关联中的）奥秘，并能够（在另一种关联中）被启示。上述奥秘就是属于后一类的。它可以被划分为三种借助我们自己的理性启示给我们的奥秘：

（1）**天职**（我们作为公民对一个伦理国家的天职）的奥秘。——只是就我们把自己同时看作上帝的**造物**而言，我们才能设想人普遍地、**无条件地**服从上帝的立法；就像上帝之所以能够被看作所有自然规律的制作者，只是因为他是自然事物的创造者一样。但是，存在者应如何被**创造得**能够自由地运用自己的力量，这对我们的理性来说是绝对不可理解的。因为按照因果律，对于一个被视为产生出来的存在者而言，除了产生它的**原因**置于它里面的那种根据之外，我们不能赋予它其它任何内在的行动根据。它的任何行动都是由产生它的原因置于它里面的根据（从而也就是由一个外在的原因）决定的，因而这个存在者本身也就是不自由的。因此，我们的理性洞见无法把上帝的、圣洁的、从而仅仅涉及自由的存在者的立法与自由的存在者被创造这个概念一致起来。相反，我们必须把自由的存在者看作是已经实存的自由存在者，它们并不是因为其被创造而由其自然依赖性所决定，而是由一种纯然道德的、按照自由律可能的强制，即一种成为上帝之国的公民的 143
天职所决定的。因此，在这一目的上的天职，在道德上是完全清楚明白的；但是对于思辨来说，这一天职的可能性是一个无法看透的奥秘。

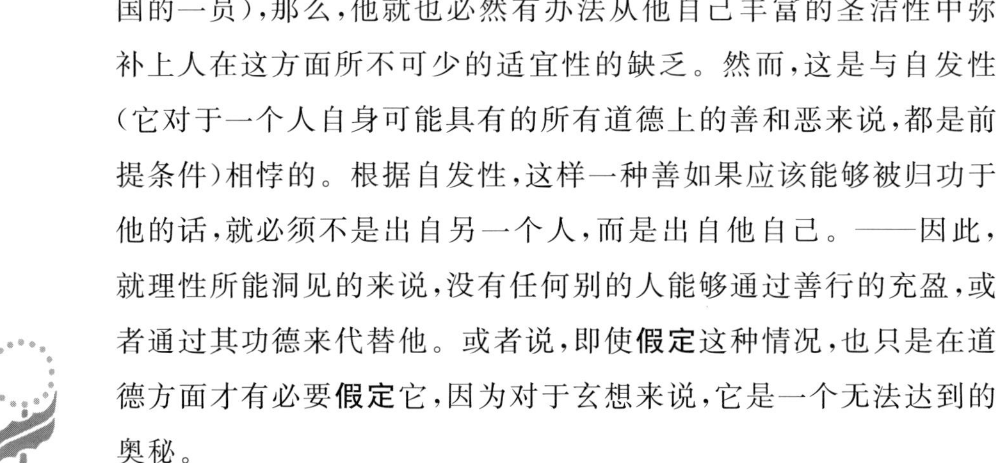

（2）**救赎**的奥秘。就像我们所知道的那样，人是堕落了的，并且绝不能自动地符合那种圣洁的法则。尽管如此，既然仿佛是上帝的仁慈把人召唤到存在，即邀请到一种特殊的实存方式（成为天国的一员），那么，他就也必然有办法从他自己丰富的圣洁性中弥补上人在这方面所不可少的适宜性的缺乏。然而，这是与自发性（它对于一个人自身可能具有的所有道德上的善和恶来说，都是前提条件）相悖的。根据自发性，这样一种善如果应该能够被归功于他的话，就必须不是出自另一个人，而是出自他自己。——因此，就理性所能洞见的来说，没有任何别的人能够通过善行的充盈，或者通过其功德来代替他。或者说，即使**假定**这种情况，也只是在道德方面才有必要**假定**它，因为对于玄想来说，它是一个无法达到的奥秘。

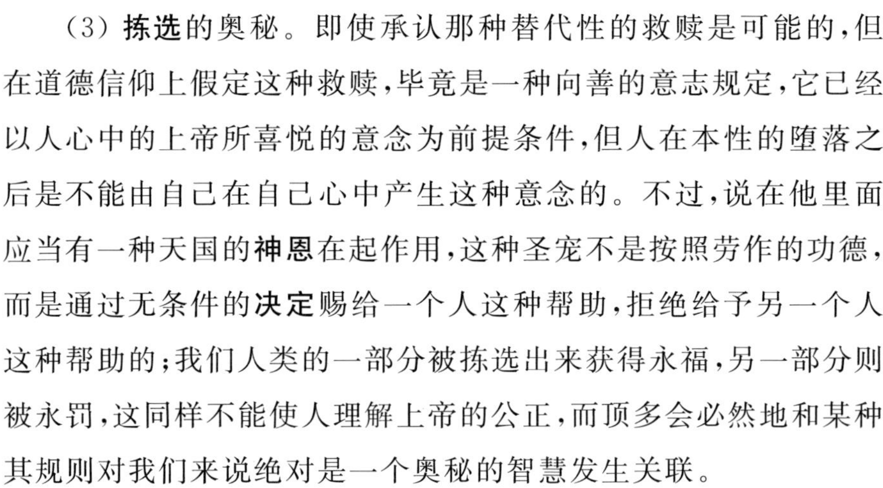

（3）**拣选**的奥秘。即使承认那种替代性的救赎是可能的，但在道德信仰上假定这种救赎，毕竟是一种向善的意志规定，它已经以人心中的上帝所喜悦的意念为前提条件，但人在本性的堕落之后是不能由自己在自己心中产生这种意念的。不过，说在他里面应当有一种天国的**神恩**在起作用，这种圣宠不是按照劳作的功德，而是通过无条件的**决定**赐给一个人这种帮助，拒绝给予另一个人这种帮助的；我们人类的一部分被拣选出来获得永福，另一部分则被永罚，这同样不能使人理解上帝的公正，而顶多会必然地和某种其规则对我们来说绝对是一个奥秘的智慧发生关联。

现在，关于这些奥秘，就其涉及每一个人的道德生活史而言，也就是说，一般道德上的善或者恶会存在于世界上，这种事情究竟是怎么发生的？以及（如果恶存在于所有人身上，并存在于所有时间中)善是怎样从恶中产生,并在任何一个人身上确立起来的?或者说,为什么当**这种情况**发生在一些人身上时,另一些人却被排除 144
在外?——对此,上帝没有也不能为我们启示任何东西,因为我们反正不会**理解**♀它们。这就好像我们想要从人的自由出发去**解释**和**理解**所发生的事情,而上帝对此虽然通过我们心中的道德法则启示了他的意志,但却使一个自由的行动在尘世发生或者不发生的**原因**遗留在幽暗中。凡是应该根据因果律来理解,但作为历史又是出自自由的东西,对于人们的研究来说,都必然停留在这样一种幽暗之中。♀♀不过,就我们的行为的客观规则而言,凡是我们需要的东西都(通过理性和《圣经》)充分地对我们启示出来了,而这种启示同时对于每一个人来说都是可以理解的。

说人由道德法则召唤而走向善的生活方式,说人由于心中蕴涵有对道德法则的永不消逝的敬重而在自己身上发现某种预兆,预示自己也会对这种善的精神产生信任,并会希望无论如何都能

♀　通常,人们会毫不犹豫地去要求宗教的初学者信仰奥秘。因为我们不能**理解**它们,即不能洞察它们的对象的可能性,这同样不能使我们有理由去拒绝接受它们。就像有机物质的生殖能力一样,也没有人理解它,但并不因此就能被拒绝接受,尽管它对于我们来说是并将仍然是一个奥秘。不过,我们很清楚地**懂得**这一术语要说的是什么,对于这一对象有一个经验性的概念,同时又意识到其中并不包含自相矛盾。对于每一个向信仰提出来的奥秘,我们都可以有理由要求自己**懂得**这意味着什么。之所以如此,并不是因为我们**逐一地**弄懂了暗示这奥秘的那些语词,即把它们与一种意义结合起来,而是因为它们被概括为一个概念,必然还是容许有一种意义的,而一切思想在这里并没有被说尽。说只要我们在自己这方面不缺少诚意,上帝就很可能会凭借**灵感**让我们得到这种知识,这是不可思议的。其原因在于,我们内心根本没有这种知识,因为我们的知性的本性没有能力得到这种知识。

♀♀　因此,我们在实践关联中(如果谈的是义务)完全可以懂得什么是自由;但在理论方面,就自由的因果性(似乎是它的本性)而言,却连设想要弄懂它而不陷入自相矛盾也不可能。

够做得让它满意；最后，说他必须通过把后一种期望与道德法则的严格诫命加以对照，不断地检查自己，如同在一位法官面前被要求
145 做出解释，所有这些，都是理性、心灵和良知同时教导和推动的。要求为我们显露更多的东西，乃是希望过分。即使真要如此，他也不应把这算做是人的普遍需求。

不过，即使能够使那在一个定式中包含着上述一切东西的重大奥秘，对每一个人来说都可以理解为实践上必需的**宗教**理念，我们还是可以说，为了成为宗教的道德基础，特别是成为一种公共宗教的道德基础，这一奥秘只有在被公开地讲授、并被当做一个崭新的宗教时代的象征时，才会被启示出来。**礼仪上的定式**通常都包含着它们自己的、仅仅为属于一个特殊团契（一个行会或者一个共同体）的人规定的、有时是神秘的、并不为每一个人都理解的语言。人们也应该有理由（出自敬重）把这种定式仅仅用于某种庆祝活动的目的（例如当某人应被作为成员接纳入一个把自己与其他人隔离开来的团契时那样）。然而，有限的造物在道德上的完善这一最高的、人们绝不能完全达到的目的，却是对法则的爱。

根据这一理念，在宗教中一个信仰原则就是："上帝就是
146 爱"；[1]在上帝里面。我们可以**崇敬**那施爱者（连同在道德上**喜悦**人们的爱，假如人们符合他的圣洁法则的话），即**圣父**；此外，在他里面，假如他体现在他的维护一切的理念之中，即体现在由他自己所生和所爱的人性原型之中，我们可以**崇敬**他的**圣子**；最后，假如他把这种喜悦限制在人与那种喜悦的爱的条件相一致的条件上，并且

1　参见《约翰一书》第4章第8节，16节。——译注

由此证明它是建立在智慧基础之上的爱，我们可以**崇敬圣灵**；[1]但真

1　这个圣灵把作为赐福者的上帝的爱（真正说来是我们根据这种爱作出的回应之爱），与在作为立法者的上帝面前的敬畏，也就是说，使受条件制约的东西与条件结合起来，从而被设想为"从二者出来的"。除了"他要引导你们明白一切的真理（遵循义务）"之外，这个圣灵同时也是人们（在面对自己的良知时）的真正的审判者。因为可以在双重的意义上理解审判：或者是对功德和缺乏功德的审判，或者是对罪过和无罪的审判。把上帝作为**爱**（在他的圣子中）来看，他审判人们，是就人在自己的罪责之上还有一种功德对自己有利而言的。而他的判决也就是：**配得上**或者**配不上**。他把还能够算做有这样一种功德的人拣选出来作为他的自己人。其余的人则一无所得。与此相反，依照**公正性**的审判者（这是真正以圣灵的名义应如此称谓的审判者）关于不可能有一种功德对其有利的人们的判决是：**有罪**或者**无罪**，即诅咒或者释罪。——在前一种场合里，**判决**意味着把有功德者从无功德者中**拣选**出来，双方都是在谋求一种奖赏（永福）。但是，**功德**在这里不是被理解为在与法则的关联中道德性的优越（在法则方面，我们不可能在遵循义务上，获得超出我们罪责的盈余），而是仅仅被理解为，在与其他人就其道德意念而言的比较中道德性的优势。**配得上**始终也只有否定的意义（不是配不上），即在道德上有接受这样一种仁慈的能力。——因此，就第一种品质进行审判的审判者（作为裁判[Brabeuta]），是在**两种**谋求奖赏（永福）的个人（或者党派）之间做出选择判断的；而就第二种品质做出审判的审判者（真正的审判者），其判决是关于同一个人，当这个人是面对在起诉人和辩护人之间做出判决的法庭（良知）时做出的。——现在，倘若假设所有的人都犯有罪责，但他们中的一些人却可以有一种功德对他们有利，那么，所做出的就是**出自爱心的审判者**的判决。如果没有这种审判者，则只会引起一种**驳回性判决**，但这样一来，**诅咒性判决**（由于人在这种情况下就落入了出自正义的审判者手中）就将是它的不可避免的结果了。——在我看来，以这种方式也就可以把以下两个相互冲突的命题：即"上帝之子将降临，审判活人和死人"，另一方面则是"上帝差他的儿子降世，不是要定世人的罪，乃是要叫世人因他得救"（《约翰福音》，第3章，第17节），统一起来了；并且与下述命题也达成了一致，即"不信圣子的人，罪已经定了"（《约翰福音》，第3章，第18节）。这里所借助的就是圣灵；关于圣灵，经中说道："它将为了罪、为了正义的缘故而审判世人。"——在单纯理性领域内所进行的这样的区分，精细得令人可怕，就好像它是被指派做这种区分似的。我们很容易就可以把这种精细视为毫无用处的、令人讨厌的繁琐。假如这是为了对上帝的本性进行研究，情况也的确会如此。但是，由于人们在自己的宗教事务中，总是倾向于由于自己的罪过而指望上帝的仁慈，尽管如此，却不能回避他的公正，而在同一个人格身上，**仁慈的审判者**是自相矛盾的，所以，我们清楚地看到，即使在实践方面，人们对此的概念也必然是摇摆不定的、难以自圆其说的。因此，纠正和精确地规定它们，具有重要的实践意义。

正说来，我们是不可以在如此多重的位格中向他**祈祷**的（因为这会
147 暗示着本质的不同，而他始终只是一个唯一的对象），而倒是可以用他自己在万物之上所崇敬的、所爱的那个对象的名称来向他祈祷。与那个对象在道德上保持一致，既是我们的愿望，也是我们的义务。此外，在理论上皈依对上帝在这三重品质中的本性的信仰，也只不过属于一种教会信仰古典定式，以便把这种教会信仰同其它各种由历史渊源派生出来的信仰方式区别开来。很少人有能力把它与一个清晰的、确定的（不会被误解的）概念结合起来。而它的讨论更多被归于教师（作为一部《圣经》在哲理上的和学识上的诠释者）相互之间的关系，以便在它的意义问题上达成一致。这种意义并不是全都适合一般的理解力，或者适合这个时代的需求的，而仅仅字面上的信仰则与其说改善了真正的宗教意念，倒不如说败坏了它。

第四篇　论善的原则统治下的事奉和伪事奉，或论宗教与教权制

如今，已经有了善的原则的统治的一个开端，有了“上帝的国 151
降临我们”[1]的一个信号，即使仅仅是它的宪章的基本原理开始成
为**公共的**。因为它已经存在于知性世界，为此，唯一能够造成它的
那些根据，已经普遍地植下了根，尽管它在可感世界的显现的完全
展开还被推移到不可预见的遥远未来。我们已经看到，联合成为
一个伦理的共同体，是一种特殊的义务（officium sui generis）。尽
管每一个人都服从自己的私人义务，从中也许可以推论出，即使为
此不需要特别的安排，所有的人也可能会**偶然地一致**趋向一种共
同的善，但是，如果不是把所有的人为了上述目的而彼此联合起
来，并建立一个遵循道德法则的**共同体**，来作为联合起来的、因而
更为强大的力量来对抗恶的原则的侵袭（否则，人们将彼此诱惑去
充当恶的原则的工具），由此而形成一项特别的事业，那就不可以
期望所有人的那种一致。——我们还看到，作为一个**上帝的国**，这
样一个共同体只有通过**宗教**才为人们所实现，而且最终为了使这
种宗教成为公共的（这为一个共同体所要求的），这种共同体有可 152

1　参见《马太福音》，第6，10章；《路加福音》第11章第2节。——译注

能以一个**教会**的感性形式表现出来。因此，建立教会是人们有责任去促成的一件工作，它既是托付给人们的，也是要求人们的工作。

但是，按照宗教法则建立一个作为共同体的教会，所要求的智慧似乎要比可以相信人们所具有的智慧更多（无论是在洞察力方面，还是在善的意念方面）；特别是因为，为了这一目的，似乎必须**假定**这样一种安排所期望的道德上的善已经存在于人们身上。事实上，说**人们**应该**创立**上帝的国（就像的确可以说，他们能够建立一个人类君主的国一样），这也是一个自相矛盾的说法。上帝的国的缔造者必须是上帝自己。只是由于我们不知道上帝为了在现实中展现他的国的理念——我们在自身中发现了成为这个国中的公民和臣民的道德规定性——直接地在做些什么，但却清楚地知道，我们为了使自己适宜于成为这个国的一员而必须做些什么。因而这个理念，无论它是由理性还是由《圣经》在人类心中唤起并使之成为**公共的**，才把我们为了建立教会而结合起来；就后一种情况而言，上帝自身作为教会的创立者，是教会**宪章**的缔造者，而人们作为这个国的成员和自由的公民，在任何情况下都是这个**组织**的缔造者。因为人们中间那些根据这一组织管理它的公共事务的人，作为教会的仆从，构成了这一组织的**行政管理机构**，而其他所有的人则构成了一个服从其法则的团体，即**会众**。

由于一种纯粹的理性宗教作为公共的宗教信仰，只容许关于一个教会的纯然理念（即一个不可见的教会的纯然理念），而只有建立在规章之上的可见的教会，才需要并且能够实现一个由人所创立的组织，所以，在不可见的教会中，善的原则统治之下的事奉，

不能被视为对教会的事奉，任何宗教都没有作为一个伦理共同体**官员**的法定侍从。一个伦理共同体的每一个成员都直接地从最高立法者那里接受他的指令。但是，尽管如此，就我们的所有义务（我们必须把它们同时通统看作上帝的诫命）而言，我们在任何时候都处于对上帝的事奉中，所以**纯粹的理性宗教**以所有慎思明辨的人为自己的**仆从**（但却不是**官员**）。只不过他们就此而言不能被
叫做一个教会（即一个可见的教会，这里所谈的只是可见的教会） 153
的仆从罢了。然而，由于每一个建立在规章性法则之上的教会，都只是就它在自身之中包含着能够不断地接近纯粹的理性信仰（这样一种理性信仰如果是实践的，就在任何一种信仰中真正地构成了宗教），并且随着时间的流逝摆脱教会信仰（就在它里面的历史性的东西来说）的原则而言，才能是真正的教会，所以，我们也就毕竟可以在这些法则中，并且凭借在此之上建立的教会的官员确立一种对教会的**事奉**（崇拜[cultus]），只要这些官员在任何时候都把自己的学说和指示对准那个最终的目的（一种公共的宗教信仰）。与此相反，一个教会的仆从若是根本无视这一目的，反倒把向这一目的的不断接近宣布为该诅咒的，却把对教会信仰的历史性和规章性部分的忠诚宣布为唯一能够造福于人的，就可以有理由指控他们为对教会或者对善的原则统治之下的（通过教会表现出来的）伦理共同体的**伪事奉**。我把一种伪事奉（虚假的崇拜[cultus spurius]）理解为说服某人通过那些事实上使他的这个意图适得其反的行动来事奉。但是，伪事奉在一个共同体中之所以发生，乃是因为为了满足一位元首的意志，只具有手段价值的东西被说成是，并取代了直接使我们让他喜悦的东西。这样一来，这位

元首的意图也就落空了。

第一章　论在一般的宗教中事奉上帝

宗教(从主观上来看)就是把我们的一切义务都认作是上帝的
154 诫命。[①] 如果在一种宗教中,为了把某种东西承认为我的义务,我

① 通过这一定义,将防止对宗教概念的一些错误解释。**首先**:就理论上的认识和认信而言,并不因为如果缺少了我们对超感性对象的洞见,这种认信就已经有可能是虚伪的了,从而在宗教中要求有实然的知识(即便是对上帝存在的实然的知识),而是只要求一种根据思辨对事物的最高原因作出的**或然的**假设(假说)。但是,就我们在道德上颁布命令的理性指示我们去造成的对象而言,一种预告理性的这种终极意图之结果的、实践的,因而也是自由的**实然**信仰,却是被当做了前提条件。这种信仰只需要**上帝的理念**,严肃的(因而也是虔诚的)、向善的道德修养,都会必然不可避免地导向这个理念,但这种信仰并不用自以为能够凭借理论上的认识保证这个理念的客观实在性。对于能够被当做每一个人的义务的东西,**最低限度的**认识(可能有一个上帝存在)在主观上必然就已经是足够的了。**其次**,通过这个一般宗教的定义,将防止这样一种错误的观念,就好像宗教是那些**特殊的**、直接与上帝相关的义务的一个总和似的。而且,由此防止我们(人们本来是很热衷于这样做的)在人们的伦理公民义务(人对人的义务)之外,还纳入**对宫廷的事奉**,并在此之后反过来试图用后者来弥补就前者而言的缺陷。在一种普遍的宗教中,不存在任何对上帝的特殊义务,因为上帝不能从我们接收任何东西,我们不能对他和为他造成影响。如果想把对他的应有敬畏当做这样一种义务,那就是没有考虑到,这并不是一种特殊的宗教行动,而是在我们的所有合乎义务的行动中的宗教意念。即使说,"顺从上帝,不顺从人,是应当的",这也无非是意味着:如果规章性的诫命——就它们来说,人能够是立法者和审判者——与义务——它们是理性无条件地规定的,并只有上帝才能裁决是遵循了它们还是逾越了它们——发生了冲突,那么,前者的权威必须为后者让路。但是,如果要把在其中必须顺从上帝甚于顺从人的东西理解为规章性的、由一个教会伪称的上帝诫命,那么,上述基本原理就会很容易成为虚伪的、有统治欲的教士为了反叛他们的世俗当局而发出的那种多次听到过的战斗叫声了。因为世俗当局所要求的被许可的东西**无疑**是义务,但是否某种本身虽然是被许可的、但却只有通过上帝的启示才对我们来说是可以认识的东西确实是上帝所要求的,这却是(至少绝大部分是)极不确定的。

必须事先知道它是上帝的诫命，那么，这种宗教就是**启示的**（或者是需要一种启示的）宗教。与此相反，如果在一种宗教中，我必须在能够承认某种东西是上帝的诫命之前，就知道它是义务，那么，这种宗教就是**自然宗教**。如果一个人只是把自然宗教宣布为道德上必需的，也就是说，宣布为义务，那么，他也可以被称作（信仰事务上的）**理性主义者**；如果他否认任何超自然的上帝启示的现实性，那么，他就叫作**自然主义者**；如果他虽然容许这种超自然的上帝启示，但却主张认识这种启示并认为这种启示是现实的，这对于 155
宗教来说并不是必须要求的，那么，他可以被称作一个**纯粹的理性主义者**；但是，如果他认为对这种启示的信仰是为普遍的宗教所必需的，那么，他就可以叫作信仰事务上的纯粹的**超自然主义者**。

理性主义者必然由于他的这一称号，自动地就已经把自己限制在人的洞察力的限度之内了。因此，他绝不会作为自然主义者来否认，既不会否认一种启示的内在可能性，也不会否认一种启示作为引导真宗教的手段的必要性；因为对此没有一个人能够凭借理性有所断定。所以，有争议的问题仅仅涉及纯粹的理性主义者和超自然主义者在信仰事务上的相互要求，或者涉及一方或另一方认为是唯一真宗教所必要并且充分的东西，或仅仅是它偶然的东西。

如果划分宗教不是按照它的最初起源和它的内在可能性（在此，宗教被划分为自然宗教和启示宗教），而是仅仅按照使它**能够对外传达**的性能，那么，它可以有两种类型：要么是**自然宗教**，每一个人都可以凭借自己的理性使自己相信它（只要它一存在）；要么是**博学的宗教**，人们只能借助于博学（宗教在这种博学中并通过它被引出来）使别人相信它。这种区分非常重要，因为仅仅从一种宗教的起源出发，对于它是否适宜作为一种普遍的人类宗教而言，推不出任何东西。但从它是否能够被普遍传达的性能出发，就能很好地做到这一点。不过，前一种特性构成了应当联结每一个人的那种宗教的本质特征。

依此，一种宗教可能是**自然**宗教，尽管如此，也可能同时是**启示**宗教，只要它具有这样的性质，即人们虽然不会像所要求的那样早和在那样广泛的传播中想到它，但却仅仅凭借使用自己的理性就**能够**并且**应该**自发地**想到**它，从而它的启示也就会指向某个时间和某个地点，就能够对人类非常有用，以至由此而引入的宗教一
156 旦存在并且成为众所周知的，此后每一个人就都可以凭借自身和自己的理性来相信它的这种真理。在这种情况下，宗教尽管**在主观上**是一种启示宗教，但**在客观上**却是一种自然宗教。因此，它也理所当然地拥有自然宗教的名称。因为人们今后也许会完全忘却曾经发生过这样一种超自然的启示，但在这种情况下，那种宗教却无论在其可理解性方面、在其确定性方面，还是在对心灵的力量方面，都不会有丝毫的损失。不过，对于那种由于其内在的性质而只能被看作启示宗教的宗教来说，就是另外一回事了。如果它不是被保存在一个十分可靠的传统，或者作为原初文献的《圣经》中，它就会从世界上消失。于是就必须要么有一种每时每刻重复的启示，要么在每一个人的内心中持续不断地发生一种超自然的启示；如果没有这样的启示，这样一种信仰的传播和延续就会是不可能的。

但是，至少就一个方面来说，每一种宗教，甚至包括启示宗教，都必然包含自然宗教的某些原则。因为启示只有通过理性才能被

考虑进一种**宗教**的概念，其原因在于，这个概念自身，作为从一个**道德上的**立法者的意志要求的责任中引申出来的东西，是一个纯粹的理性概念。这样，我们自己就将能够把一种启示宗教一方面仍作为自然宗教，另一方面又作为**博学的**宗教来考察、审查，并且区分它从这一个源泉或者另一个源泉应该得到什么以及得到多少。

不过，如果我们的意图是谈论一种启示宗教（至少是一种被假定为启示宗教的宗教）的话，倘若不从历史中抽取某个这方面的实例，是无法这样做的，因为我们必须想出一些事件来作为实例，以便弄明白哪些事件的可能性对于我们来说会是有争议的。但是，除了拿起某一部包含着诸如此类的实例的经书，尤其是一部紧密交织着道德的、从而接近理性的学说的经书，作为阐明我们关于一般启示宗教的理念的媒介，我们也不可能有更好的办法。在这种情况下，我们是把这部经书当做众多凭借一种启示的信誉讨论宗教和德性的经书中的一部，来说明那种本来就有用的方法，即找出 157
对我们来说在其中可能包含有纯粹的，从而也是普遍的理性宗教的东西，但并不打算干涉那些受委托把这部经书诠释成为实证的启示学说的总和的人们的事务，也不打算借此攻击他们那建立在博学之上的诠释。毋宁说，由于他们与哲学家追求的是同一个目的，即道德上的善，所以，使哲学家凭借自己的理性达到他们想沿着别的途径达到的目的，这对于他们来说是有利的。

此时此地，这部经书也就可以是指《新约》，它是基督教教义的源泉。按照我们的意图，我们打算分两节，根据其内容和在其中出现的原则，首先介绍作为自然宗教的基督教，然后介绍作为博学的宗教的基督教。

一、作为自然宗教的基督教

自然宗教作为道德（与主体的自由相联系），与能够对其终极目的产生效果的东西的概念（作为道德上的世界创造者的**上帝**的概念）相结合，并联系到人与这整个目的相适宜的存续（不朽），是一个纯粹的实践的理性概念。不过，虽然这一概念是无限富有成果的，但它毕竟只以很少的理论上的理性能力为前提条件，就可以说服每一个人在实践上充分地坚信自然宗教，至少可以要求每一个人把它的影响作为义务。它在自身就包含着对真正的教会的重大要求，即普遍性的资格，如果我们把这理解为对每一个人的有效性（分布的普遍性或者全体性[universalitas vcl omnitudo distributiva]），即普遍的一致性的话。为了在这种意义上使它作为世界宗教传播开来并且保持下来，它固然需要一批纯然是不可见的教会的仆从（ministerium），但并不需要官员（officiales）。也就是说，它需要教师，但并不需要首领，因为还没有任何一个教会凭借每一单个的人的理性宗教来作为普遍的联合（集合的全体性[omnitudo collectiva]）实际存在，或者凭借那个理念被真正当做目的。——
158 但是，这样一种一致性不是由自己来维持自身，从而如果不成为一个可见的教会，就不能在其普遍性中延续下去，而是只有当出现了集体的普遍性，即信徒按照一种纯粹的理性宗教的原则联合为一个（可见的）教会时才能如此。但是，可见的教会却不是自动地从那种一致产生的，或者说，即使它被建立起来，也不会被它的自由的追随者（如上文所指出的）带入一种固定的状态，成为信徒的团契（因为在这些觉悟了的人中，没有一个人认为为了自己的宗教意念而需要他人在这样一种宗教中的伙伴关系）。所以，如果在自然的、可以单凭理性认识的法则之上，不再加上某些规章性的，但同时也伴有立法威望（权威）的规定，那么，就始终会缺少那种构成人们的一种特殊义务、构成达到人们的最高目的的一种手段的东西，即缺少使人成为一个普遍的可见教会的那种固定的联合。成为这种教会的缔造者的那种威望，是以一种事迹为前提条件的，而不仅仅是以纯粹的理性概念为前提条件的。

现在假定有一位导师，有一段历史（或者至少是普遍的、不能彻底否认的意见）谈到了他，说他甚至不顾一种成为人们负担的、不以道德意图为目的的、占统治地位的教会信仰（其强制性的事奉可以作为其它任何一种在本质上纯然是规章性信仰的样板，诸如此类的信仰当时在世界上比比皆是），最先公开地宣讲了一种纯粹的、所有世人都能够理解的（自然的）、深刻的宗教，因而其教义作为我们所保有的东西，我们自己就可以检验。如果我们发现，他使那种普遍的理性宗教成为每一种宗教信仰的最高的、不可忽略的条件，并附加上一些包含着各种形式和教规的规章，这些形式和教规应该用作实现一个必须建立在这些原则之上的教会的手段，那么，虽然他那以此为目的的规定具有偶然性和任意性，人们还是不能否认这样的教会理应被称作是真正的普遍的教会，也不能否认他本人具有这样的威望，即感召人联合到这样一种教会中来，又不用新的、给人以负担的规定来增加信仰，或者从由他首先做出的规定中产生出一些特殊的、圣洁的、自身作为宗教的一个部分而具有约束力的行动。

根据这一描绘，我们不能错过这个人物，他即便不是不包含任 159
何规章、写在所有人的心田里的**宗教**的**创始人**（因为这种宗教的起

源不是任意的)，但却可以被推崇为第一个真正的**教会**的**创始人**。——为了证明他的这种作为上帝使者的身份，我们要把他的一些教诲，作为一个宗教的无可怀疑的文献来引用，而不管历史究竟是怎样的(因为在理念自身中，已经蕴涵着作此假定的充分理由)。这些教诲当然也只能成为纯粹的理性教诲，因为唯有它们才能够证明自身，尤其是别的教诲的证明必须以它们为基础。

首先，他希望，不是遵循外在的公民义务或者规章性的教会义务，而是只有纯粹的道德上的心灵意念，才能使人让上帝喜悦(《马太福音》，第 5 章，第 20-48 节)。思想中的罪在上帝面前是被视为等同于行动的(《马太福音》，第 5 章，第 28 节)。完全的圣洁是他应该追求的目标(《马太福音》，第 5 章，第 48 节)，例如，在心中恨无异于杀人(《马太福音》，第 5 章，第 22 节)；施加于邻人的不义，只能够借助于对他的补救，而不能借助事奉神明的行动来补偿(《马太福音》，第 5 章，第 24 节)；而在真诚性问题上，民事上的逼迫手段[①]，即起誓，会损害对真理自身的敬重(《马太福音》，第 5

① 对为使人面对民事法庭招供而采取的建立在纯粹的迷信之上、不是建立在良知感之上的强迫手段的明确禁止，究竟为什么被宗教导师们视为如此不重要，我们无法参透。因为人们在这里最指望起作用的是一种迷信，这一点可以由此看出，即人们的律法裁决(存在于尘世的神圣的东西)建立在一种庄重的证词的真实性之上，而对于一个人们并不信任他会在这证词中说出真相的人，却相信他会被一种定式所打动，这定式对于他的证词来说，所包含的无非是他将为自己招致上帝的惩罚(由于这样一种谎言，他无论如何也不能逃避上帝的惩罚)，这就好像是说，是否在这个最高的法庭面前做出说明，完全取决于他自己似的。——在上面引证的经文中，这种保证方式被表现为一种**荒唐的**大胆妄为，仿佛是要凭借几句咒语使不为我们所支配的东西变成现实。但是，我们清楚地看到，智慧的导师在这里说，凡是超出了作为真理保障的是就说是、否就说否的东西，都是出自于恶。他清楚地意识到了起誓所导致的恶劣后果，即赋予起誓以更大的重要性，就使平常的谎言几乎成了可以允许的。

章，第 34-37 节）。

人心的自然的、但也是恶的倾向应该彻底扭转；复仇的惬意必 160
须转化为宽容（《马太福音》，第 5 章，第 39-40 节）；对仇敌的恨必须转化为善行（《马太福音》，第 5 章，第 44 节）。所以他说，他是要成全犹太人的律法的（《马太福音》，第 5 章，第 17 节），但在这里，显然不是书面学问，而是纯粹的理性宗教，才必然是这种律法的诠释者；因为从字面上来看，它所允许的恰恰是这一切的反面。

此外，借助窄门和小路的提法，他也没有无视对律法的误解，人们允许自己作出这种误解，是为了回避自己真正的道德义务，并通过履行教会义务来补偿损失（《马太福音》，第 7 章，第 13 节）。[①] 尽管如此，他仍然要求这些纯粹的意念也在**行为**中得到证明（《马太福音》，第 7 章，第 16 节）。相反，他剥夺了这样一些人的奸诈的期望，这些人想要通过在最高立法者的使者的位格上呼唤和赞美这位立法者来补偿这些行为的缺乏（《马太福音》，第 7 章，第 21 节）。他期望这些行为也作为可供仿效的榜样而在公众中发生（《马太福音》，第 5 章，第 16 节），而且是出自欢快的心情，不要像是奴隶般被强制的行为（《马太福音》，第 6 章，第 16 节）。他期望，传递和散播这样的意念的微小开端，就像是好田地里的一颗谷种，或者是善的酵母，宗教就由此凭借内在的力量逐渐地扩展为上帝的国（《马太福音》，第 13 章，第 31-33 节）。

最后，他把所有的义务概括为：(1)一个**普遍的**规则（这个规则

---

① 导向永生的**窄门**扣小路是善的生活方式的门径，许多人所走的**宽门**和大路是教会。这并不是说，好像教会及其规章要为人们的迷失负责似的；而是说，它们要为**加入教会**、认信它的规章、履行它的仪式被看作想真正地事奉上帝所借助的方式负责。

自身既包含了人们内在的道德关系，也包含了人们外在的道德关系)：履行你的义务，除了出自对义务的直接尊重外，不要出自任何其它动机。也就是说，爱上帝(一切义务的立法者)甚于爱一切。(2)一个**特殊的**规则，它作为普遍的义务涉及与其它人的外在关系，即爱每一个人如同爱自己，也就是说，出自直接的、并非从自私的动机引申出来的善意来促进自己的福利。这些诫命不仅是德性
161 法则，而且是我们应当追求的**圣洁性**的命令，但就圣洁性而言，单是这种追求就已经叫作**德性了**。——因此，对于那些想要袖手旁观消极地等待这种道德上的善像上天的恩赐一样从天上掉下来的人，他剥夺了他们的在这方面的任何希望。谁把人性中蕴藏的趋善自然禀赋(作为委托给他的才能)搁置不用，懒惰地相信一种更高的道德上的影响将会另外弥补自己所缺乏的道德品行和完善，他就警告这种人说，甚至你从自然的禀赋出发可以做出的善，也要由于这种耽搁而对你无用(《马太福音》，第25章，第29节)。

至于人极其自然地期待有一个在幸福方面与人的道德行为相符合的好运，尤其是在因为道德行为本来必定可以得到的幸福有时却要牺牲掉的情况下，他许诺酬报一个来世(《马太福音》，第5章，第11-12节)。但是，根据在做出这种行为时意念的不同，酬报那些**为了酬报**(或者为了赦免一种罪有应得的惩罚)而履行义务的人，与酬报那些纯粹是为了义务自身而履行义务的更好的人，是有不同的方式的。受自私即这个世界的神所支配的人，如果不能摆脱自私，而只是凭借理性来使它更精致，扩展到超出目前事物的狭隘范围，那么，他就被看做一个这样的人，他通过自己来欺骗他的那个主人，使主人为了义务而作出牺牲(《路加福音》，第16章，

第 3-9 节）。因为如果他在思想上意识到，他终有一日，也许很快，就必须离开这个世界，他不能把自己在这里所占有的任何东西带到另一个世界去，那么，他就会决定，把他或者他的主人，即自私，在这里按照律法可以向贫困的人们要求的东西从账上抹去，并且仿佛是由此而为自己弄到了一笔在另一个世界里可以兑现的汇款。这样一来，他虽然在这样一种善行的动机上是**聪明**多于**道德**，但毕竟行为方式是符合道德法则的，至少在字面上是如此，从而也就可以希望，他在未来不会不因此也得到酬报。① 人们可以把这与关于出自纯然义务的动因对穷人做出的善行所说的话（《马太福音》，第 25 章，第 35-40 节）加以比较。在那里，世界的审判者宣布，那些为饥寒交迫的人们提供帮助、却根本连想也没想过这事是值得酬报的、并不以为仿佛是通过这他们才与上天在酬报上发生关联的人，正因为他们在这样做时丝毫没有考虑酬报，因而是属于他那个国的真正选民。这样，我们就可以清楚地看到，当福音的导师谈到来世的酬报时，他并没有想由此把酬报说成是行动的动机，而是仅仅（作为引导人类去实现上帝的仁慈和智慧的一种鼓舞灵魂的表象）把它作为对一种在整体上判断人的规定性的理性而表示的最纯粹的敬意和最大的道德上的满意的客体。 162

① 我们对于未来一无所知，除了与道德动机和道德目的合乎理性地结合在一起的东西外，我们也不应该探究更多的东西。属于此例的还有那种信仰，即没有任何善的行为不在来世里为做出这一行为的人带来好的结果。因此，无论一个人在临终时觉得自己如何应受谴责，他都必须不使自己因此而放弃至少是还做出**一件**力所能及的善行。此时，他就有理由希望，根据他在当时所怀有的纯粹的善的意图的程度，这件善行总还是会比那种无所作为的悔罪具有更多的价值，这种无所作为的悔罪无助于减轻罪过，却想要弥补善行的缺乏。

在此，我们已经把一种完备的宗教呈现在所有人的面前，让他
们能凭借自己的理性理解和信服了。它使我们作为仿效的原型的
东西（就人们有能力仿效它而言），在其可能性和必然性上，借助一
个榜样得到了直观的说明，而无须对那些教诲的真理性以及导师
的威望和身份，做出其它任何一种证明（这需要的是博学和奇迹，
而这并不是每一个人都能够做到的）。即使这里出现了援引更古
老的（摩西的）立法和预示的现象，就好像它们应当被用来证明它
似的，那么，这些东西之所以被提出来，也不是为了所说的教诲本
身的真理性，而仅仅是为了在那些完全并且盲目地墨守古训的人
中间提供引导。这在那些头脑中充满了规章性信条、对于理性宗
教几乎没有接受能力的人们中间，任何时候都必然要比把它们交
163 给没有学识、但也没有堕落的人的理性更为困难得多。因此，如果
发现一种迁就当时成见的报告，尽管它处处都透射着，同时也常常
明确地指示着一种可以让每一个人理解，并且不用任何博学就能
够坚信的宗教学说，但对于当今时代来说，却感到神秘难解，并且
需要一种小心谨慎的诠释，那么，任何一个人都不会感到惊奇的。

二、作为博学的宗教的基督教

如果一种宗教把不能凭借理性认识、尽管如此却应该（就其本质内容而言）未加歪曲地传达给未来所有时代的所有人们的信条作为必然的来阐明，那么，它（如果人们不愿意接受假设一种连续不断的启示的奇迹的话）就应该被看做一种委托给**学者们**照料的神圣财富。因为尽管它**最初**伴随着奇迹和行为，即使在凭借理性不能证实的事情上，也到处都能找到办法，然而，就连这些奇迹的

福音，连同需要由这些奇迹来证实的教诲，**随着时间的流逝**，也有必要以书面的形式，借助于文献原封不动地传授给后人。

接受一种宗教的基本原则，这是在高级形式下的**信仰**（神圣的信仰[fides sacra]）。因此，我们将一方面把基督教信仰视为一种纯粹的理性信仰，另一方面把它视为一种**启示信仰**（规章性的信仰[fides statutaria]）。前者又可以被视为由每一个人自由地接受的信仰（诱导出来的信仰[fides elicita]），后者又可以被视为一种指定的信仰（规定下来的信仰[fides imperata]）。关于人心所包藏的、任何一个人都不能免除的恶，关于凭借自己的生活方式在任何时候面对上帝自以为已经释了罪的不可能性，以及虽然如此这样一种在上帝面前有效的正义的必要性，关于用教会的戒律和虔诚的强制性事奉，来作为对缺乏诚意的补偿手段的不适宜性，以及与此相反成为一个新人的不可免除的责任，这些都是每一个人可以凭借自己的理性来相信的，而使自己相信这些，就属于宗教。

但是，由此出发，由于基督教的学说是建立在事迹之上，而不 164
是建立在纯然的理性概念之上的，所以它不再仅仅是基督**宗教**，而是成了为一个教会提供基础的基督教**信仰**。因此，对一个奉献给了这样一种信仰的教会的事奉，是两方面的：一方面是按照历史性的信仰必须对它做出的事奉，另一方面是它根据实践的和道德上的理性概念理应得到的事奉。在基督教教会中，二者中的任何一个都不能作为独立自存的而与另一个分开。后者之所以不能与前者分开，乃是因为基督教信仰是一种宗教信仰；前者之所以不能与后者分开，乃是因为基督教信仰是一种博学的信仰。

作为**博学的**信仰，基督教信仰是以历史为依据的，并且就它

（客观上）以博学为基础而言，它不是一种本来**自由的**、从充足的理论证据的洞识中推导出来的**信仰**（诱导出来的信仰[fides elicita]）。假如它是一种纯粹的理性信仰，那么，尽管给它作为对一个神性的立法者的信仰提供基础的道德法则是无条件地颁布命令的，它也必须被视为自由的信仰，就像在上一节中也曾说明过的那样。甚至只要人们不把信仰当做义务，如果每一个人都博学多识，它也会有可能作为历史性的信仰，又是一种理论上的自由信仰。但是，如果它对于每一个人，即使是对于无学问的人也应当有效，那么，它就不仅仅是一种指定的信仰，而且也是对诫命的盲目服从，即不探究诫命是否确实是上帝的诫命就去服从信仰（奴性十足的信仰[fides servilis]）。

但是，在基督教的启示学说中，我们绝不能从对被启示的（对于理性来说自身隐秘的）信条的**无条件的信仰**开始，而让博学的知识仅仅作为对付背后袭击的敌人的防御措施而跟随其后。因为若不然，基督教信仰就不仅仅是规定下来的信仰（fides imperata），而且甚至还会是奴性十足的信仰（fides servilis）。因此，在任何时候，都必须把它当做历史地诱导出来的信仰（fides historice elicata）来讲授。也就是说，那时在作为被启示的信条的基督教信仰中，**博学**必须不是构成后卫，而是构成先锋。少数《圣经》学者（教士）也绝对不能缺乏世俗学识，他们将把大批本身对《圣经》一
165 无所知的无学识者（平信徒）硬拖向自己（其中甚至世界公民的统治者）。要使这种情况不发生，就必须使一种自然宗教中的人类普遍理性，在基督教的信仰学说中被承认和推崇为最高的、颁布命令的原则。而为了使前者即使对于无知者也是可以理解的，并得到

广泛而持久的传播，则为一个教会提供基础的、需要学者们来作为诠释者和保管者的启示学说，就必须作为纯然的手段、然而也是最值得重视的手段受到爱护和培植。

这就是在善的原则统治下真正对教会的**事奉**，而想使启示信仰先行于宗教的那种事奉则是**伪事奉**，它使道德秩序本末倒置，无条件地要求人们那仅仅是手段的东西（就好像它是目的似的）。信奉那些无学识的人既不能凭借理性、也不能凭借《圣经》（就《圣经》必须首先得到证实而言）确认的信条，这种信仰将会被当做绝对的义务（规定下来的信仰[fides imperata]），并且就这样同其它与此关联的戒律一起，被抬高到一种即使没有行动在道德上的规定根据，也作为强制性事奉能够造福于人的信仰的水平上。一个教会，如果它是建立在后一种原则之上的，就不会像前一种状态的教会那样，真正地拥有**仆人**（ministri），它所拥有的是高高在上颁布命令的**官员**（officiales）。即使他们（如在一个新教教会中那样）不是戴着教阶制的光环，表现为拥有外在权势的神职官员，甚至在口头上还对这种现象表示抗议，但事实上他们却很愿意听到说，在他们夺去了纯粹的理性宗教任何时候都作为一部《圣经》的最高诠释者这一当之无愧的地位，并要求仅仅为了教会信仰的目的而利用《圣经》的博学之后，他们已经被视为一部《圣经》的唯一有资格的诠释者了。他们以这种方式把对教会的**事奉**（ministerium）转化成为对教会成员的**统治**（imperium），尽管他们为了遮掩这种非分要求而使用了事奉这个谦虚的称号。但是，对于理性本来会是很容易的这种统治，现在却给教会造成了严重的后果，即浪费了大量的学问。因为“由于对自然盲目无知，它把整个古代世界捡来顶在头

上，把自己埋葬在它下面”。——这件事情随后所采取的步骤如下：

166 首先，由基督学说的第一批传播者聪明地遵循的、为这一学说在本民族中谋得传入途径的方法，被当做宗教本身的一个对所有时代和所有民族都有效的部分，以至人们应该相信，**每一个基督徒都必须是一个其弥赛亚已经降临的犹太人**。但是，与此毫无关联，一个基督徒本来并不受犹太教（作为规章性的犹太教）的任何法则制约。尽管如此，他却必须虔诚地接受这个民族的整部《圣经》，把它当做上帝的、对于所有人来说都是给定的启示。♀——于是，这部经书的真实性（它的一些章节，甚至包括其中出现的全部《圣经》故事，在基督徒们的经书中都被为了他们的这一目的而利用，这还远远没有证明它的真实性）就遇到了许多麻烦。在基督教开始出现之前，甚至在基督教获得可观的发展之前，犹太教还没有进入**博学的公众**，即还没有为其它民族博学的同时代人所知，他们的历史仿

♀ 门德尔松机智地利用了基督教惯常的思维方式的这一弱点，完全驳回了任何强使一个以色列子弟改宗的非分要求。因为据他说，即使基督徒也承认，犹太教的信仰是最下面的楼层，基督教作为上面的楼层是以犹太教为基础的；所以，上述要求就好像是强求一个人拆除第一层楼，以便居住在第二层楼那样。不过，他的真实意见表达得相当清楚。他想说的是，如果你们要把犹太教从你们的**宗教**中清除出去（在历史性的信条中，它可以作为文物继续保留），我们是会考虑你们的建议的（事实上，在这种情况下剩下来的无非是纯粹道德的、不掺杂任何规章在内的宗教）。抛去外在戒律的轭具，如果我们又被加上另一种轭具，即《圣经》故事教义的轭具，我们的负担就一点也没有减轻，因为后者对于有良知的人来说压迫更为沉重。——此外，这个民族的《圣经》虽然不是为了宗教的目的，但却为了学问保存下来了，并一直受到重视。因为没有一个民族的历史像这个民族的历史那样，连同一些值得相信的假象一起，一直回溯到可以把我们已知的所有世俗历史全部置于其中的史前时期（甚至直到世界的开端），并且由此填补了其它民族必然留下的巨大空白。

佛还没有受到检验。他们的《圣经》是由于其古老而获得历史可信性的。此外，即使承认这一点，仅仅借助翻译了解这部《圣经》，并且就这样传达给后代，还是不够的。为了确保建立在它上面的教会信仰，还要求在所有未来的时代、在所有的民族中，都有学者精通希伯来语言（就这件事在唯有一部经书使用的这种语言中的可 167
能性而言）。而且，有一批人充分精通这种语言，以便确保世界拥有真正的宗教，这不应当仅仅是一般历史科学的事情，而是人们的永福所依赖的事情。

虽然基督教的命运与此有些类似，即：尽管基督教的各种神圣事件都是在一个博学的民族眼皮底下公开发生的，但它的历史在进入这个民族的博学的公众之中以前，却迟到了足足一代人有余，从而它的真实可靠性也就必然缺乏同时代人的证实。然而，与犹太教相比，基督教却表现出巨大的优势，即它被表现为**出自第一位导师之口**，是一种并非规章性的、而是道德的宗教；并且以这种方式达到了与理性最紧密的结合，可以借助于理性由自己、无须历史性的博学、就以极大的可靠性传播到所有的时代和所有的民族中。但是，**团契**的第一批建立者却认为，有必要把这与犹太教的历史结合起来。根据他们当时的状况，但也许仅仅对于当时的状况来说，这曾经是一种聪明的办法；这在他们遗下的圣迹中一起流传给了我们。不过，**教会**的建立者却把这种附带性的宣传手段纳入了那些根本性的信条之中，并且要么借助传统，要么从宗教大会获得律法效力，或者借助博学得到证实的诠释来扩充它们。关于博学或者它的对立物，即每一个平信徒也都能够自以为拥有的内心的觉悟，还无法看出它们会使信仰面临多大的改变。只要我们不是在

我们里面，而是在我们以外寻找宗教，这就是不可避免的。

第二章　论在一种规章性的宗教中对上帝的伪事奉

唯一真正的宗教所包含的无非是法则，即这样一些实践的原168 则，我们能够意识到它们的无条件的必然性，我们因此而承认它们是由纯粹的理性启示的（不是经验性的）。只是为了一个教会——一个教会可能有各种各样的同样好的形式——的目的，才可能有规章即被看作神圣的规定，它们对于我们纯粹的道德判断来说，是任意的和偶然的。认为这种规章性的信仰（它充其量局限于一个民族，不能包含普遍的世界宗教）对于一般地事奉上帝是根本性的，并且把它当做使上帝喜悦人的最高条件，这是一种**宗教妄想**。① 奉行这种妄想就是一种**伪事奉**，即对上帝的这样一种自以为是的崇敬，由于它，人们与真正的、由上帝自己所要求的事奉恰好背道而驰。

---

① 妄想是错觉，即把一件事物的纯然表象与事物本身视为等同的。例如一个守财奴就会产生吝啬的妄想，他把只要自己愿意就可以使用一下自己的财产这种表象，视为自己从不使用这些财产的十足的替代品。荣誉妄想重视他人的赞扬，而他人的赞扬其实只不过是对他的（也许内心根本没有的）敬重的外在表象而已，本来他只应该把这种看重放在对他的敬重本身之上。属于此类的还有对头衔和勋章的追求，因为这些东西也只不过是一种对别人拥有优越地位的外在表象罢了。因此，甚至**疯狂**也有这一称谓，因为它惯于把（想象力的）纯然表象，当做事物本身在场那样来评价。——关于拥有一种达到某个目的的手段的意识（在使用那个手段之前），只不过是在表象中拥有那个手段罢了。因此，满足于这种意识，就好像它真能代替对手段的拥有似的，这是一种实践的妄想。这里所谈的仅仅是这种妄想。

一、论宗教妄想的普遍主观根据

人们在关于上帝及其本质的理论表象中，几乎无法避免神人同形同性论，此外，神人同形同性论（只要它不影响到义务概念）又毕竟不足以造成危害。但就我们与上帝的意志的实践关系而言，以及对于我们的道德性本身来说，它是极其危险的。因为在这里，**我们为自己创造了一个上帝**。♀ 我们相信轻而易举地就可以争取他为我们谋利益，从而免除那种对我们的道德意念的内核有影响的艰辛而又无止境的烦劳。人通常为了这种关系给自己制定的原 169
理是：借助于我们仅仅为了让神灵喜悦所做的一切（即使它们丝毫无助于道德性，只要它们不那么直接违背道德性就行），我们作为顺从的、并且恰恰因此也是上帝所喜悦的臣民，而向上帝证明了我们的事奉意愿，从而也就（潜在地[in potentia]）事奉了上帝。

使人相信做出了对上帝的这种事奉的，可以不必总是牺牲。就连庆典，甚至公众的娱乐，例如在希腊人和罗马人那里，也常常都必须用在这方面，而且还用来使神灵对一个民族变得仁慈，甚至根据该民族的妄想，对单个的人变得仁慈。然而，牺牲（忏悔、苦行、朝圣等诸如此类的东西）在任何时候都被看作是更为有力、对

♀　说每一个人都为自己**创造**一个**上帝**，甚至必须根据道德概念（再加上无限伟大的属性，这些属性属于在这个世界上体现一个与那些道德概念相符合的对象的能力），自己为自己创造一个这样的上帝，以便在他身上崇敬那个创造他的人，这听起来固然令人忧虑，但却绝不是应受谴责的。因为一个存在者无论以什么方式被另一个存在者宣布和描述为**上帝**，即使是这样一个存在者出现在他面前（如果可能的话），他都必须把这一表象首先与他的理想加以对照，以便判断他是否有权把它视为和崇敬为神灵。仅仅从启示出发，不**事先**把那个概念按照其纯粹性作为基础，当做试金石，就不可能有任何宗教，所有对上帝的崇敬都将是**偶像崇拜**。

上天的神恩更有影响、更适用于涤罪的，因为它们有助于更强烈地证明对上天意志的无限制的（尽管不是道德上的）臣服。这样的自虐越是无用，越是不以人在道德上的普遍改善为目的，就越是显得圣洁。因为正是由于它们在这个世界上毫无用处，却又耗费气力，才显得是仅仅以证明对上帝的献身为目的的。

人们说，尽管上帝在此并没有通过这样的行为在任何方面受到事奉，但他却在其中看到了善的意志，看到了虽然在遵循他的道德诫命方面过于软弱，但却通过证明自己在这方面的热忱而弥补了这一缺陷的心灵。在这里，表现出对一种做法的倾向，这种做法自身没有任何道德价值，而只能作为手段把感性的表象能力提高

170 到伴有理智的目的，或者当这种能力可能与理智的目的理念背道而驰时对它作出压抑。① 然而，我们却根据自己的意见，赋予这种做法以目的自身的价值，或者换句话说也一样，我们赋予接受献身于上帝的意念的心情（被称作虔诚）以这种意念自身的价值。因此，这种做法只不过是一种宗教妄想，这种妄想可能会采取各种各

① 对于那些凡是在感性因素与理智因素的区分对他们不太熟悉的地方，却认为发现了纯粹理性批判与理性自身相矛盾的人，我在这里要说明，如果谈到促进（纯粹的道德意念的）理智因素的感性手段，或者谈到感性手段用来对抗理智因素的障碍，那么，两种如此不同类别的原则的这种互相影响，就必须永远不被设想为**直接的**。也就是说，我们作为感性存在者，只能在**理智原则的显象**上，即我们的自然力量受行动中显露出来的**自由任性**所决定方面，才能去违背或者有利于法则，以至原因和结果在行动中被设想为是同类的。但是，就超感性的因素（我们心中的道德性的主体原则，它隐秘地蕴涵在自由的不可理解的属性中），例如就纯粹的宗教意念而言，除了其法则之外（不过这已经够了），我们看不出任何东西涉及人心中的因果关系。也就是说，我们不能从人的道德性质出发，为自己**解释**作为感性世界的事件的行动的可能性，把它们解释为归因于道德性质的，这恰恰是因为它们是自由的行动，而所有事件的解释根据都必须从感性世界得出。

样的形式，在其中的一种形式上，它可能会显得比在另一种形式上更近似于道德。但是，无论在什么样的形式上，它都不只是一个无意中的错觉。相反，它甚至还是一个准则，即把自在的价值不是赋予目的，而是赋予手段。而由于这一准则，这一妄想在所有的形式中都同样是背谬的，并且作为欺骗的隐秘偏好，都是应受谴责的。

二、与宗教妄想相对立的宗教的道德原则

我首先把如下命题当做不需要任何证明的基本原则：**凡是人自认为为了让上帝喜悦，除了善的生活方式之外还能够做的事情，都是纯然的宗教妄想和对上帝的伪事奉**。我之所以说人认为能够做的事情，乃是因为在**我们**能够做的所有事情之上，是否还可能有存在于最高智慧的奥秘中的事情，它是只有**上帝**为了使我们成为他所喜悦的人才能够做的事情，这一点并没有由此而被否认。然而，如果教会要宣称这样一种奥秘是启示出来了的，认为**信仰**像《圣经》故事给我们叙述的这种启示，并（无论是内在地还是外在地）**认信**这种启示，本身就会是我们让上帝喜悦自己所凭借的东西，这种意见毕竟将会是一种危险的宗教妄想。其原因在于，这种信仰作为对固执地视妄想为真的内在认信，确确实实是一种由恐惧逼迫出来的**行为**，以至一个正直的人宁可接受其它任何条件，也不接受这一条件。因为他在做其它任何强制性事奉时，所做的至多只是某种多余的事情，而在这里却要在一种他并不相信其真实性的声明中做某种与良知相冲突的事情。因此，他说服自己认信这一点，即这本身（作为对一种送上门来的善的接纳）就可以使他让上帝喜悦。这种认信是某种他自以为在遵循尘世中应该实施的

171

道德法则时的善的生活方式之外还能够做的事情，因为他想凭借自己的事奉直接面向上帝。

首先，理性使我们不致由于缺乏自己的（在上帝面前有效的）正义[1]而毫无慰藉。它宣布，谁为了（至少在向完全符合法则的不断接近中）履行自己的责任，而以真诚的、奉献于义务的意念做他力所能及的事情，他就可以希望最高的智慧**以某种方式**（这种方式能够使这种不断接近的意念成为始终不渝的）补上他力所不能及的事情。但理性并不强求规定这种方式，也不强求知道这种方式存在于何处。这种方式很可能会如此神秘，以至上帝充其量有可能在一种象征性的表象中把它启示给我们。在这种表象中，唯有实践的东西才是我们可以理解的，而在理论上，即使上帝愿意给我们揭示这样一种奥秘，我们也根本不能把握上帝与人的这种关系自身是什么，并且把它与概念结合起来。——现在，假定某个教会宣称，确定无疑地知道上帝弥补人类的那种道德缺陷所采取的方式，并且同时判处所有这样一些人永受谴责，因为他们不知道那种
172 以自然的方式不为理性所知的释罪手段，从而也没有接受它和认信它，把它当做宗教的原理。那么，这样一来，谁在这里是真正的不信仰者呢？是那种信赖，但却不知道自己所希望的东西如何发生的人，还是那种想要知道人从恶中解脱出来的这种方式，否则就会放弃对此的一切希望的人呢？——其实，后一种人恰好并不那么重视对这种奥秘的知识（因为他的理性已经告诉他，知道某种他不能有所作为的事情，对他来说毫无用处）。相反，他知道这些，只

1　参见《罗马书》第 3 章第 21-24 节；第 10 章第 3 节。——译注

是为了能够（哪怕只会内在地发生）使自己从对所有这些被启示的东西的**信仰**、接受、认信和赞颂当中，产生一种对上帝的事奉，这种事奉能够在为一种善的生活方式花费自己的任何力量之前，因而也就是白白地就给他争取到上天的神恩，完全以超自然的方式造成一种善的生活方式，或者当他的行动违背这种生活方式时，至少能够补偿这种越轨行为。

其次，只要人稍稍偏离上述准则，那么，对上帝的伪事奉（迷信）就再**没有任何界限**了。因为超出了这一准则，所有的一切（只要不直接违背道德）就都是任意的了。从他不费吹灰之力的口头上的牺牲，[1]到本来可以更好地用于人们的福利的自然财产的牺牲，直到由于他（作为隐士、苦行僧、修士）自绝于世而造成的他自己的人格的牺牲，他向上帝奉献了一切，唯独没有奉献他的道德意念。而当他说还奉献了自己的心时，他所理解的并不是一种让上帝所喜悦的生活方式的意念，而是一种衷心的愿望，即希望那些牺牲将被接受为那种意念的代用品（一个徒劳无功、碌碌无为的民族。——斐德鲁斯［natio gratis anherans, multa aendo nihil agrns——Phaedrus.］）。[2]

最后，一旦人们转向一种自以为使上帝喜悦自己的、必要时也使他息怒的、但并非纯粹道德上的事奉的准则，那么，在仿佛机械式的事奉方式中，就不存在使一种方式优于另一种方式的本质区别了。就价值（或者宁可说无价值）而言，它们全都是一路货色。凭

1　参见《希伯来书》第13章第15节。——译注

2　Phaedrus，《寓言》，Ⅱ5。——译注

173 借**更为精巧地**偏离真正崇敬上帝的唯一的理智原则，就自以为比那些允许自己犯下一种据说是**更粗劣地**堕落到感性的罪过的人优秀些，这纯粹是忸怩作态。无论是信徒按照规章加入**教会**，还是他前往**劳莱托**或者巴勒斯坦的圣地朝圣，无论他是用**双唇**还是像西藏人那样用一种**经转子**把自己的祈祷定式送达天庭（西藏人相信，这些愿望也能够以书面的形式写下，只要借助于某种东西推动，例如写在旗帜上借助于风推动，或者写在一个密封的盒子中作为转动机械借助手推动，就可以同样达到其目的），无论在道德上事奉上帝的代用品是什么样的，所有这些都是一路货色，其价值没有什么两样。——在此，关键并不在于外在形式的差别，而是一切都取决于接受还是背离那个唯一的原则，即要么是当道德意念在作为它的显象的行动中活生生地体现出来时，就仅仅凭借道德意念使上帝喜悦，要么是凭借虔诚的娱乐行为或者无所事事来使上帝喜悦。[①] 不过，就没有一种超越于人的能力界限之上，与卑躬屈膝的宗教妄想可以并列在自我欺骗这个总类之下的、令人头晕目眩的德性妄想吗？没有！德性意念关注的是某种**现实的**、自身就使上帝喜悦的、与世上的至善一致的东西。尽管它可能伴有自负的妄想，自认为符合自己的圣洁义务的理念，但这毕竟只是偶然的。把

① 在一个必须信仰的规章性因素少一点的教派中，信徒由此觉得自己变得高贵了，感到自己的头脑更清晰，这是一种心理学现象；虽然他们还保留了足够多的规章性信仰，不可以（像他们实际上所做的那样）从他们自认为的纯洁性的高处轻蔑地俯视他们那些还处在教会妄想之中的弟兄。这种现象的原因在于他们认为，无论多么不起眼，自己毕竟由此而更为接近一些纯粹的道德宗教。尽管他们始终还沉溺于那种妄想，即想要借助于只带有一点消极理性的虔诚戒律，来补充纯粹的道德宗教。

最高的价值放在这一理念中，这并不是妄想，不像教会的祈祷活动中的妄想那样，而是更纯粹地为促进世上的至善作出贡献。

此外还有一种惯例（至少是教会的惯例），即：把人凭借德性原则能够做到的称作**本性**，把只是用来补偿人的各种道德能力的阙 174
失的、并且由于道德能力的充足也是我们的义务因而只能想望，或者也可以希望和祈求的东西称作**神恩**，把二者一起看作一种足以导致上帝所喜悦的生活方式的意念的作用因，但又不仅仅把二者相互区分开来，而是干脆把二者截然对立起来。

劝人相信可以把神恩的作用与本性（德性）的作用区分开来，或者干脆可以在自身中造成神恩的作用，这是一种**狂热**。因为我们既不能在经验中根据某种东西认识超感性的对象，也更不可能对它产生影响，把它降低到我们的层次。尽管在心灵中有时也发生一些影响道德的活动，我们也无法解释它们，被迫承认对它们无知。“风随着意思吹，你听见风的响声，却不晓得从哪里来，往哪里去。”[1]要在自身中**感知**上天的影响，这是一种疯狂，它里面甚至也可能包含有方法（因为那些自认为内在的启示，也还必须始终附属于道德理念，从而也附属于理性理念），但它却总还是一种危害宗教的自我欺骗。要相信可能有，而且为了弥补我们德性追求的不完善性，还必须有**神恩的作用**，这就是我们对此所能够说的一切。此外，我们没有能力就神恩作用的特征规定任何东西，更不用说为导致神恩的作用做某些事情了。

1　参见《约翰福音》第 3 章第 8 节。——译注

凭借宗教上的崇拜活动，在面对上帝释罪方面有所作为，这种妄想是宗教上的**迷信**。同样，想凭借追求一种自以为的与上帝的交往而达到这种作为，这种妄想则是宗教上的**狂热**。想凭借每一个人都能够做、但无须他是一个善人的那些行动使上帝喜悦（例如凭借认信规章性的教义、遵循教会的戒律和礼仪等诸如此类的东西），是一种迷信的妄想。但是，它之所以被称作迷信的，乃是因为它仅仅选择了自然的（不是道德的）手段，而这些手段本身对非自然的东西（即道德上的善）却绝对不可能有任何影响。不过，当甚
175 至想象出来的手段是超感性的、并不是人所能支配的，即使不考虑由此预期的超感性目的是无法达到的，这时的一种妄想也叫作狂热的。因为最高存在者直接临在这种情感，以及这种情感与其它任何一种情感——包括道德情感——的区分，是对一种直观的接受能力，而人的本性中并没有进行这种直观的感官。由于迷信的妄想包含着对某种人来说是既适用、同时也可能的手段，至少能用来抵制对一种让上帝所喜悦的意念的障碍。因此，它就此而言，与理性倒是接近的，只是偶尔由于把仅能作为手段的东西当做直接让上帝喜悦的对象而应受谴责。相比之下，狂热的宗教妄想是理性在道德上的死亡，而没有理性就根本不可能有宗教。因为和所有的道德性一样，宗教一般必须建立在一些基本原则之上。

因此，一种教会信仰补救或者预防一切宗教妄想的基本原则是：除了它迄今为止不能完全缺少的那些规章性信条之外，它在自身中还必须包含一种原则，即把善的生活方式的宗教作为真正目的引进来，以便有朝一日能够不要那些信条。

三、论对善的原则的伪事奉中作为一种管理制度的教权制♀

孤立无助的人受自然的、建立在对自己的无能的意识之上的畏惧所迫，崇敬强大的、不可见的存在者，这并不是与一种宗教同 176
时开始的，而是从对上帝（或者偶像）的一种奴性的事奉开始的。当这种事奉获得了某种公开的法定的形式时，它就是**对庙宇的事奉**。只有在这些法则逐渐地与人的道德教化结合起来时，才成为一种**对教会的事奉**。二者都以一种历史性的信仰为基础，直到人们最终**开始**把历史性的信仰仅仅视为临时性的，并把它看作一种纯粹的宗教信仰的象征性体现和促进手段为止。

我们应该相信，从一个通古斯**萨满**直到同时治理教会和国家的欧洲**高级教士**，或者（如果我们不考虑首脑和领袖，而是仅仅考虑那些信徒自己的思维方式）在一大早把一张熊皮的爪子顶在头上，简短地祈祷"别杀死我"的完全感性的**乌古伦人**和**康涅狄格州**的高贵的**清教徒**、公理会教徒之间，虽然有**风格**上的巨大差异，但却没有**原则**上的巨大差异。因为就这一点来说，他们统统属于同一个等级，即他们在本身并不造就出一个更善的人的那种事情中

♀　这一仅仅表明一个神父（παπpα）的权威的名称，只是由于一种精神专制的附属概念，才包含某种谴责的意思。在所有的教会形式中，无论它们怎样宣布自己是简朴的和大众化的，都可以发现这种精神专制。因此，绝不可以认为我好像是要在各教派的对比中，想让一个教派凭借其习俗和规定来相对地轻视另一个教派。所有的教派，就它们的形式都是可怜的凡人在尘世将上帝之国感性化的尝试而言，都理应得到同样的尊重；但如果它们把（在一个可见的教会中）体现这一理念视为事情本身，就都理应受到同样的责难。

(在对某些规章性信条的信仰中,或者在对某些任意的戒律的履践中)放进了自己对上帝的事奉。唯有那些认为只能在一种善的生活方式的意念中发现对上帝的事奉的人,才通过超越到一种截然不同的、远远高于前者的原则而与上述的人区别开来。他们通过这一原则而认信一个(不可见的)教会,这个教会囊括了所有思想正派的人,就其根本性质而言,唯有它才是真正的、普遍的教会。

把支配人们命运的不可见的力量引导向人们的利益,这是所有的人们都怀有的意愿。只不过如何开始,人们却见仁见智。如果人们把那种力量视为一种有理智的存在者,因而赋予它一种意志,那么,他们的追求就在于仅仅选择一种方式,即自己这样一些服从它的意志的存在者,怎样才能凭借自己的所作所为使它喜悦?如果人们把它设想为道德的存在者,那么,他们凭借自己的理性就会轻而易举地相信,获得它喜悦的条件必须是自己在道德上善的
177 生活方式,尤其是作为这种生活方式的主观原则的纯粹意念。但是,最高的存在者也许在此之外还愿意以这样一种方式被事奉,这种方式是我们单凭理性所不能认识的。也就是说,要凭借这样一些行动,我们虽然从这些行动本身看不出任何道德的东西,但它们却或者是由最高的存在者所要求的,或者是仅仅为了证明我们对它的顺从而由我们任意地采取的。在这两种行事方式中,如果它们构成了系统地安排好的各种活动的一个整体,那么,这些行动就在根本上建立起了对上帝的一种**事奉**。如果二者应当结合在一起,那么,就必须假定,要么每一种方式都直接是让上帝喜悦的方式,要么一种方式是作为另一种方式——对上帝的真正事奉——的手段而让上帝喜悦的方式。对上帝在道德上的事奉(自由的事

奉[officium liberum])直接地让上帝喜悦，这是不言而喻的。但是，如果有酬报的事奉(计酬的事奉[officium mercenarium])可以被看作**单由自身**就让上帝喜悦的，那么，对上帝在道德上的事奉就不能被承认为一切喜悦在人身上的最高条件(一切喜悦已经包含在道德性的概念之中了)。因为在这种情况下，没有人会知道，在眼前的事件中，为了据此对自己的义务做出判断，什么样的事奉是更有价值的；或者，它们是如何相互补充的。因此，自身没有任何道德价值的那些行动，只是就它们作为手段用来促进在行为中直接善的因素(促进道德性)而言，即**为了在道德上事奉上帝的缘故**，才必须被认定为是上帝所喜悦的。

如果一个人的行动自身不包含让上帝喜悦的因素(道德的因素)，他却将这些行动当做争取上帝对自己的直接喜悦、并从而实现自己的愿望的手段来使用，那么，他就处于这样一种妄想之中，以为他拥有一种通过完全自然的手段来造成超自然的作用的技艺。诸如此类的尝试，我们通常称作**魔术**。但是，我们却要把这个词(由于它自身带有与恶的原则结合的附属概念，相比之下，那些尝试却可以被设想为另外出自善的道德意图因误解而做出的)换作**物神化**这个在其它情况下已被认识到的词。不过，一个人只是
由于自以为对上帝起作用，并把上帝当做手段来使用，以便在这个 178
世界上产生一种作用，他的超自然作用才会是一种他可以想象的作用。而对于这一点来说，他的力量，甚至他对这种作用是否也会让上帝喜悦的洞见，都是不够用的。单是在他的概念中，这就包含着一种悖论。

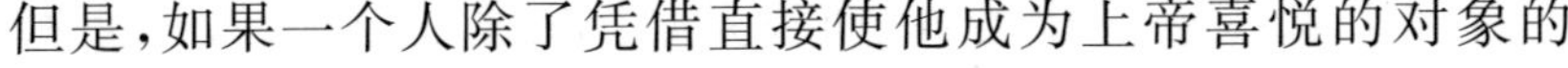

但是，如果一个人除了凭借直接使他成为上帝喜悦的对象的

东西(凭借一种善的生活方式的积极意念),还试图借助某些仪式来使自己**配得上**一种超自然的帮助对他的无能的弥补,并且出自这一意图认为可以凭借一些虽然没有任何直接的价值、但却可以作为手段来促进那种道德意念的戒律,来使自己对于达到自己善的道德愿望的客体只不过**易于**接受一些,那么,他虽然为了弥补自己的自然无能而指望某种**超自然**的东西,但却不是指望某种由**人**(通过影响上帝的意志)**造成的**东西,而是指望某种**接受到的**东西,某种他可以希望、但却不能造成的东西。

不过,如果那些就我们所知自身不包含道德因素、不包含让上帝所喜悦的因素的行动,在一个人看来仍然可以充当某种手段,甚至充当期待直接由上帝来维护他的愿望的条件,那么,他必定处于这样一种妄想之中,即,尽管他对于这种超自然的东西既没有自然的能力,也没有一种道德上的接受能力,但是,他却可以凭借**自然的**、自身与道德性毫不相干的行动(采取这些行动不需要任何上帝所喜悦的意念,因而最恶的人也能够与最善的人同样好地采取这些行动),凭借祈祷定式、凭借认信一种有酬报的信仰、凭借教会的戒律等诸如此类的东西来造成它,就仿佛是**用魔术召来**神灵的帮助似的。因为在纯粹自然的手段和一种道德上的作用因之间,根本没有一种按照可以由理性设想的、根据它就可以想象前者决定后者达到某些结果的某种法则的结合。

因此,谁把遵循规章性的、需要有一种启示的法则,作为宗教所必需的,并且不是仅仅作为道德意念的手段,而且还作为由此直接让上帝喜悦的客观条件置于前面,把对善的生活方式的追求置
179 于这种历史性的信仰之后(而不是认为这种遵循作为只能**有条件**

地让上帝喜悦的东西，必须以唯一**绝对**让上帝喜悦的善的生活方式为准则），他就把对上帝的事奉转化为一种纯然的**物神化**，实行了一种伪事奉。这种伪事奉将使趋向于真宗教的一切修行化为乌有。当我们要把两个好的东西结合起来时，我们用来结合它们的那种次序竟是如此重要！然而，真正的**启蒙**就存在于这种区分之中。对上帝的事奉由此才成了一种自由的、从而也是道德上的事奉。但是，如果我们背离了这一点，那么，加之于人的就不是上帝的儿女的自由，[1]而是一种法则（规章性法则）的轭具；这种法则由于无条件地迫使人们信仰某种只能历史地认识、从而并非对每一个人来说都是有说服力的东西，所以是一种对于有良知的人们来说可能比加给人们的虔诚戒律的全部废物还沉重得多的轭具；①对于这些戒律来说，人们只要执行它们，以便与一个建立起来的教会共同体保持协调，这就够了。用不着某人内在地或者外在地宣称认信这个教会共同体的信仰，把它看作是**由上帝确立**的秩序；因

1　参见《罗马书》第 8 章第 21 节。——译注

①　"这轭具是柔和的，担子是轻松的。"[2] 在这里，每一个人都负有的义务可以被看做由他自己，并且是通过他的理性加给他自己的。因此，他是自愿地给自己加上这轭具的。但具有这种特性的只有作为上帝诫命的道德法则。关于这些法则，唯有纯粹的教会的缔造者才可以说："我的诫命并不难守。"[3] 这一表述只不过是要说，它们之所以不**难守**，乃是因为每一个人都从自身看到了遵循它们的必要性，从而没有任何东西由此强加给他。相比之下，专制地颁布命令的、虽然是为我们的福利（但并不是通过我们的理性）加给我们的、我们却看不出有什么好处的规定，则仿佛是人们被迫屈从的折磨（苦工）。但是，就其来源的纯粹性来看，由那些道德法则所要求的行动本身，恰恰是人感到最难的行动。如果可以用极重的虔诚的苦工来抵偿这样的行动，那么，他宁可做这样的苦工也不采取那样的行动。

2　参见《马太福音》第 11 章第 30 节。——译注

3　参见《约翰一书》第 5 章第 3 节。——译注

为这样一来，就会真正地给良知加上重负。

因此，**教权制**是这样一个教会的制度，在它里面，占统治地位的是一种**物神崇拜**。凡在不是由道德的原则，而是由规章性的诫命、教规、戒律构成了教会的基础和本质的地方，都可以发现这种
180 物神崇拜。虽然有一些教会形式，物神化在其中如此多种多样，如
此机械呆板，以致它看来排挤了所有的道德性，从而也排挤了宗教，取代了它们的地位，并且非常接近于异教的边缘了。但是，当价值或者无价值建立在具有最高约束力的原则的性质之上时，问题的关键并不在于量上的多少。如果这个原则加给人的不是应对道德法则抱有的**最高的**自由敬重，而是作为强制性事奉，顺从地屈服于某种规章，那么，无论加给人们的戒律多么少，只要它们被宣布为无条件地必须的，就都足以成为一种物神信仰。它操纵群众，并通过对一个教会（不是对宗教）的顺从而剥夺了他们的道德自由。无论教会的体制（教阶制）是君主制、是贵族制、还是民主制，这都仅仅涉及组织；教会的宪章在所有这些形式中都是，并且始终是专制的。如果信仰的规章被归入宪章的法则，那么，实行统治的就是**教士阶层**，它相信可以完全用不着理性，甚至也用不着《圣经》学问；因为它作为不可见的立法者的意志的唯一有资格的维护者和诠释者，有独自掌管信条的权威，并且由于具有这种权威，可以不是说服，而是**仅仅发布命令**。——由于在这个教士阶层之外，其余的一切都是**平信徒**（就连政治共同体的首脑也不例外），所以，教会最终也统治了国家，不完全是凭借权势，而是凭借对心灵的影响，此外还凭借佯称国家据说可以从精神训导本身已经使民众的**思维**习惯了的一种无条件的顺从中得到的好处。但是在这里，这

种虚伪的习惯不知不觉地葬送了臣民的正直和忠诚，使他们变得乖巧起来，甚至在公民义务中也成为假事奉，并且和所有错误地设定的原则一样，造成的恰恰是预期的东西的反面。

※　　　　※　　　　※

但是，所有这一切都是唯一造福于人的宗教信仰的两个原则初看起来似乎并不令人担心的易位所造成的必然结果。因为关键
在于，人们应该把两个原则中的哪一个置于首位，承认为最高的条 181
件（另一个原则是从属于这个条件的）。必须公平合理地承认，并不只是“按着肉体有智慧的”，即学者或智者，才被委任在自己的真实得救方面进行启蒙——因为整个人类都应该能够接受这种信仰——，而是“世上愚拙的”[1]，甚至无知的或者最缺乏概念能力的人，也必须能够要求得到这样一种教化和内在的确信。虽然听起来似乎是，一种历史性的信仰，尤其是当它为了理解福音所需要的概念完全是人类学的、是很符合感性的时，就正属于这种类型。因为还有什么比理解和彼此传达这样一种适合感性的、纯朴的叙述，或者关于奥秘却重复那些根本不必与一种意义结合的语词更容易的呢？这种信仰，尤其是由于它预示着巨大的利益，要找到普遍的赞同该是多么容易。而对这样一种建立在长期以来被承认真实可靠的文件之上的叙述的真实性的信仰，该是多么根深蒂固。因此，这样一种信仰当然也是适合最平凡的人类能力的。不过，虽然无论是这样一种事件的宣示，还是对建立在它上面的行事规则的信仰，都不会正好为了或者主要为了学者或者世俗智者才被给予的，

1　参见《哥林多前书》第 1 章第 26-27 节。——译注

但毕竟也没有把他们从中排除。因此就产生了如许的疑问，有的是关于它的真实性，有的是关于应在什么意义上陈述它，把这样一种受到如此多（自以为真诚的）争议的信仰当做一种普遍的、唯一造福于人的信仰的最高条件，这是人们所能够设想的最荒唐无稽的事情。——但是，有这样一种实践的知识，虽然它仅仅以理性为基础，不需要任何历史学问，但对每一个人，即便是头脑最简单的人，都是如此易于理解，就好像它是逐字逐句地写在他的心中似的。这就是这样一种法则，人们需要提到它，只是为了对它的权威马上与每一个人取得一致，它在每一个人的意识中都具有**无条件**的约束力，它就是道德性的法则。不仅如此，这种知识或者单凭自己就已经导致对上帝的信仰，或者至少单凭自身就把上帝的概念
182 规定为一个道德上的立法者的概念，从而，它引导人们达到一种不
仅为每一个人所理解，而且也为每一个人所极其崇敬的纯粹的宗教信仰。它引导人达到这里是如此自然，以至只要人们试一试就会发现，完全可以从每一个人那里鞫问出这种宗教信仰来，即使他在这方面没有受过任何教育。因此，不仅由纯粹的宗教信仰开始，让历史性的信仰与它协调一致地跟随其后是明智的举动，而且我们的义务也是把它当做最高的条件，唯有在这一条件下，我们才能希望分享一种历史性的信仰总是要向我们预示的永福，以至只有根据纯粹的宗教信仰给这种历史性的信仰提供的诠释，我们才能够或者才允许承认历史性的信仰是有普遍约束力的（因为它包含着普遍有效的教诲）。同时，就道德上的信仰者认为历史性的信仰有助于振奋自己纯粹的道德意念而言，他毕竟对历史性的信仰也是开放的。唯有采取这样一种方式的信仰，才具有一种纯粹的道

德价值，因为它是自由的，不为任何威胁所强迫（因为那样的话，它就绝不可能是真诚的）。

但是，即使在一个教会中，对上帝的事奉主要集中于根据为一般人性规定的法则而纯粹在道德上崇敬上帝，我们也还是可以问：在这种事奉中，是否总是只有**虔敬教义**，还是也有纯粹的**德性教义**，各自不同地构成了宗教陈述的内容？前一个名称，即**虔敬教义**，也许在客观的意义上最好地表达了（宗教［religio］）这个词的涵义（就像当今所理解的那样）。

虔敬包含了在与上帝的关系中对道德意念的两个规定：对上帝的**敬畏**就是在出自**应尽的**（臣民的）义务，即出自对法则的尊重而遵循上帝的诫命时的这种意念；而对上帝的**爱**则是出自自己的**自由选择**和出自对法则的喜悦（出自子女的义务）。因此，二者在道德性之上还包含着一个超感性存在者的概念。这个存在者具有为了使借助道德性所要达到的、但却超出了我们的能力之外的至善得以完成所需要的一些属性。如果我们超出了这个存在者的理念与我们在道德上的关系，关于它的**本性**的概念，就总是会陷入这样一种危险之中，即我们会以神人同形同性论的方式，从而常常是以直接危害我们的道德基本原则的方式来进行设想。因此，它的理念并不能自身存在于思辨的理性本身当中，而是把自己的起源， 183
甚至还有自己的力量，都完全建立在与我们的以自身为基础的义务规定的关系之上。在青年最初的训诲中，甚至在布道词中，什么是更为自然的呢？是在虔敬教义之前要讲德性教义，还是在德性教义之前（甚至根本不提德性教义）要讲虔敬教义呢？显而易见，二者之间有必然的联系。但是，它们并不是**一回事**。所以，必须只

把其中的一个设想为目的，把另一个仅仅设想为手段，并且也这样来宣讲，这种结合才是可能的。不过，德性教义是由自己而自存的（甚至也不需要上帝的概念），而虔敬教义却包含了一个我们自己设想的对象的概念。我们设想它与我们的道德性相联系，是我们在道德的终极目的方面的无能的补偿性原因。因此，虔敬教义不能独自构成道德追求的终极目的，而是只能被用作加强那本身构成一个更善的人的东西的手段，即加强德性意念的手段。这种加强作用在于，虔敬教义为德性意念（作为对善，甚至对圣洁性的一种追求）预示和保证了对终极目的的期望，这是德性意念所无法做到的。相反，德性概念出自人的灵魂。尽管德性概念还没有展开，但人已经在自身中完全拥有了它，并且不可以把它像宗教概念那样，凭借推理玄想出来。在德性概念的纯粹性中，在对那种意识——意识到一种我们通常从未猜测到的、能够制伏我们里面的最大障碍的能力——的唤醒中，在人类的尊严——人在自己的人格以及那种为了使人格实现而追求着的人格规定性中必须敬重这种尊严——中，蕴藏着某种升华灵魂、并导向神明本身的东西，这种神明只有凭借其圣洁性和作为德性的立法者，才是值得崇拜的。其结果是，即使在人远未给予这个概念以影响自己的准则的力量的时候，他也并非不愿意从这个概念吸取营养，因为他感到自己通过这个理念，已经在某种程度上变得高尚了；然而，一个把这种义务变成我们的诫命的世界统治者的概念，离他还有很大一段距离。而且如果他以这概念为开端，还会挫败他那（参与构成德性本质的）勇气，使他陷入把虔敬转化为在一种专制地发布命令的权势面前阿谀奉承、奴颜婢膝地屈从的危险之中。这种独立自主的勇气
184 本身，甚至通过接踵而至的和解教义，将得到加强，因为这种教义

把不可改变的东西设想为解决了的，并且为我们开启了一条通向一种新的生活方式的小道，而不至于在以这种教义为开端时，由于白费力气地想使已经发生了的事情得到挽回（赎罪），由于对这种白费力气的奉献而产生的害怕，由于想象我们根本没有能力达到善，以及由于对堕回到恶的恐惧，而不得不消磨掉人的勇气，[①]把人

① 各民族的不同信仰类型，逐渐地也赋予它们一种外在地呈现在公民关系之中的性格；这种后来附加给它们的性格，就好像完全是气质特性似的。例如，**犹太教**由于其最初的那种想借助一切可以想象出来的，在有些地方令人难堪的戒律，把一个民族同其它所有民族隔离开来，并防止与这些民族有任何混杂的制度，就招来了**仇视人类**的责难。**穆罕默德教**的与众不同之处就在于**骄傲**，因为它不是在奇迹中，而是在对许多民族的战胜和奴役中找到了其信仰的证明，而它的虔诚习俗全都具有勇敢无畏的性质♀。**印度教**信仰由于同穆罕默德教截然相反的原因，而赋予其信徒以**怯懦**的性格。——如果由于那些最真心诚意地对待基督教信仰，但却以人的堕落为出发点而怀疑任何德性、因而把自己的宗教原则仅仅放在**虔诚**（它被理解为鉴于上界力量所期待的虔敬而采取消极态度的基本原则）之中的人们，能够对基督教信仰作出类似的责难，那么，问题肯定不在于基督教信仰的内在性质，而是在于它接近人们心灵的方式，因为这些人从未在自身中确立一种信赖，而是在持久的恐惧中寻求一种超自然的援助，甚至在这种自卑（自卑并不是谦恭）中自认为拥有一种能够赢得神恩的手段。这种状况的外在表现（无论是在敬虔主义中还是在伪虔诚中），都显露出一种奴性十足的心态。

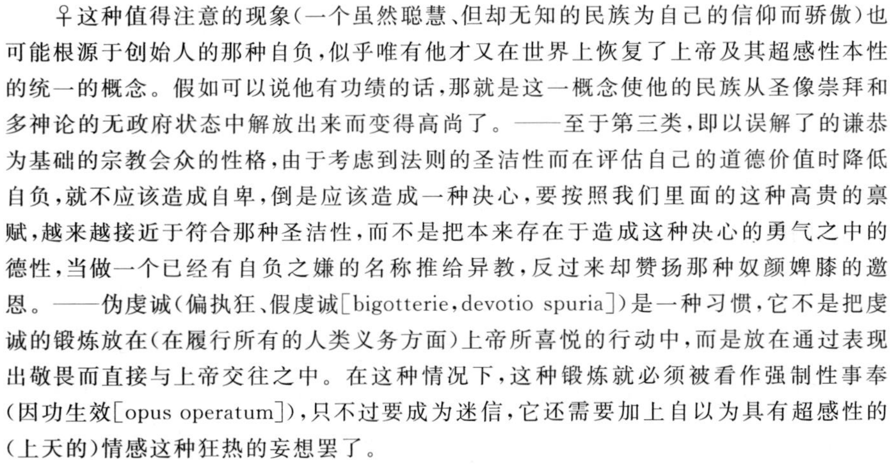

♀这种值得注意的现象（一个虽然聪慧、但却无知的民族为自己的信仰而骄傲）也可能根源于创始人的那种自负，似乎唯有他才又在世界上恢复了上帝及其超感性本性的统一的概念。假如可以说他有功绩的话，那就是这一概念使他的民族从圣像崇拜和多神论的无政府状态中解放出来而变得高尚了。——至于第三类，即以误解了的谦恭为基础的宗教会众的性格，由于考虑到法则的圣洁性而在评估自己的道德价值时降低自负，就不应该造成自卑，倒是应该造成一种决心，要按照我们里面的这种高贵的禀赋，越来越接近于符合那种圣洁性，而不是把本来存在于造成这种决心的勇气之中的德性，当做一个已经有自负之嫌的名称推给异教，反过来却赞扬那种奴颜婢膝的邀恩。——伪虔诚（偏执狂、假虔诚[bigotterie，devotio spuria]）是一种习惯，它不是把虔诚的锻炼放在（在履行所有的人类义务方面）上帝所喜悦的行动中，而是放在通过表现出敬畏而直接与上帝交往之中。在这种情况下，这种锻炼就必须被看作强制性事奉（因功生效[opus operatum]），只不过要成为迷信，它还需要加上自以为具有超感性的（上天的）情感这种狂热的妄想罢了。

185 置入一种长吁短叹的道德上的消极状态，在这种状态下，做不成任何伟大的和善的事情，而是把一切寄望于等待。——在涉及道德意念的事物中，一切都取决于人们使自己的义务隶属的那个最高概念。假如对上帝的**崇敬**是首要的，人们因而把德性隶属于他，那么，这个对象就是一个**偶像**，也就是说，他被设想为一个我们不是凭借在世上的道德善行，而是凭借祈祷和阿谀奉承就可以希望使它喜悦的存在者。但在这种情况下，宗教也就是偶像崇拜。因此，虔敬不是德性的代用品，以至可以缺少德性；相反，它是德性的实现，以便能够为最终达到我们的所有善的目的的希望加冕。

四、宗教事务中良知的引导

这里的问题不是良知应当如何被引导（因为良知不需要引导者，有良知就够了），而是怎样才能把良知本身用作最令人忧虑的道德决定中的引导。

良知是一种自身就是义务的意识。但是，由于对我们所有的表象的意识仅仅在逻辑观点上，从而仅仅有条件地，即当我们想澄清自己的表象时，才显得是必然的，因而也就不能无条件地是义务，所以，怎样才可能设想这样一种良知呢？

这是一个不需要任何证明的道德基本原理：**切勿冒不义的风险做任何事情**（凡是你怀疑的事情，就不要去做。——普林尼[quod dubitas，nefaceris！ ——Plinius.]）。因此，“**我要采取的**行
186 动是正义的”这种**意识**是无条件的义务。而一个行动一般来说是正义的还是不义的，对此做出判断的是知性而不是良知。对于所有可能发生的行动都知道它们是正义的还是不义的，这也不是绝对必要的。但是，对于**我**要采取的行动，我不仅必须做出判断，表

明态度，而且还必须确知它不是不义的。这种要求是良知的一种公设，而盖然说，即“仅仅认为一个行动可能是正义的，就足以使人采取该行动”这种基本原则，是与良知的这种公设截然对立的。——我们也可以这样定义良知：它是**自己对自己作出裁决的判断力**。只是这一定义，还极需对其中包含的概念先行做出说明。良知并不是把行动当做隶属于法则之下的案例来裁决的。因为这样做的是理性，理性是主观实践的（因此是良知的案例[casus conscientiae]，亦即作为良知的辩证论的一种类型的诡辩）。相反，在此是理性对自己作出裁决，尽管它事实上是极其慎重地对行动做出那种判断的（即它是正义的还是不义的）。而且，它还把人自己推上**起诉自己**或者**辩白自己**的证人席，证实这种情况是发生了还是没有发生。

举例来说，有一个异端审判官，他固执地墨守自己的规章性信仰的唯一性，甚至到了必要时以身殉道的地步。他要对一个被指控犯有不信罪的所谓异端（在其它情况下是一个好的公民）作出判决。在此我要问：如果他判决这个异端死刑，那么，人们是能够说，他是按照自己的（尽管是误入歧途的）良知作出判决的，还是不论他是弄错了还是有意做出了不义的行为，都可以指摘他完全丧失了良知呢？因为人们可以当面指摘他在这样一个案例中，根本不能确定自己的所作所为不会有不义的可能。虽然他也许坚信，一种超自然地启示出来的上帝意志（或许是根据勉强人进来[compellite intrae][1]那句箴言）允许他——即使不是把这作为他

1　参见《路加福音》第14章第23节。——译注。

的义务——把所认为无信仰连同不信者一起彻底灭绝。但是，他难道真的如此相信这样一种启示出来的教义及其意义，以至于达到胆敢杀死一个人所需要求的程度吗？因为一个人的宗教信仰而
187 夺去他的生命，这毫无疑问是不义的，除非（极而言之）一种例外地为他所知的上帝意志做出了别的安排。但是，说上帝曾经表现出过这种可怕的意志，这是以历史文件为基础的，并且绝不是不容争辩地确定的。他毕竟只有通过人才能够获得启示，而且启示也是由人给他解释的。如果在他看来启示也是来自于上帝自身的（就像下达给亚伯拉罕的命令，要他把自己的儿子当做羊羔杀死那样[1]），那么，至少毕竟有可能在这里出现了某种失误。但这样一来，他就会冒着做出某种极其不义的事情的危险，而他在这里的行动正好就是没有良知的。对于一切历史性的信仰和现象性信仰来说，情况都是如此。也就是说，总是还留下了在其中发现某种错误的**可能性**。因此，不顾这种信仰所要求或者所允许的事情也许是不义的这种可能性，也就是冒着违反一种自身确定无疑的人类义务的危险而去接受这种信仰，这是没有良知的。

不仅如此，即使一个由这样一种积极的（被认为是积极的）启示法则所要求的行动本身是允许的，问题仍然在于，教会的上层或者导师是否可以根据自己自以为的确信来责成民众把它当做信条认信（哪怕有损于他们的地位）呢？由于确信除了历史的证据之外，自身没有别的证据，但在这民众的判断中（只要它稍稍反省一番自己），总是还有一种也许由此或者在他们对经典做诠释时产生

1　参见《创世记》第22章。——译注

错误的绝对可能性，所以，神职人员就会强迫民众至少是在内心中，就像他们信仰一个上帝，即仿佛是面对上帝那样，认信某种他们毕竟并不确切地知道其为真的东西是真实的。例如，承认指定某一个日子定期公开地增进虔敬之心，是由上帝直接规定的宗教节日，或者认信某种他们根本不理解的奥秘为自己坚信的。这时，他们的教会上层就会是在违背良知行事，是在强迫别人信仰某种他自己也绝不可能完全确信的东西。因此，他应该公平地想一想他所做的事情，因为他必须为从这样一种强制性的信仰中产生的滥施强暴负责。——因此，在被信仰的东西中可能有真理，但在信仰中（或者甚至在对它的只是内心的认信中），也同时可能有不真实性，而这不真实性本身就是该诅咒的。

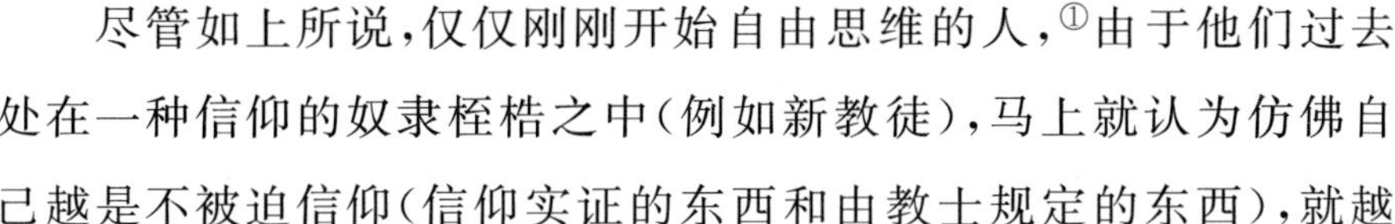

尽管如上所说，仅仅刚刚开始自由思维的人，①由于他们过去 188
处在一种信仰的奴隶桎梏之中（例如新教徒），马上就认为仿佛自己越是不被迫信仰（信仰实证的东西和由教士规定的东西），就越

①　我承认，我确实不能苟同于一些聪明人也使用的下述说法：某个（正在探讨一种合法的自由的）民族对于自由是不成熟的；一个庄园主的农奴们对于自由还不成熟；此外还有，一般人对于信仰自由还不成熟。按照这样一种前提条件，自由就永远不会出现。因为我们如果不事先被置于自由之中，对于自由就不可能**成熟起来**（为了能够在自由中合目的地运用自己的力量，我们就必须是自由的）。当我们还必须服从他人的命令，但又处于他人的关照之下的时候，最初的尝试当然是不成熟的，通常还与一种更为困难、更为危险的状况结合在一起。然而，不借助**自己的**尝试（要想做这些尝试，我们就必须是自由的），我们永远也不能以其它方式在理性方面成熟起来。我并不反对那些手中握有权力的人，为情势所迫把甩脱这三种桎梏的时代推得远之又远。但是，说自由根本不适宜于那些一度隶属于他们之下的那些人，说人有权利在任何时候都让这些人远离自由，把这当做基本的原则，这就侵犯了把人创造成为自由的那个神明的特权。当然，如果能够贯彻这样一种基本原则，则在国家中、在家庭中、在教会中实行统治，的确是更惬意的。然而，这难道也更正义吗？

是变得高尚了。然而，对于那些还没有能够或者不愿意做出这种尝试的人来说，情况则截然相反；因为他们的基本原则是：在信仰上最好是宁多毋少；因为做的比应做的更多，起码没有什么坏处，也许还会有所助益。——宗教事务中的所谓安全准则（出自安全理由[argumentum a tuto]），就是建立在把宗教认信中的不诚实作为基本原则这种妄想之上的（由于宗教又弥补了每一种错误，因而也弥补了不诚实的错误，人们就更容易采取这种妄想了）。如果我关于上帝所认信的东西是真的，那么我就碰中了；如果它不是真的，此外也没有什么自身不容许的东西，那么，我信仰它只不过是多余的，它虽然没有必要，但也只不过是给我加上了一种并非罪过的负担。从自己的装模作样的不诚实性中产生的危险；**对良知的违背**；在上帝面前谎称某种东西是确定无疑的；而自己又明明知
189 道，它并不具有能够以无条件的信赖加以保证的性质；所有这一切，**在伪君子看来都无关紧要**。——真正的、唯一能够与宗教相统一的安全准则恰恰是相反的准则：作为永福的手段和条件，凡是不能凭借我自己的理性，而是只能凭借启示为我所知，并且仅仅借助于一种历史性的信仰才能为我认信，但除此之外与纯粹的道德基本原则并不矛盾的东西，我虽然不能相信并且保证它是确定无疑的，但也不能把它当做肯定错误的东西予以拒斥。不过，虽然就这方面而言并未规定什么，但我仍然期望其中能够包含着某种能为人降福的东西。如果我不由于缺乏对一种善的生活方式的道德意念而使自己不配享它，它就会给我带来好处。在这一准则中，蕴涵着真正的道德上的安全，即面对良知的安全（对一个人不能要求更多的东西）。与此相反，最大的危险和不安全，是由要狡猾地避开

不认信给我带来的不利后果、并由于同时讨好双方而与双方交恶这种自作聪明的手段带来的。

一部信经的作者，或者一个教会的导师，甚至每一个人，——就他据说在内心中向自己承认确信一些信条是上帝的启示而言——如果他扪心自问：你敢在知人心者的临在中，冒着丧失所有你认为宝贵和圣洁的东西的危险，来担保这些信条的真实性吗？那么，我将必须对人的（至少不是完全无能为善的）本性形成一个很糟糕的概念，才不会预见到，即便是最大胆的信仰导师，也必然在这里不寒而栗。♀但如果真是这样，那么，它与那种公事公办的 190
态度是多么一致啊！这种态度仍然要求对信仰作这样一种不允许任何限制的解释；甚至把这样一种胆大妄为的保证本身，冒充作义务和对上帝的事奉，但由此也就把道德方面的一切东西（诸如此类的东西也就是接受一种宗教）上所绝对要求的人们的自由完全弃之于地，甚至连在此说“我信。但我信不足，求主帮助”[2] 的善良意志，也不给留下容身之地了。♀♀

♀　就是说，如果一个人胆敢说“谁不相信这个或者那个历史性教义是一个可贵的真理，**他就该受诅咒**”，那么，他也必须能够说：“如果我在这里向你们讲述的东西不是真的，**我就该受诅咒**。”——如果有某人提出这样一种可怕的要求，那么，我将建议，可以按照波斯人关于一个**哈吉**[1] 的那句谚语来对待他：如果某人（作为朝圣者）去过一次麦加，那么，你就迁出他与你共住的那座房子；如果他去过两次，那么，你就迁出他所在的那个街道；但如果他去过三次，那么，你就干脆离开他居留的那座城市，甚至离开那个国家。

1　指到麦加朝拜过的伊斯兰教徒。——译注

2　参见《马可福音》第 9 章第 24 节——译注

♀♀　**啊，正直！**你这从地上逃逸到天上的阿斯特赖亚，我们怎样才能把你（良知的基础，因而也是一切内在的宗教的基础）从那里重新拉回到我们这里呢？　（续下页注）

总 的 附 释

凡是人按照自由律能够独立地做出的善行，与只有借助超自然的帮助才使他可能达到的那种能力相比而言，我们都可以称之为**本性**，以便有别于**神恩**。这并不是说，好像我们借助前一个术语所理解的是一种自然的、有别于自由的属性似的。我们之所以使用它，仅仅是因为我们至少认识了这种能力的**法则**（**德性**的法则），因为理性对于它——作为一个**自然的类似物**——也有一个自己可
191 见的、可把握的导线；与此相反，**神恩**是否以及什么时候在我们里面起作用，以及起什么作用和起多大作用，对我们来说仍然完全是隐秘的。而理性在这方面，就像在一般的超自然事物（道德性作为**圣洁性**就属于此列）那里一样，对于它的发生所遵循的法则一无所知。

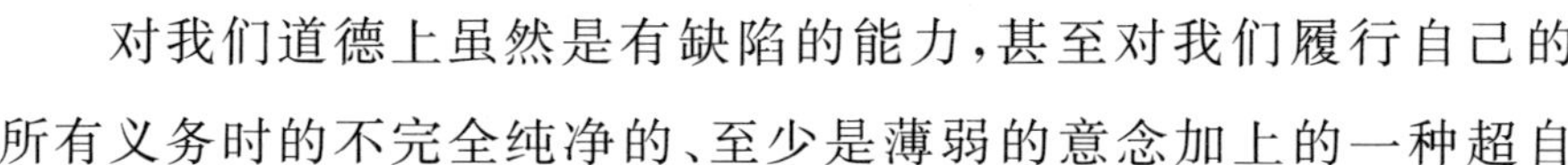

对我们道德上虽然是有缺陷的能力，甚至对我们履行自己的所有义务时的不完全纯净的、至少是薄弱的意念加上的一种超自

（续上页注） 尽管非常令人痛心，但我还是可以承认，在人的本性中找不到襟怀坦白（说出知道的全部真理）。然而，我们却必然可以要求每一个人**正直**（凡是说出来的东西，都是真诚地说出来的）；而如果就连正直的禀赋也不存在于我们那仅仅是疏于培植的本性中，那么，人类即便是在自己的眼中也必定会是一个极度受蔑视的对象。但是，所要求的那种心灵特性是这样一种特性，它备受诱惑，且要求做出某些牺牲，因此也要求道德上的力量，即德性（德性必须是获得的），但必须比其它任何一种特性都更早地受到监护和培植。因为如果我们让相反的倾向扎下根来，那就极难再彻底铲除。——我们可以把这与我们的教育方式进行比较，尤其是在宗教问题上，或者确切地说，在教义问题上。在这里，不用考虑认信的可靠性（对此从来也不能加以检验），单是回答涉及它们的问题时记忆的可靠性，就被认为足以造就出一个对他所保证是圣洁的东西一窍不通的信徒，而我们也将不再对由于缺乏正直所造成的真正内心的伪君子这种事感到惊讶了。

然帮助的概念，是超验的，是一个纯然的理念，没有任何经验能够向我们保证它的实在性。但是，即便是把这个理念假定为仅仅实践意图上的理念，这也是很冒险的，与理性很难统一的。因为凡是作为道德上的善的行为而应该归功于我们的，都必然不是借助外来的影响，而必须是仅仅借助于尽可能正确地运用我们自己的力量而发生的。不过，这方面的（二者并行不悖的）不可能性也是同样不能证明的，因为自由本身虽然在其概念中不包含任何超自然的东西，但就其可能性而言，仍然和人们为了代替对自由的自身主动的、但不充分的规定而假定的超自然事物一样，是我们所不能理解的。

但是，由于我们关于自由至少还能够知道用来规定它的那些法则（道德法则），但关于一种超自然的帮助，无论是在我们里面察觉到的某种道德力量是否确实是由此产生的，还是在什么样的场合以及在什么样的条件下可以期待这种力量，我们都一无所知。所以，除了普遍地假定：凡是本性在我们里面不能造成的，只要我们尽可能地运用我们的本性（即我们自己的力量），神恩就将会造成它，此外，我们对这个理念就不能做任何别的利用了，无论是我们如何（除非不断追求善的生活方式）争取它的协助，还是我们如何确定在什么样的场合我们可以期望得到它都不行。这一理念完全是超越的。此外，把它当做一种神圣的东西，对它敬而远之，以免我们由于自己制造奇迹的妄想，或者在自己里面感知到奇迹的妄想，而使自己不适宜于任何理性运用，或者听凭自己惰性的诱惑，在消极的悠闲中，期待我们本应该在自身中寻求的东西从天上掉下来，这是有益的。

192 因此，**手段**也就是人为了用来实现某种意图**所能够支配的**中间原因；而为了配得上上天的帮助，这里也只有（也不可能有别的什么东西）认真努力地尽可能改善自己的道德性质，由此使自己易于接受本来不为自己所支配的、使这些道德性质符合上帝的喜悦方面的完善，因为他所期待的那种上帝的帮助自身，本来就仅仅是以他的道德性为目的的。但是，不纯洁的人不是在这里，而是宁可在某些感性的活动中（他虽然能够支配这些活动，但这些活动自身并不能造就任何更善的人，而这里却要以超自然的方式造成这一结果），这倒是我们已经可以先验地预料到的事情，而且事实上也的确发生了。一种所谓的**邀恩手段**的概念，虽然它（根据以上所说）是自相矛盾的，但在这里却充当了自欺的手段，而自欺是既庸俗又对真宗教有害的。

200 作为属于上帝之国的臣民，但同样（遵照自由律）作为上帝之国的公民，信仰者对上帝必须做出的真正的（道德上的）事奉，虽然就像上帝之国自身一样是不可见的，即是一种**心的事奉**（用心和诚实的事奉[1]），并只能存在于把所有真正的义务作为上帝的诫命来遵守的意念之中，不能存在于仅仅为了上帝而规定的行动之中。然而在人这里，不可见的东西却需要借助某种可见的东西（感性的东西）来体现。进一步说，为了实践的事物起见，需要有某种可见的东西来伴随，并且尽管它是理知的，却需要仿佛被（根据某种类比）直观化。虽然这种东西是仅仅为说明我们在事奉上帝方面的义务的一种事实上不可缺少的手段，但同时也是一个颇有被误解

1　参见《约翰福音》第4章第23节。——译注

的危险的手段，它通过一种对我们起蒙蔽作用的妄想，而极容易被视为**对上帝的事奉**本身，并且通常也是这样被称谓的。

这种对上帝的所谓事奉，如果回溯到它的精神实质和它的真实涵义，即一种专注于在我们里面和在我们之外的上帝之国的意念，那么，它本身可以借助理性划分为对义务的四种遵循方式。但是，某些与它们并没有必然联系的仪式，也被一一对应地配置给它们了。因为这些仪式在用作它们的图型，从而在唤醒和保持我们 193
对真正地事奉上帝的注意力方面，自古以来就被当做好的感性手段。它们全都立足于促进道德上的善这个意图：(1)**在我们自身里面坚定地**确立这种善，并且反复地在心灵中唤起它的意念（私下默祷）；(2)通过在法定的礼拜日公共聚会来**向外扩展**这种善，以便让人在那里宣读宗教教义、表达愿望（以及诸如此类的意念），并且普遍地相互传达这些东西（前往教堂）；(3)通过把新加入的成员接纳入信仰团契，而把这种善**灌输**给后代，这也是使他们在其中受到教导的义务（在基督教中就是**洗礼**）；(4)通过反复举行的公共仪式**维护这个团体**，这些公共仪式使这些成员们结成一个伦理实体的那种联合，也就是按照彼此之间权利平等和共享道德上善的成果的原则的那种联合得以存续（领圣餐）。

宗教事务中的任何开端，只要人们不是纯然在道德上作出的，而是把它当做**本身**就让上帝喜悦的、从而通过上帝来满足我们的所有愿望的手段，就都是**物神信仰**。它是这样来说服人们的：无论是按照**自然**法则还是按照道德上的理性法则，都不能造成任何效果的东西，却可以这样来造成人们所期望的东西，即，只要人们坚定地相信它能够造成诸如此类的东西，并把某些仪式与这种信仰

结合起来。甚至在这里的一切都取决于只能从行动中产生的道德上的善这种意念已经深入人心的地方，感性的人还要为自己寻找避开那种困难条件的秘密路径。也就是说，即使他履行的仅仅是**方式**（形式），上帝也会把它当做行动本身来接受。这当然必须被称作上帝的一种超验的神恩，如果不是反倒会成为在懒惰的信赖中梦见的神恩，或者干脆是一种虚伪的信赖本身的话。这样，人就在所有的公共信仰方式中，都把某些习惯自己设想为**邀恩手段**，尽管它们并不是在所有的信仰方式中都像在基督教中那样，与实践的理性概念以及与之相符合的意念相关（例如在穆罕默德教的信
194 仰方式中，有五种重要的诫命：净礼、祈祷、斋戒、施舍、赴麦加朝圣。其中唯有施舍，如果它是出自真正的、对人类义务既是道德上的也是宗教上的意念作出的，并且由而确实值得被看作一种邀恩手段的话，就理应被当做例外。但在这里情况则相反，由于这种手段按照该信仰甚至可以同时从别人那里强夺以穷人的身份祭献给上帝的东西，它就不应当被当做例外）。

也就是说，可以有三种**妄想信仰**有可能使我们在超自然事物（按照理性法则，它既不是理论运用的对象，也不是实践运用的对象）方面逾越我们理性的界限。**首先**是这样一种信仰，即凭借经验能够认识某种我们自己也能够认为按照客观的经验规律不可能发生的事情（对**奇迹**的信仰）；**其次**是这样一种妄想，即必须把我们自己凭借理性并不能形成任何概念的事物，当做我们在道德上的至善所必需的而接纳在我们的理性概念之下（对**奥秘**的信仰）；**最后**是这样一种妄想，即凭借运用纯粹自然的手段能够造成一种对我们来说是奥秘的结果，也就是说，造成上帝对我们的道德的影响

（对**邀恩手段**的信仰）。——关于前两种人为的信仰方式，我们在本书上两篇的《总的附释》中已经讨论过了。因此，现在我们有必要对邀恩手段加以讨论（它与**神恩作用**♀，即超自然的道德上的影响，还是有区别的。对于后者，我们只是容忍，但对它的自以为的经验，却是一种纯然属于情感的狂热妄想）。

一、**祈祷**被设想为对上帝的一种**内在的、按照程式的**事奉，从而被设想为邀恩手段，它是一种迷信的妄想（一种物神化）。因为它纯然是对一个存在者**宣告出来的愿望**，而这个存在者却不需要对愿望者的内在意念作出任何宣告。因此，这里也就没有做出任何事情，没有履行作为上帝的诫命我们必须履行的任何义务，因而也没有真正地事奉上帝。让上帝喜悦我们的一切所作所为这样一种衷心的愿望，即伴随我们的一切行动，就好像这些行动是在对上

帝的事奉中发生的那样来从事这些行动的意念，是**祈祷的精神实** 195
质，它能够而且应该“不住地”[1] 在我们里面出现。但是，用语词和定式来表达这种愿望（即使这纯粹是在内心中进行的）①，充其量也

♀　参见**第一篇**的《总的附释》。

1　参见《帖撒罗尼迦前书》第 5 章第 17 节。——译注

①　在一个作为祈祷的精神实质的愿望中，人只是试图对自己产生作用（借助**上帝的理念**振奋自己的意念）。但在这种愿望中，当它借助语词，从而也就是向外宣告的时候，却是试图对上帝产生作用。在前一种意义上，尽管人并不强求自己甚至能够毫无疑问地保证上帝的存在，但祈祷却可以是以充分的真诚进行的。在第二种作为**致辞**的形式中，他认定这个最高的对象是亲自临在的，或者至少是（甚至在内心中）仿佛他是从这个对象的临在引出的意见那样，认为即使事实并非如此，至少也没有什么坏处，毋宁说还会给他带来好处。因此，在后一种（字面上的）祈祷中，不能像在前一种祈祷中（在祈祷的纯然精神中）那样完满地发现真诚。——每一个人，如果他自认为是一个虔诚的、有善良意愿的人，都会认为上述附释的真理性已经得到了证明。　（续下页注）

（续上页注） 但如果他是除此之外还自以为是在这样一些提纯了的宗教概念方面所知有限的人，别人就会对他感到惊异了。我指的不是在大声的祈祷方面，而是仅仅在把这种祈祷显示出来的举止方面。不用我说，人们自己就会预料那个人在这方面会陷入混乱或者尴尬，就好像这是一种他会为自己感到羞愧的状态。但是，为什么会是这样呢？一个人被发现在大声地自言自语，这显然会使他被怀疑有点发神经。同样，如果我们在他独处的时候，发现他正在做出只有当一个人看到有人在自己面前时才会做出的活动或者表情，我们也会对他作出这样的判断的（这并非全无道理）。但是，在上述假定的例子中，情况并不是这样。——然而，福音的导师用某种措辞十分精彩地表达了祈祷的精神实质，这种措辞不仅使祈祷，而且由此也使它自身（作为字面上的东西）成为多余的了。在这种措辞中，我们发现的无非是趋向善的生活方式的决心，它与意识到我们的脆弱性相结合，包含着一种持久的愿望，即成为上帝之国中一个合格的成员。因此，它不是真正地祈祷某种上帝根据自己的智慧也可能会拒绝给予我们的东西，而是这样一个愿望，如果它是认真的（积极的），它就会自己造成自己的对象（成为一个让上帝所喜悦的人）。甚至对我们某一天维持生存的手段（面包）的愿望，由于它并不是明确地针对生存的延续的，而是一种被感觉到的纯然动物性需求的结果，所以与其说是对**人**想要的东西的特别深思熟虑的祈祷，倒不如说是对我们里面的**自然**想要的东西的表白；这类祈祷就会是对它日的面包的祈祷，这种情况在此也十分清楚地被排除了。——这样一种发生在道德的（仅仅凭借上帝的理念振奋起来的）意念之中的祈祷，由于它作为祈祷在道德上的精神实质是自己造成自己的对象（成为上帝所喜悦的）的，因而只能发生在**信仰**中；而信仰也无非就是认为，自己的祈祷**能被满足**是有保障的；不过，只有我们里面的道德性才具有这样的性能。因为即使在祈求仅仅涉及今日的面包的情况下，也没有人能够认为，祈祷会得到满足是有保障的，即满足他的祈求与上帝的智慧是必然地结合在一起的。也可能，让他今天死于这种匮乏更能与上帝的智慧一致。凭借死缠硬磨的祈求来试探是否能使上帝（为了我们眼前的利益）偏离其智慧的计划，这也是一种既荒唐无稽又大胆妄为的妄想。因此，我们不能确信任何有一种并非道德的对象的祈祷是能够被满足的，即不能在**信仰**中祈求这样的东西。甚至，即便对象是道德的，但却只能借助超自然的影响才是可能的（或者至少，我们之所以期望这样的对象，不过是因为我们不愿自己为此费力劳神；例如思想改变、穿上新人、再生），毕竟也很难确定，上帝是否会认为以超自然的方式，弥补我们的（自负其责的）缺陷是符合他的智慧的。毋宁说，我们有理由预期相反的东西。因此，人不能在信仰中祈求这些东西。——由此也就可以解释一种制造奇迹的信仰（它总是与一种内在的祈祷结合在一起的）会是什么样的情况了。由于上帝不能赋予人超自然地发挥作用的任何力量（因为这是自相矛盾的），由于人在自己这方面不能按照自己从世上可能的善的目的形成的概念，来规定上帝的智慧在这方面会作出什么判断，因而不能凭借在自己里面、并由自己产生的愿望来把上帝的力量用于自己的意图，所以， （续下页注）

只能具有反复地在我们里面振奋那种意念的一种手段的价值，与 196
上帝的喜悦没有任何直接的关系，正因为此也不是每一个人的义 197
务。因为一种手段只能规定。给为了某种目的而**需要**它的人，但远远不是每一个人都需要这种（在自己里面、事实上也就是**同自己**、但却伪称更可理解为**同上帝**交谈的）手段。毋宁说，每一个人都必须通过对道德意念连续不断的净化和提高来达到这样一种地步，即唯有祈祷的精神实质在我们里面能够得到充分的振奋，而祈祷（至少是为我们自己的利益所作的祈祷）的条文则能够最终被略去。因为这种条文毋宁说像所有间接地指向某个目的的东西一

（续上页注）　一种奇迹的赐予，即人能否拥有它完全取决于人自己（“你们若有信心像一粒芥菜种”，等等）的那种奇迹的赐予，从字面上看是不可思议的。因此，这样一种信仰，如果它在任何地方都要意味着某种东西，就不过是关于人的道德性质——假如人在自己全部让上帝喜悦的完善（然而，人却永远达不到这种完善）中拥有这种道德性质的话——的重要性，超越上帝在其最高智慧中拥有的其它一切动因的重要性的一个理念，从而也是这样一个根据，它使人能够信赖，如果我们**完全**是或者一旦成为我们应该是、并且（在不断的接近中）能够是的那种样子，自然本性必然会顺从我们的愿望，而我们的愿望在这种情况下也决不会是不智的。

但是，就通过前往教堂所期望获得的**陶冶**而言，公共的祈祷在这里虽然也不是邀恩手段，但却是这样一种伦理的庆典，它或者通过合唱信仰的赞美诗，或者也通过按照规定借助神职人员之口代表全体会众向上帝所作的**致辞**进行。这致辞把人的一切道德事务都包括在自身中，由于它把这些道德事务表现为公共事务，在这里每一个人的愿望都应该表现为是与所有人的愿望联合为一个目的（建立上帝的国）的。所以，它不仅能够把感动提高到道德上的鼓舞（而不像私下默祷那样，由于私下默祷是在缺少这种崇高的理念的情况下作出的，它通过习惯逐渐地完全丧失了对心灵的影响），而且还比私下默祷更多地包含着把构成祈祷的精神实质的道德愿望穿上正式的致辞外衣的理性根据。但它在这里并没有把最高存在者设想为临在的，或者把这种演说形态固有的特有力量设想为一种邀恩手段。因为在这里有一个特殊的目的，即通过一种外在的、体现出那种在对上帝之国的共同愿望中**所有人大联合**的庆典，来更多地调动每一个人的道德动机。除了通过向这个国的主宰致辞，就好像他特别地在某个地方临在一样之外，不可能以更好的方式进行这件事了。

样，削弱了道德理念（从主观上来看，它叫作**虔敬**）的作用。在最渺小的事物上考察上帝创世的深刻智慧，在伟大的事物上考察这种智慧的威严——它自古以来就已经能够为人们认识到，但在近代却扩展为极大的惊赞——，这种考察具有这样一种力量，它不仅把心灵沉入到那种深沉的、仿佛把人在自己的眼睛中消灭掉的那种情调，人们称之为**崇拜**，而且如果考虑到人自己的道德上的规定性，其中也包含着一种升华灵魂的力量，以至相比之下，语词，即便是身为国王的祈祷者大卫（他很少知道所有那些奇迹）的语词，也必然像空洞的声响一样消逝掉。因为出自从对上帝之手的这样一种直观的情感是说不出来的。——此外，由于人们虽然其心灵倾
198 向于宗教，但却很乐意把所有本来只与他们自己的道德改善相关的东西，转化为对宫廷的事奉。而在对宫廷的事奉中，谦卑和赞颂越是词汇丰富，通常也就越是很少被人在道德意义上感受到。所以，倒是哪怕在最初给还需要条文的孩子们安排祈祷练习时，就有必要小心翼翼地再三叮嘱他们，言语（即便是在内心中说出的言语，甚至是使心灵适合于把握上帝理念的尝试，据说这种理念是接近于一种直观的）在这里没有什么自在的价值，而只是被用来振奋趋向一种上帝所喜悦的善的生活方式的意念。那种言语只不过是想象力用来这样做的一种手段罢了。因为若不然，所有那些谦恭敬畏的证明都将带来一种危险，即所造成的仅仅是对上帝的虚伪崇敬，而不是对上帝的一种实践上的事奉，这种事奉并不是仅仅存在于情感之中的。

二、**前往教堂**，它被设想为在一个教堂中隆重举行的、**对上帝的外在事奉**。鉴于它是信徒团契的一种感性体现，它不仅是一种

对每个**个人**而言**陶冶**[1]自身的值得推荐的手段，而且对于**整体**而言，这也是就他们作为必须在这尘世中体现出来的、上帝之国的公民义不容辞的义务。其前提是，这个教会并不包含可能导向偶像崇拜的、并从而使良知背上沉重负担的仪式。例如，在上帝处于一 199
个人的名义之下的无限仁慈的人格中而对上帝所作的某些崇拜。因为以感性的方式描绘上帝，就违背了理性的那个诫命：“**不可为自己雕刻偶像**”，等等。但是，想把它本身当做**邀恩手段**来使用，就好像是由此直接事奉了上帝，好像上帝把特殊的**神恩**与这种庆典的庄重性（只不过是宗教的**普世性**的一种感性的体现）联结在一起了似的，这是一种妄想，它虽然与一个**政治共同体**的好**公民**的思维方式和外部体面是一致的，但作为**上帝之国中的公民**，这种妄想不仅不能对他的品质有所增益，而且还会败坏它，用炫目的色彩在他人眼前，甚至在他自己的眼前，掩饰其意念的道德上恶劣的内容。

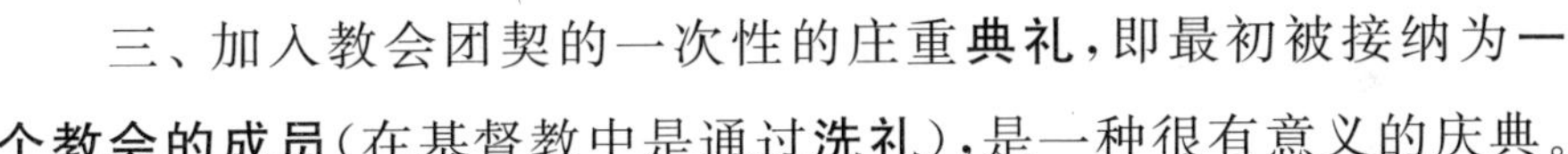

三、加入教会团契的一次性的庄重**典礼**，即最初被接纳为**一个教会的成员**（在基督教中是通过**洗礼**），是一种很有意义的庆典。

1 如果我们要为这一表述寻找一个合适的涵义，那么，也许只能这样来规定它，即它被理解为**由虔敬在主体身上产生的道德上的结果**；这一结果，虽然大多数自以为虔敬的人（因此也可以称他们为**虔敬之士**）把它建立在感动之中，但它却并不在于感动（感动已经包含在虔敬之中了）。因此，**陶冶**这个词必须意味着由虔敬在人的现实改善方面造成的结果。然而，要使这种改善成功，人们就必须有系统地进行工作。按照正确理解的概念，把确定的基本原则深深地植入人心，在此之上建立起各种意念，去和这些基本原则所关系到的、诸般义务的各种不同的重要性程度相符合，提防和维护它们免受偏好的侵袭，仿佛是**陶冶**出一个新人，作为**上帝的圣殿**。人们很容易看出，这一建筑物只能慢慢地进展；但是，至少也应该看到有些什么**已经建立起来了**。然而，虽然人们相信自己（通过听，或者读和唱）已经受到了相当的**陶冶**，但却没有任何东西被建立起来，甚至连着手开始建造也没有。也许这是因为，人们希望那座道德的建筑物将像忒拜城的城墙那样，凭借叹息和急切愿望的音乐就自己耸立起来吧。

它要么使加入者（如果他能够自己来认信自己的信仰），要么使他的保证人（他们自愿负责前者在信仰方面的教育）承担起重大的责任，并且是以某种神圣的东西（把一个人塑造为神圣国家的公民）为目的的。但是，它自身却不是其他那些人的一个神圣的行动，或者不是在这个人身上造就出圣洁性和接受神恩的能力的行动，因而也不是什么**邀恩手段**。尽管它在最初的希腊教会中也曾有过如此被夸大的威望，似乎能够一下子涤清所有的罪过。由此，这种妄想与一种几乎更多的是异教的迷信之间的亲缘关系，也就大白于天下了。

四、根据**平等**的法则为庆祝**这个教会团契的复兴、存续和传播**，而反复多次举行的**庆典（领圣餐）**。必要时还可以按照这样一个教会的创始人的榜样（同时也是为了纪念他），通过在同一张餐桌旁共享的仪式来举行。这种庆典包含着某种伟大的东西，这种东西把人们狭隘的、自私的和难以共处的思维方式——尤其是在宗教事务中——扩展成为一种世界公民的**道德团体**的理念。而
200 且，这种庆典也是振奋一个团契，使它达到在其中体现的兄弟之爱的道德意念的一种好手段。但是，称颂说是上帝把特殊的神恩与这种庆典的庄重性结合在一起，并且把认为那本来只不过是一种教会活动的庆典又可以是一种**邀恩手段**的命题接纳入信条，这就是宗教的一种妄想了。它所能够起的作用恰恰只不过是与宗教的精神实质背道而驰。——这样一来，从根本上来说，**教权制**就会完全是神职人员通过装出一副独占邀恩手段的样子而篡夺的对心灵的统治。

※　　　　※　　　　※

所有诸如此类的在宗教事务上人为的自欺，都有一个共同的

基础。在上帝所有的道德方面的属性——圣洁、神恩和正义——中，人习惯性地转向了第二种，以便避开符合第一种的要求这一令人生畏的条件。作一个好的**仆人**，这是费力劳神的（在此总是只听到说义务）。因此，他宁可作一个**宠儿**，这时，他的许多事情都可以得到宽恕，或者，即便他过于严重地违背了义务，也可以凭借某一个在最高的程度上蒙恩的人的调解来补偿一切。而同时，他始终还是他曾经是的那个任性的奴仆。但是，为了在他的这种意图的可行性方面以一些假象满足自己，他把自己关于一个人（连同其缺陷）的概念，像通常那样套用到神灵身上。并且，就像即使在**我们族类**最好的**统治者**身上，立法的严明、仁慈的恩宠和一丝不苟的公正，也不是（像其应该的那样）每一个都单独地、独立地致力于对臣民的行动产生道德影响，而是在人类的领袖作出决定时，在他的思维方式中**混合**在一起，因而人们只可以尝试去掌握这些属性中的一种，即人类意志的脆弱智慧，使另外两个屈从于它那样，他也希
望由此而在上帝那里发现这种情况，仅仅转向了**神恩**（因此，借助 201
一个三重位格的理念，把上帝的上述诸般属性，或者毋宁说把上帝与人的诸般关系分离开来，对于宗教来说曾经是具有重要意义的。应当参照这个理念设想出那种分离，使每一种属性或者关系都得到特殊的标明）。为此目的，他尽力参与一切能想象出来的仪式，以此想要显示他是多么**崇敬**上帝的诫命，以至于没有必要来**遵守**它们了。为了能用他那些不付诸行动的愿望来补偿他对这些诫命的逾越，他喊着："主啊！ 主啊！"只是为了不必"遵行天父的旨意"。[1]

1　参见《马太福音》第 8 章第 21 节。——译注

这样，他把用某些手段振奋真正实践意念的庆典，理解为邀恩手段本身，伪称相信这些庆典是邀恩手段，这本身就是宗教的一个本质部分（平庸的人甚至把它看作宗教的全部）。至于由此使自己成为一个更善的人，他完全听凭上帝仁慈的垂顾。他致力于**虔诚**（对上帝的法则的一种消极的崇敬），却不致力于**德性**（把自己的力量运用于自己所崇敬的义务），而毕竟唯有后者**与前者相结合**，才能构成人们在**虔敬**（真正的宗教意念）这个词中所理解的那个理念。——如果这种自以为的天之宠儿的妄想发展成为狂热的自负，认为在自身中感受到特别的神恩作用（甚至狂妄地相信自以为与上帝有隐秘的**交往**），那么，德性最终就会干脆使他感到厌恶，成为他蔑视的对象。因此，如果有人公然抱怨宗教始终很少有助于人的改善，抱怨那些蒙恩的人的（“放在斗底下的”[1]）内在的光，不愿通过善功向外照耀，也就是说（正如人们按照他们的这样一种伪称可能会要求的那样）并不比其他那些自然可敬的人们**优秀**，那些人简明扼要地接受宗教不是为了取代，而是为了促进积极地显现在一种善的生活方式之中的德性意念，那么，这也是毫不稀奇的。尽管如此，福音的导师还是把外部经验的这些外在证据作为试金石交给了人们。凭借这种试金石，也就是凭借这种外部经验的结果，人们就可以认识那些蒙恩的人，而且每一个人都可以认识自身。然而，人们还没有看到，那些自以为特别蒙恩的人（拣选出来的人），至少有一点胜过我们

1　参见《马太福音》第5章第15节。——译注

在交往中、在事业中、在急难中能够信赖的自然可敬的人。毋宁 202
说，他们总的来看经不起与自然可敬的人比较。这也就证明了，从蒙恩前进到德性并不是正确的道路，正确的道路毋宁说是从德性前进到蒙恩。

附录：康德有关《单纯理性限度内的宗教》的书信

致比斯特尔[1]

极为尊敬的朋友，据我猜测，为使我的前一章书[2]在《柏林月刊》上获准发表，你做出了种种努力，因此没有按照我过去的请求，把它立即寄还给我。现在，我再次重复这个请求，因为我别有用途；而且请你立即寄出。由于没有后继的部分，前面的文章必然会在你的《月刊》上造成一种令人诧异的印象。但是，你那三个信仰法官[3]的判决似乎是不可违背的。因此，我迫切请求，由我支付邮费，把我的手稿尽可能快地寄还给我。因为本文下面的许多亲笔注释，我并没有保留抄件，但我又不愿意失去它们。

我之所以敦促柏林的书报检查机构，你在我当初的信中可以很容易地找到我的理由。只要你的《月刊》上的文章就像迄今为止那样，保持在有限的范围之内，不提任何与你的书报检查官在宗教

1　J. E. Biester(1749-1816)，普鲁士宗教事务大臣，K. A. Zedlitz(1731-1793)的秘书，后任柏林皇家图书馆馆长。——译注

2　指本书第二章。——译注

3　指书报检查官 H. D. Hermes、G. F. Hillmer 和 T. K. G. Woltersdorf。——译注

事务上的个人意见相违背的话，那么，它无论在王国内部印刷，还是在外地印刷，也就没有什么区别了。但是，就我的文章来说，由于我不得不对后一部分有些担心，所以，自然的结论就是：如果它违背书报检查官的意见而在《月刊》上发表，那么，妨碍了这些检查官所采取的麻烦措施，他们会对此提出抱怨的。毫无疑问，他们必然会不遗余力地诽谤我的文章，引用这篇文章来为他们的要求（在涉及禁止这种麻烦措施的问题上）辩护，而这则会使我感到棘手的。

尽管如此，如果你有这样的要求，我将不会忘记尽快地给你寄去另一篇文章，即纯粹道德方面的，关于伽尔韦（C. Garvc）[1]先生最近就我的道德原则所发表的意见的文章，以代替现在这篇文章。此外，向你致以始终不渝的崇高敬意和友谊。

你的康德

一七九二年七月三十日

于哥尼斯贝格

致神学院

我荣幸地给阁下送去三篇哲学论文，[2]它们应该与在《柏林月刊》上发表的那篇论文一起构成一个整体。[3] 呈送的目的不仅是为了请你们审查，而且也是为了请你们评判，神学院是否认为自己有权审查这部作品，这样，哲学院就可以根据这部作品的标题，毫

1 C. Garve(1742-1798)，通俗哲学家，莱比锡哲学教授。——译注

2 指本书第二、三、四章。——译注

3 指本书。——译注

不迟疑地行使他们的审查权了。因为在这里，按照哲理神学自己做文字解释的尝试，它在多大程度上敢于接近圣经神学，是在与圣经神学的联系中表现出来的。一旦理性不够用，或者说，即使借助假定的解释也不能紧跟上教会，这就成为纯粹的哲理神学的无可争议的权限。就像人们没有指摘圣经神学干涉另一门科学的合法权利，说它为了证实或者阐释自身，使用了许多哲学观念，甚至超出了它认为适用于自身目的的范围那样。哲理神学固守在自己的限度之内，丝毫也没有干涉圣经神学；甚至在哲理神学似乎接受了与圣经神学相对立的基本原理的地方，例如就奇迹理论来说，哲理神学也承认并且证实，如果我们仅仅在做出神学判断时就较理性，那么，哲理神学就没有必要把这些基本原理理解为客观有效的，而是必须把它们仅仅理解为主观有效的，即理解为公理。这样，如果圣经神学家仅仅作为一个圣经神学家做出判断，并且拒绝与哲学建立任何统一，奇迹本身就不会遭到否定，而是不受阻挠地取决于圣经神学家了。

一段时间以来，圣经神学家本身的利益已经成为国家的利益，但是各门科学的利益也同样属于国家的利益，这些圣经神学家作为大学学者（不仅仅是作为神职人员）没有权利无视这种利益。某一个学院，例如哲学院，也没有权利把它狭隘地看作是另一些学院的所谓利益。相反，任何一个学院都有权利和义务来使这种利益得到扩展。因此，很明显，如果已经确定一部作品属于圣经神学，那么，全权负责审查这部作品的委员会就必须拥有这方面的知识。但是，如果没有确定，对此还有怀疑，那么，在一所大学里（它之所以享有这个名称，是因为它注意到使一门科学在不损害其它科学的情况下扩展自己的领域），圣经专业所属的学院就应该能够确认，一部作品是否会侵犯它所负责的业务。如果它找不到理由来提出这方面的要求，这部作品的审查就必须归于这部作品自己所预示的那个学院。

致司徒林[1]

值得尊敬的人，对你一七九一年十一月九日的来信和珍贵的礼物《基督教体系批判的思想》，我迟迟没有做出应有的答复，请您不要把这看作是缺乏关注和谢意。我本来打算把这封回信附上一份类似的礼物送给你，但由于被一些意外的工作所打断，一直耽搁到现在。

很久以来，在纯粹哲学的领域里，我给自己提出的研究计划，就是要解决以下三个问题：一、我能够知道什么？（形而上学）；二、我应该做什么？（道德）；三、我可以希望什么？（宗教）；接着是第四个、也是最后一个问题：人是什么？（人类学，二十多年来，我每年都要讲授一遍）。在现在给你的著作《单纯理性限度内的宗教》中，我试图实现这个计划的第三部分。在这一著作中，严格认真的精神和对基督教的真诚敬意，当然还有恰如其分地直言不讳这个基本原则，使我没有隐瞒什么东西。而是像我相信的那样，我已经认识到，基督教与最纯粹的实践理性的结合是可能的，我要开诚布公地发表自己的意见。

圣经神学家只能用理性或者用暴力来与理性相对立，除此之

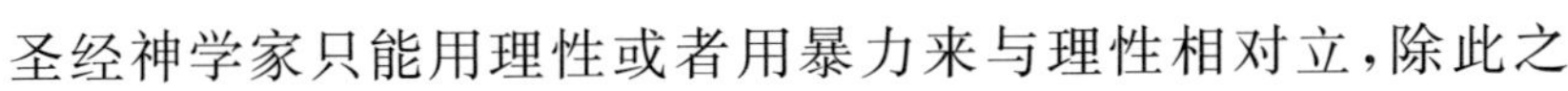

1　C. F. Staudlin(1761-1826)，哥廷根神学教授。——译注

外，他们再也不能有别的东西来与理性相对立。而且，如果他们不愿意招致滥用暴力的指摘的话（在目前对于自由加以普遍限制的危机中，公然采取暴力手段是很可怕的），那么，他们必须利用另一种理性根据，来削弱他们认为有害的那种理性根据。他们并不使用惩罚这种手段，他们把惩罚这种手段从教廷上空的云雾中下降到那些理性根据上。这就是我在前言第十九页上所发表的意见。在这里，为了完成对一个圣经神学家的教育，我建议，把这个神学家的力量连同哲学提出来与他相对立的东西，与哲学的全部论断的体系（现在这本书也许就是这样一个体系）进行比较，而且同样地用理性根据进行比较，以便武装起来对付来临的攻击。

这篇有点不大客气的前言，也许会使你感到诧异，原因就在于此。全部著作准备分四个部分在《柏林月刊》发表，不过还要经过当地检查机关的检查。哲学检查官是枢密顾问希尔默（Hillmer）先生，他认为第一部分属于他那个部门，因而已经批准发表（这部分的标题是《人性中的根本恶》）。不过，第二部分就没有这样幸运了，因为在希尔默先生看来，这一部分涉及圣经神学（我不知道根据什么理由，在他看来第一部分没有涉及圣经神学）。他认为，最好还是和圣经检查官、教会监理会顾问赫尔墨斯（Hermes）先生磋商一下。赫尔墨斯先生很自然地（因为作为一个单纯的神职人员，还有什么权势他不想抓取呢？）认为这属于他的管辖范围，他把论文取去，不准发表。

现在，前言试图指出，如果一个书报检查机构不能够确定负责检查一部作品的人员的合法性，作者就可以不让这个机构来决定他们相互之间如何取得一致，而是征求作者所在大学的意见。在这里,单单一个学院总会坚持自己的合法性,并且驳回其它要求,但大学评议会却能够在这种争论中做出有效的裁决。

为了实现全部公道,无论神学院认为这一著作涉及圣经神学因而要求对它进行检查,还是认为它由哲学院负责,拒绝对它进行检查,我还是事先把它提交给神学院,请它评定。我已经得到了这种拒绝,神学院指示我把它提交给哲学院。

尊贵的人,我把这一程序告诉你,是因为我考虑到,可能会产生关于这一著作的公开争论,希望我的做法的合法性在你的判断中得到辩解。在任何时候,我都对你怀有最真诚的敬意。

阁下你最顺从的仆人

康德

一七九三年五月四日

致国王威廉二世(草稿)

国王陛下,你于今年十月十二日给我的命令[1]使我负担了以

---

1 一七九四年十月,由 J. Chr. Wöllner 签发的国王申斥令以私人信件的方式送到了康德手中。信中写道:“我们的陛下很久以来就怀着很大的不满,注视着你怎样滥用自己的哲学,像在《单纯理性限度内的宗教》一书和其它短篇论文中所做的那样,歪曲和贬低《圣经》和基督教的一些主要的和基本的学说。我们本来期待你有一部更好的著作的,因为你自己必定清楚,你的所作所为由此是怎样不负责任地违背了你作为青年导师的义务,违背了你清楚知道的国父的意图。我们要求你尽快做出认真的辩解,并且为了避免失去我们陛下的恩宠,期望你今后不要再犯诸如此类的错误。相反,要按照你的义务,运用你的声望和才能,使我们国父的意愿逐渐得到实现。否则,如果执迷不悟,你必然会招致不愉快的处置”(Kant,《院系之争》,Kants Werke,卷七 Berlin,1968,卷七,第 6 页)。——译注

下谦卑的义务：第一，我在《单纯理性限度内的宗教》一书中和在其它论文中滥用了自己的哲学，歪曲并贬低了《圣经》和基督教的许多主要教义和基本教义；从而，我犯有疏忽一个青年导师的职守和违背国君最高意图的罪过，这些意图我应该很清楚，所以，我必须做出认真的辩解。第二，我以后不得重犯这样的错误。对这两项指令，我希望能够以极大的诚意，为我谦卑的顺从向陛下提供足够的证据。我的顺从过去已经得到证明，今后仍将继续得到证明。

向我提出的第一个指摘，说我滥用自己的哲学，贬低基督教，对此，我的认真辩解如下：

第一，作为青年的导师，我在大学的讲演中从未犯过这样的罪过。这一点，我除了提出我的学生可以作证之外，讲演的特性也可以充分说明它。作为纯粹哲学的讲授，我的讲演是按照鲍姆嘉登

(A. G. Baumgarten)的教科书进行的。在鲍姆嘉登的教科书里，没有基督教的主题，也不能够有基督教的主题。因此，决不能责难我，说我在这门科学中逾越了对宗教作哲学考察的界限。

第二，**作为一个作者**，例如在《单纯理性限度内的宗教》一书中，我并没有违背我已经知道的国君的最高意图。因为，由于这些意图是关于国家宗教的，所以，我本来应该以一个普通公众的教师身份来写作，但我这本书和其它短篇论文，根本不适合于这一目标。它们被写出来，只是作为神学专业和哲学专业的学者之间的一种商权，是为了确定，宗教怎样才能纯洁而又有力地注入人们的心灵。这种理论当然不会被普通公众所注意，如果要对学校教师和教会的教师讲授这一理论，那就需要政府的批准。但是，建议给

予学者以自由,这并不伤害政府的智慧和权威。官方的宗教教义也不是政府自身一下子设想出来的,而是只有通过学术研究才获得的。因此,政府可以要求有关的学院审查和纠正这些宗教教义,而不是为它们规定这样一个宗教教义。

第三,在所说的这本书里,不能说我犯了贬低基督教的罪过,因为这本书根本没有打算评价任何现存的启示宗教,而只是准备对理性宗教加以评价。在这里,我没有隐瞒理性宗教的先天性,它是一切真宗教的最高条件;也没有隐瞒它的完满性和实践意图(即我们必须做的事情);当然也没有隐瞒它在理论方面的不完满性(恶产生自何处、恶怎样转化为善,或者,认为我们处于恶之中的确定性何以可能,等等诸如此类的问题),以及对一个启示理论的需要。我把理性宗教与这种启示理论联系起来,并没有规定这是什么(例如,在这里基督教被当做只是一个可理解的启示观念),因为我认为,我的责任就是阐明理性宗教的这种价值。我的控告人有责任提出一个例证,在那里我贬低了基督教,或者是对把基督教看作是启示表示过怀疑,或者是把启示也说成是不必要的。在实际应用方面(实际应用构成了一切宗教的本质部分),则必须按照纯粹理性信仰的基本原则来解释启示学说,并且公开地加以研究。我认为这并不是一种贬低,毋宁说是承认了它在道德方面的丰富内容。但是,由于纯粹理论信仰命题的所谓头等内在重要性,这种内容被歪曲了。

第四,事实上,我对基督教表现了一种真正的虔诚,我赞美《圣经》是对公众进行宗教训导的现有最佳向导,适宜于建立和维护一

个永垂千古的、真正道德的国家宗教。因此，我决不允许自己哪怕仅仅对《圣经》中的理论教义进行攻击或者提出异议（虽然必须允许各学院可以提出异议）。我坚决主张，《圣经》具有神圣的实际内容，虽然启示学说的偶然性使理论信条必然不断地变迁。但这种实际内容却总是能够保持宗教的内在本质部分，而且，虽然基督教在某些时候、例如在神权统治的几个黑暗世纪里发生过蜕化，但《圣经》的实际内容却能够不断地恢复它的纯洁。

第五，我在任何地方都坚持认为，一个承认启示信仰的人必须具有责任心。也就是说，他必须只承认他真正知道的东西，并且决不勉强别人相信他知道自己也没有充分确认的东西。同样，在撰写涉及宗教的作品时，我清楚地意识到：永远不能失去良知，它是我心中的神圣法官。我不但竭尽全力避免任何可能有损灵魂的失误，而且甚至避免使用我觉得有伤风化的语词。我之所以对此特别注意，乃是因为我已经七十一岁了，在这个年龄，难免不时想到：我可能很快就要到那洞察人心的世界裁判者面前去为自己辩解了。因此，当我现在认真地向最高当局呈交这份辩解时，我心中没有不安之感，这是我的坦率的、永不改变的声明。

第六，关于指令的第二项：我以后不得再犯歪曲和贬低基督教的罪过（如已经被指控的那样）。我认为，作为陛下你的忠实臣民，[1]为了回避嫌疑，我将绝对保证完全放弃一切有关宗教题目的

1 Kant后来对使用“作为陛下你的忠实臣民”做出了说明：“即便这一表述我也是精心选择的，以便我不是永远，而是仅仅在陛下有生之年放弃我在宗教事务上做出判断的自由”（Kant，《院系之争》，Kants Werke，卷七，第10页）。——译注

公开学术活动;无论是有关自然宗教,还是有关启示宗教,无论是在讲演中,还是在著述中都是一样。这是我的誓约。

我永远是国王陛下你的最卑微最顺从的臣民。

一七九四年十月十二日后

图书在版编目(CIP)数据

单纯理性限度内的宗教/(德)康德著;李秋零译.—北京:商务印书馆,2017
(汉译世界学术名著丛书:120年纪念版:珍藏本)
ISBN 978-7-100-14700-2

Ⅰ.①单… Ⅱ.①康… ②李… Ⅲ.①康德(Kant,Immanuel 1724-1804)—宗教哲学—研究 Ⅳ.①B920 ②B516.31

中国版本图书馆CIP数据核字(2017)第159790号

汉译世界学术名著丛书
(120年纪念版·珍藏本)
单纯理性限度内的宗教
〔德〕康 德 著
李秋零 译

商 务 印 书 馆 出 版
(北京王府井大街36号 邮政编码100710)
商 务 印 书 馆 发 行
北 京 冠 中 印 刷 厂 印 刷
ISBN 978-7-100-14700-2

2017年12月第1版 开本710×1000 1/16
2017年12月北京第1次印刷 印张17
定价:85.00元